管理心理学
——理论、案例与操作

主　编 ⊙ 刁爱华　钟　华　熊　璐
副主编 ⊙ 罗淑云　李芳芳

中南大学出版社
www.csupress.com.cn
·长沙·

前　言

作为管理类专业的核心课程和专业基础课程，管理心理学围绕个体心理、群体心理、组织心理和领导心理四大内容，研究组织管理活动中人的行为规律及潜在的心理机制，并用科学的方法改进管理工作，不断提高工作效率与管理效能，最终实现组织目标与个人的全面发展。本书理论与实践并重，全面贯彻"以学生为中心"的导向，针对青年学生的成长特点，聚焦于新时代青年思想的关切点，着眼于学生道德素养的熏陶养成，在青年学生的认知、情感、态度、工作动机等方面帮助他们养成团队协作、文化自信、创新变革的能力。同时，强化课程的实践性，提高可操作性，实现所学知识与工作实践的"零距离"接触；突出应用性，让学生掌握组织管理中的社会心理现象以及管理过程中具体的心理活动的规律，培养学生利用管理心理学理论和方法解决实际问题的能力，实现预期的教学目标。

本书根据新时代教育的发展要求，将思政教育融入课程之中，创新教育方法，在每一个项目的教学设计中都从两条主线出发，一方面涵盖管理心理学的理论和知识，另一方面运用相关的思政元素引导学生树立积极、乐观、向上的世界观、人生观和价值观，培养良好的人文社会科学素养、较强的社会责任感和良好的管理职业道德，使学生们成长为立场坚定、动机高尚、具有协同能力和创新意识的合格的社会人，做好进入社会组织的前期准备。通过学习本课程，可以使学生在遵循管理原则与规范的前提下，养成综合运用专业理论知识和技术手段分析问题、解决实际管理过程中遇到的问题的能力，使学生具有一定的组织管理能力、较强的表达能力、人际交往及团队合作等能力。

本书由广西机电职业技术学院的刁爱华、钟华，广西农业职业技术大学的熊璐担任主编；广西机电职业技术学院的罗淑云和广西物流职业技术学院的李芳芳担任副主编；广西机电职业技术学院的黄紫清、张琪，广西经贸职业技术学院的韦克鹏，广西物流职业技术学院的龙梦玲共同参与了各项目的课程思政元素的提炼和编写工作。在编写过程中，编者查阅了大量的管理心理学、心理学等方面的研究资料，在此向相关人员表示感谢。中南大学出版社对本书的出版给予了大力的支持和帮助，在此致以衷心的谢意。

　　本书是2020年度广西机电职业技术学院立项课题(2020YKYS025)和2021年度广西机电职业技术学院"课程思政"专项课题管理心理学课程(2021YKSZ021)的研究成果。

　　编者水平有限，书中难免有不妥之处，敬请大家批评指正。

编　者

目　录

项目概述

本项目概述性地介绍了管理心理学的含义、研究对象，使学生可以了解管理心理学的研究内容及其产生与发展的历程，使学生懂得将管理学知识和心理学知识结合起来，使管理工作变得更有效、更轻松。

教学目标

1. 理解管理心理学的含义、研究对象；
2. 掌握管理心理学的研究内容；
3. 理解管理心理学的基础理论。

思政案例

清乾隆年间，南昌城内有一家点心店，店主叫李沙庚，这家店以货真价实的名声赢得了顾客盈门。但在赚钱之后，李沙庚开始在点心里掺杂使假。渐渐地，顾客对这家店失去了兴趣，这家店的生意日渐冷落起来。一天，书画名家郑板桥来店购买点心，李沙庚不禁喜出望外，乘机邀请郑板桥为自己题写店名。郑板桥一口答应了，挥毫题笔，写下了"李沙庚点心店"六字，苍劲有力。

郑板桥的字引来了很多人围观，却仍然没有人进店购买点心。原来是店名中的"心"字少写了"一点"。李沙庚请求郑板桥补写上这"一点"。但郑板桥却说："这个字没有写错啊。你看，你以前生意兴隆，是因为'心'上有了这'一点'，如今生意冷淡，正是因为'心'少了'一点'。"李沙庚恍然大悟，明白了经营人心的重要性。从此以后，他痛改前非，坚持诚信经营，保质保量，终于又一次赢得了人心，赢得了市场。

经营企业也是如此。经营企业的过程实际上就是一个经营人心的过程。如何满足员工的需求，如何通过把握和控制员工的心理去推动员工为企业工作，这都离不开企业对人心的管理与经营。

（材料来源：腾讯网，https://new.qq.com/omn/20210508/20210508A0ACAW00.html，有改动）

思政导言

读史明鉴，中国优秀的传统文化中蕴含着丰富的管理心理学思想，对开展管理工作有着非常重要的帮助。管理的过程是一个经营人心的过程，古人云"得人心者得天下"，历史上无数次的朝代更迭证明了这一点。国家兴衰如此，企业兴衰亦如此。国家管理的核心是对人的管理，企业管理的核心也是对人的管理。所以，企业的管理者要想将企业经营好，不仅要注重产品的质量、服务等，更要注重对员工的管理、对人心的经营。

任务一 管理心理学的研究对象和内容

一、管理心理学的定义

管理心理学是综合运用心理学、管理学、行为学等学科的基本理论，研究管理活动中人的心理活动及行为规律，解释、预测和激励人的行为，有效地调动人的主动性、积极性和创造性，不断提高工作效率与管理效能，最终实现组织目标的一门学科。管理心理学是随着现代管理科学的发展而独立出来的，由管理学和心理学交叉融合形成的综合性新学科。

不同学者关于管理心理学的定义

莱维特：管理心理学就是一门研究组织成员在个人、配对及群体等不同层次上的行为规律的学问。

罗宾斯：管理心理学是探讨个体、群体以及结构对组织内部行为的影响，以便应用这些知识来改善组织的有效性的研究领域。

俞文钊：管理心理学是把心理学的知识应用于分析、说明、指导管理活动中的个体和群体行为的工业心理学分支，是研究管理过程中人们的心理现象、心理过程及其发展规律的科学。

苏东水：管理心理学又称"行为管理学"，是研究人的行为心理活动规律的科学。

时勘：管理心理学在国外心理学界被称为"组织心理学"，在工商管理界被称为"组织行为学"，是心理学领域的一个新兴的重要分支。

对于管理心理学的概念，我们需要把握以下特点：

（1）管理心理学研究的对象是人的心理及行为的规律。人的心理和行为是密不可分的，心理活动是行为的内在依据，行为是心理活动的外在表现。因此，要将两者作为统一体进行研究。

（2）管理心理学研究的范围是特定组织中人的心理及行为的规律。管理心理学把研究范围严格限定在组织管理活动这一特定情境中，这里的"组织"可以是经济组织，也可以是政治组织、社会组织、文化组织等。在生产、工作活动中，在具体的组织范围内，处于不同的管理关系中的人，其心理的发展和变化，必然具有不同于日常生活中的特点。人在管理活动中的心理活动及行为的变化，必然会影响人的工作积极性，影响人在管理活动中所起的作用，进而影响工作的效率与效果。

（3）研究管理心理学的目的是预测、引导人的行为，提升工作绩效和员工的满意度。

管理心理学研究通过运用心理学的原理和方法来研究管理活动中人的心理，指导人们用科学的方法激励人的工作动机，调动人的工作积极性，充分利用人的价值和潜能，发挥人力资源的作用，实现组织目标，稳定发展，从而提高管理的效能。

小故事

中国历史上优秀的军事奇才
——韩信和张良合作演绎的一场规模宏大的读心战争

在楚汉之争中，张良设计了激励模式，促成了韩信的出兵。张良首先分析了楚汉战争的态势，确立了共同破楚的战略。但是，要如何设计激励模式，使韩信倾力助刘呢？张良根据韩信的需求层次，采取政治产权（或称"天下股权"）的激励模式，分享天下，说服刘邦将陈以东直到大海的大片土地封给韩信，使韩信决心快速、尽数地率军挥师南下，共同发动对项羽的合围。

另外，汉军利用被围楚军的思乡心理，环绕被围的楚军唱起了楚地民歌。歌声哀婉凄楚，此起彼伏。楚军从上到下都认为刘邦已经全部占领了楚地，再战已无任何意义。楚军听到楚地民歌，顿足抽噎，士气全面崩溃。韩信的十面埋伏让项羽在战术上受挫，项羽或许还有反击的机会，而四面楚歌却导致了楚军的彻底溃败。

（材料来源：范逢春. 管理心理学[M]. 中国人民大学出版社，2019，有改动）

二、管理心理学的研究内容

管理心理学的研究对象决定了其研究内容应基于个体的心理活动而展开，并要放大到群体心理和组织心理的范畴。管理心理学主要包括三大层次的研究内容：个体心理与行为、群体心理与行为、组织心理与行为。管理心理学的研究目的是对上述三个层次的心理与行为进行预测、引导和控制，以便更合理地利用人力资源，更有效地实现组织目标。而这都需要通过管理者和领导者的行为来实现。于是，研究领导的心理与行为也成了组织管理活动过程中不可缺少的内容之一。因此，管理心理学的研究对象主要包括个体心理、群体心理、组织心理和领导心理。

1. 个体心理

个体心理是指个体在特定的社会组织中所表现的心理现象和行为规律。研究个体心理与行为的目的是揭示不同个体的心理活动特点及行为与工作效率之间的关系，为管理者认识和掌握组织成员共同的心理规律和行为规律，针对个体在能力、气质、性格等方面的诸多差异施以有效的管理，提高对员工行为的解释、预测和控制的能力，掌握激发、强化个体动机的规律，充分调动员工的积极性，为合理用人提供理论依据。

2. 群体心理

群体心理是个体的心理和行为在群体活动中的体现。对群体的心理和行为的研究是在研究个体心理和行为的基础上发展起来的。组织中的每一个成员都归属于某一个或某几个群体，因此，对群体心理和行为进行研究的目的是知道如何正确地处理人际关系，提高人际管理和沟通的水平，增强群体成员之间的凝聚力和向心力，为实现组织目标服务。群体心理研究的内容主要包括群体对个人行为的影响、影响群体行为的因素、群体沟通、团队建设、群体冲突及管理等。

3.组织心理

组织心理是指在组织的整体动态变化过程中所表现出来的心理现象。研究组织心理的目的是分析组织结构的设计、组织文化等对组织成员的心理、行为及组织效率的影响，以形成良好的组织气氛，促进组织管理效率的提高，探索组织变革、组织发展的原则和模式，促进组织不断地完善和发展。组织心理研究包括组织结构设计、组织变革与发展等。

4.领导心理

领导心理研究的目的是研究领导者的心理活动及行为表现，解释群体和组织的首脑在领导组织活动的过程中的一般规律，以发挥领导者带领组织成员高效实现组织目标的作用。领导者的特殊地位、特殊身份及其职责与功能等，决定了他们的特殊性和重要性。领导心理的研究侧重领导影响力、领导素质和领导理论等。

三、管理心理学的理论基础

管理心理学是一门多学科交叉的综合性、应用性学科。它是在众多行为科学分支的基础上建立起来的，涉及心理学、社会心理学、社会学、人类学。基于心理学的理论对个体在需要、动机、行为、情绪以及工作满意度等方面进行微观的分析，形成了个体心理的研究内容，而其他几个学科可以帮助我们理解一些宏观的概念，如群体心理和组织行为等。

1.心理学

心理学是一门对人的行为进行测量和解释以及对行为进行改变的科学。心理学关心的是研究和理解个体的心理。心理学的研究范围已经扩展到了学习、激励、人格、知觉、培训、领导有效性、工作满意度、个体决策、绩效评估、态度测量、员工选聘、工作设计和工作压力等方面。

小案例

鸡蛋凭票供应

据说，20世纪80年代中期，某市商业局长向市领导反应，食品公司积压了大量鸡蛋。天气渐热，若不尽快销售掉，可能变坏、变臭，损失会很大。市领导便召开会议，讨论对策，采取了一项巧妙的政策：从某日起，鸡蛋凭票供应，并通过有关媒体广为宣传。结果，积压的鸡蛋很快被销售一空。

（材料来源：百度文库，https://wenku.baidu.com/view/b764d62a591b6bd97f192279168884868762b8e3.

html，有改动）

　　分析提示：组织可以运用一定的心理策略和技巧，对公众的心理和行为施加影响，为实现组织目标服务。

　　2. 社会学

　　社会学是系统地研究社会行为与人类群体的社会科学。社会学中关于组织（特别是正式和复杂的组织）中群体行为的研究，为管理心理学的群体心理和组织心理方面的研究内容奠定了理论基础，包括组织文化、正式组织的理论与结构、组织技术、沟通以及权力和冲突。

　　3. 社会心理学

　　社会心理学是心理学和社会学相结合的产物，研究的是人与人之间的相互影响以及群体的社会心理现象，属于心理学领域。管理心理学中的群体心理研究是基于社会心理学中关于群体中个体行为的变化、态度的改变和沟通等方面的研究。

　　4. 人类学

　　人类学是从生物和文化的角度对社会进行研究，以了解人类及其活动。人类学家对于文化和环境的研究，有助于我们了解不同国家和不同组织中的人在基本的价值观、态度和行为等方面的差异。管理心理学中对组织文化、组织环境和民族文化差异的认识大多来自人类学家的研究，或是直接采用人类学研究得到的结果。

任务二　管理心理学的产生与发展

管理心理学产生的源头可追溯到西方管理学的形成和心理学在工业中的应用。20 世纪初，泰勒倡导的科学管理运动和闵斯特伯格开创的工业心理学是管理心理学形成的先驱，而真正推动管理心理学形成的是 1927 年由梅奥主持的霍桑实验。直至 20 世纪 60 年代，管理心理学才真正成为一门独立的学科分支，并被人们广泛地应用。

小知识

中国古代丰富的管理心理学思想

中国古代有丰富的管理心理学思想。例如，春秋末年的军事家孙武在《孙子兵法》中就写道："道者，令民与上同意也，故可与之死，可以与之生，而不畏危。"孙武强调领导与下属之间意愿协调一致的重要性，这在今天看来也是十分重要的管理心理学原则。

中国古代的管理哲学思想还充分反映在关于人性的争论上。荀子认为，"今人之性，饥而欲饱，寒而欲暖，劳而欲休"。孟子则认为，"人性之善也，犹水之就下也"。

虽然我国传统文化中蕴含着丰富的管理心理学思想，但是这些思想基本停留在朴素的经验认识层面上。

一、工业心理学的兴起为管理心理学的萌芽奠定了基础

德国心理学家斯特恩（L. W. Stern）在 1901 年提出"心理技术学"这一概念，开始把心理学的知识应用于企业管理。后来，心理学创始人冯特的学生雨果·闵斯特伯格开始进行心理技术学的具体研究工作，他在哈佛大学建立的心理学实验室是工业心理学的研究基地。他的研究重点是用心理测验等方法识别最适合从事某种工作的人，并把他们安置在最适合的工作岗位上，同时研究在什么样的心理状态下，每个工人可以取得最大的产量，他还研究疲劳和劳动合理化等问题。他于 1912 年出版了《心理学与工作效率》，被称为"工业心理学之父"。

莉莲·吉尔布雷斯是一位心理学家，于 1914 年出版了《管理心理学》，并首次提出"管理心理学"的概念。她力图把早期的心理学概念应用到科学管理的实践中，关注工作过程中人的因素；提出在应用管理学原理时，首先要了解工人的个性和需要；管理人员对工人的关心不够是引起工人不满情绪的因素之一。但这本著作在当时并没有引起人们的足够重视。

在这一时期，还有一些心理学家将心理学理论应用于企业管理，他们根据人的个性差异，对员工的选拔、使用、培训和考核等问题进行研究，逐步形成了人事心理学。还有一

些心理学家对设计符合人的生理和心理需要的工作环境、工作对象和工作程序进行了研究，以减轻人们的疲劳程度，防止事故的发生，使劳动合理化，以提高劳动效率，由此形成了工程心理学（或称"工效学"）。

工业心理学早期以个体为研究对象，研究成果主要有对工作中个体差异的测定、劳动合理化、改进工作方法、建立最佳工作条件等。研究者们研究的范围比较狭窄，缺乏社会学和人类学理论的指导，也未能注意工作的社会环境、人际关系、领导和被领导的关系，以及组织机构本身所具有的社会性。后来，从霍桑实验开始，才加强了工业心理学研究的深度和广度。

二、管理心理学诞生的标志：霍桑实验

管理心理学诞生的标志是著名的"霍桑实验"。霍桑实验是 1924—1932 年在美国芝加哥的霍桑工厂进行的，它把心理学、社会学、人类学、管理学等学科结合起来，对企业中人的心理与行为进行综合的探索、实验。霍桑实验提出的"人际关系学"现已成为管理心理学核心理论中的一个主要内容。

小知识

霍桑实验

霍桑实验分为四个主要阶段：

第一阶段：车间照明实验（1924 年—1927 年）。该实验选择一批工人分为两组：一组为"实验组"，先后改变车间内的照明强度，让工人在不同的照明强度下工作；另一组为"控制组"，工人在照明强度始终维持不变的条件下工作。实验者希望通过实验得出照明度对生产效率产生的影响，但实验结果发现，照明强度的变化对生产效率几乎没有什么影响。

第二阶段：继电器装配室实验（1927 年 8 月—1928 年 4 月），亦称"福利实验"。此阶段的实验主要考察各种工作条件的变动对小组生产效率的影响，以便更有效地控制影响工作效率的因素。通过对材料供应、工作方法、工作时间、劳动条件、工资、管理作风与方式等因素的实验，发现无论各个因素如何变化，产量都是增加的。其他因素对生产效率也没有特别的影响，似乎是督导方法的改变使工人工作态度发生了变化，因而产量增加了。

第三阶段：大规模的访问与调查（1928 年—1931 年）。在两年内，他们在上述实验的基础上进一步开展了全公司范围内的普查与访问，调查了 2 万多人次，所得结论与上述实验结论相同，即"任何一位员工的工作绩效都受到其他人的影响"。

第四阶段：接线板接线工作室实验（1931 年—1932 年）。该实验以集体计件工资制作为刺激手段，企图形成"快手"对"慢手"的压力，以提高工作效率。公司管理者给接线工规定的产量标准是焊合 7312 个接点，但接线工只完成了 6000~6600 个接点。实验发现，工人既不会超过定额充当"快手"，也不会因完不成定额而成为"慢手"，当他们达到他们自认

为是"过得去"的产量时就会自动松懈下来。这是因为生产小组无形中形成了默契的行为规范：工作不要做得太多，否则就是"害人精"；工作也不要做得太少，否则就是"懒惰鬼"；不应当告诉监工任何会损害同伴的事，否则就是"告密者"；不应当对别人保持距离或多管闲事；不应当过分喧嚷、自以为是和热心领导；等等。

根据霍桑实验，梅奥于1933年出版了《工业文明中人的问题》一书。该书系统地提出的人际关系理论，可以主要归纳为以下几个方面：

(1)人是社会人，应从社会、心理的角度调动人的积极性。传统观念上的管理把人假设为"经济人"，认为金钱是刺激积极性的唯一动力。霍桑实验认为，人是"社会人"，影响人的生产积极性的因素除物质条件外，还有社会、心理因素。

(2)生产效率主要取决于职工的"士气"。传统管理观念认为，生产效率主要取决于工作方法和工作条件。霍桑实验认为，生产效率的变化主要取决于职工的"士气"，而士气则取决于家庭和社会生活，以及企业中人与人之间的关系。

(3)企业组织内部存在着"非正式群体"。传统管理观念只注意正式群体中的问题，诸如组织结构、职权划分、规章制度等。而霍桑试验还注意到存在着某种非正式群体。这种无形的组织有其特殊的规范，它影响着群体成员的行为。

(4)新型的领导能力表现在通过满足员工的心理需要来达到提高效率的目的。新型领导在了解人们合乎逻辑的行为时，还须了解不合乎逻辑的行为，要善于倾听职工的意见。新型领导的艺术表现在使正式组织满足职工经济需求的功能与非正式组织满足职工的社会心理需求的功能之间保持平衡。

小故事

静听那无声的心声

某国的国王把王子送到古朴大师那里，希望大师收为弟子，并教导王子成为一位杰出的国王。王子抵达古朴大师的寺庙后，大师就把他独自送到了大森林里，并要求王子在一年后回到寺庙时，描述森林的声音。

冬去春来，王子回到寺庙，滔滔不绝地对大师讲述他在森林里听到的声音："大师，我听到了森林里各种各样的声音：杜鹃婉转地歌唱，树叶窃窃地私语，蜂鸟嗡嗡地啼鸣，蟋蟀唧唧地鸣叫……"听完了王子的话，大师再让他回到森林里继续倾听。对此，王子颇为困惑，难道我还没有完全辨识森林所有的声音吗？他沮丧地回到了森林。

时间一天天地过去，王子孤独地端坐在森林里，竖着双耳尽力地倾听。然而令他失望的是除了自己已经过去听到过的声音之外，别无其他的声音。正在绝望之时，有天清晨，他在树下就地打坐，心神安静下来之后，突然开始感觉到从来没有听到过的模糊声音。愈是聚精会神地倾听，这些声音愈是清楚。他立即茅塞顿开。

回到寺庙，王子恭敬地向大师描述他的收获："当我集中全力倾听时，我听到了我原来没听到的声音，那是一种无声的声音，那是鲜花在缓缓地开放、大地在阳光下苏醒、小草在吮吸露珠的声音……""你现在具备了成为杰出国王的基本素质，可以开始学习如何领导国家了。"大师欣慰地说。

（材料来源：百度文库，https://wenku.baidu.com/view/b764d62a591b6bd97f192279168884868762b8e3.html，有改动）

管理启示：管理者要听懂市场的"心声"，听懂消费者的"心声"，听懂企业员工的"心声"，这是一个优秀的企业家应该具有的基本功。

霍桑实验的结论以及在此基础上总结出的人际关系理论，为管理理论和管理实践指出了新的方向，有力地冲击了传统的管理理论。这使管理者认识到，人们的生产效率不仅受生理、物理等方面因素的影响，更重要的是受社会环境、社会心理等方面的影响。作为一个领导者，不仅要具有组织、控制、经营事业的能力，而且必须具有满足职工的社会需求与心理需求，激发职工积极性和创造性的能力，以及控制具有不同心理特征的人组成的群体的能力。

人际关系理论的出现，引起了更多的管理学学者和专家对人的行为的研究，如勒温创建的群体动力理论、莫雷诺创建的社交测量学和马斯洛创建的需求层次理论，这些理论的形成和发展为管理心理学奠定了必要的理论基础。

三、行为科学的产生推动了管理心理学的发展

第二次世界大战以后，由霍桑实验而产生的人际关系理论和其他关于人的行为的理论开始真正影响到企业管理。许多企业都注重从社会学、心理学的角度来解决人的积极性的调动问题。1949年在美国芝加哥大学召开的跨学科讨论会上，大家都认为可以利用自然科学和社会科学两方面所取得的成果来研究人的行为，并把这门综合性极强的学科定名为"行为科学"（behavior sciences）。从这时起，行为科学取代了人际关系学，并形成了行为科学学派。行为科学是对企业职工在生产中的行为以及这些行为产生的原因进行研究的学科。它涉及职工的需要、动机、个性、情绪、态度，特别是人与人之间的相互关系。由于人的行为表现是多方面的，所以对人的行为的研究要涉及多种学科，主要有心理学、社会学、社会心理学、人类学、生理学等。

1958年，美国斯坦福大学的莱维特正式用"管理心理学"（management psychology）代替原来的工业心理学、工业社会心理学等名称，管理心理学成为一门独立的学科。据莱维特本人的解释，他用"管理"替代"工业"的原意是引导读者思考这样的问题：如何领导、管理和组织一大批人去完成特定的任务。1959年，美国心理学家海尔写了一篇论文，把工业心理学分为三个方面：人事心理学、人类工程学和工业社会心理学。这种划分得到了学术界的普遍认可。

1961年，美国的《心理学年鉴》发表了一篇综述评论，这篇评论的标题是《工业社会心理学》，由著名的管理心理学家弗鲁姆和心理学家梅尔撰写。这篇评论指出，工业社会心理学应根据两个基本模型进行研究：以个体为分析单位，研究劳动的社会环境对个人动

机、态度和行为的影响；以社会系统为分析单元，研究工业系统的结构和功能、企业中上下级的关系、生产班组和较大组织系统中的社会心理问题。

1964 年，美国的《心理学年鉴》发表了第二篇综述，标题是《组织心理学》，作者是著名的管理心理学家莱维特等人。这篇综述介绍了 1954—1964 年管理心理学方面的研究成果。

不久，美国心理学协会工业心理学分会改名为工业和组织心理学会，其目的是既进行个体差异的测定，更研究组织行为——研究组织内的人和群体的行为。

目前，在西方比较流行把这个学科称为"组织行为学"。在美国的管理学院中，几乎所有的研究个体、群体行为的小组都取名为"组织行为学"小组；在西欧、北欧、日本等国家和地区，每年有大量相关的书籍出版。此学科已经成为管理院校的大学生和研究生的必修课。从工业心理学、人际关系理论、行为科学、管理心理学、组织心理学到现在的组织行为学，都反映了这个研究领域的发展过程，其研究成果已被广泛地应用于各国的企业管理之中。

任务三　管理心理学的研究方法

管理心理学的研究对象是人。人的行为和心理的复杂性，决定了管理心理学研究方法的多样性，如观察法、实验法、问卷法、测验法等。问题的性质不同，研究的方法也不一样，选择何种方法，通常取决于研究所提出的任务。下面介绍几种常用的研究方法。

一、观察法

在日常生活中，观察者以感官(如眼、耳等)为工具，直接观察他人的行为，并把结果按时间次序进行系统记录的研究方法，称为观察法。在现代管理心理学的研究中，必要时也采用视听器材，如录像机、照相机、录音机等工具协助观察。

小资料

《华盛顿邮报》在美国地铁里的一个实验

2007年一个寒冷的上午，在华盛顿特区的一个地铁站里，一位男子用一把小提琴演奏了6首巴赫的作品，共演奏了45分钟左右。他前面的地上，放着一顶口子朝上的帽子。

显然，这是一位街头卖艺人。

没有人知道，这位在地铁里卖艺的小提琴手是约夏·贝尔，他是世界上最伟大的音乐家之一。他演奏的是一首世上最复杂的作品，用的是一把价值350万美元的小提琴。

在约夏·贝尔演奏的45分钟里，大约有2000人从这个地铁站经过。大约3分钟之后，一位显然有着音乐修养的中年男子知道演奏者是一位音乐家，他放慢了脚步，甚至停了几秒钟听了一下，然后急匆匆地继续赶路。

大约4分钟之后，约夏·贝尔收到了他的第一块钱。一位女士把这块钱丢到了帽子里，但她没有停留，继续往前走。

6分钟时，一位小伙子倚靠在墙上倾听他的演奏，然后看看手表，就又开始往前走了。

10分钟时，一位3岁的小男孩停了下来，但他妈妈使劲拉扯着他匆匆忙忙地离去了。小男孩停下来又看了一眼小提琴手，但他妈妈使劲地推着他，小男孩只好继续往前走，但不停地回头看。其他几个小孩子也是这样，但他们的父母全都硬拉着自己的孩子快速离开了。

到了45分钟时，只有6个人停下来听了一会儿。大约有20人给了钱就继续以平常的步伐离开了。约夏·贝尔总共收到了32美元。

要知道，两天前，约夏·贝尔在波士顿一家剧院演出，所有门票都售罄了，而要坐在剧院里聆听他演奏同样的乐曲，平均得花200美元。

其实，约夏·贝尔在地铁里的演奏，是《华盛顿邮报》主办的关于感知、品味和人的优先选择的社会实验的一部分。

实验结束后，《华盛顿邮报》提出了几个问题：一、在一个普通的环境下，在一个不适当的时间内，我们能够感知到美吗？二、如果能够感知到的话，我们会停下来欣赏吗？三、我们会在意想不到的情况下认可天才吗？

最后，实验者得出的结论是：当世界上最好的音乐家，用世上最美的乐器来演奏世上最优秀的音乐时，如果我们连停留一会儿来倾听都做不到的话，那么，在我们匆匆而过的人生中，我们又会错过多少其他的东西呢？

（材料来源：360 文库，https://wenku.so.com/d/fd661164b269f5425c514a74bb247cf1，有改动）

案例分析：这是《华盛顿邮报》做的一个实验，在观察过程中综合使用了事件取样法和轶事记录法，可以很清楚地看出，观察者以"驻足倾听"和"放钱"为记录的标准，对路人的行为进行了描述，并且标记了时间。

按照观察者所处的情境特点，可以把观察法分为自然观察与控制观察两种。自然观察是在完全自然的条件下进行的观察，被观察者一般并不知道自己正处于被观察之中。例如，要了解某工人成就动机的水平，可以观察他在上班、打球、文化考试等不同场合中的行为。而控制观察是在限定条件下所进行的观察，被观察者可能不了解，也可能了解自己正处于被观察的地位。例如，为了进行时间-动作分析，观察者需要系统地观察工人的操作方式。

按照观察者与被观察者之间的关系，还可以把观察方法分为参与观察和非参与观察两种。观察者直接参与被观察者的活动，并在共同的活动中进行观察的方法称为参与观察；而观察者不参与被观察者的活动，以旁观者身份进行观察的方法则称为非参与观察。

观察法目的明确、使用方便，所得材料比较系统，已在管理心理学的研究中得到广泛应用。但运用这种方法只能了解大量的一般现象和表面现象，很难进一步了解复杂现象的本质特征，做出"为什么"的回答。因此，只有与其他方法合并使用，才能起到更大的效用。

二、谈话法

通过面对面的谈话，以口头沟通的途径直接了解他人心理状态的方法称为谈话法。根据谈话结构模式的差异，可以把谈话法分为有组织的谈话和无组织的谈话。

有组织的谈话结构严密、层次分明，具有固定的谈话模式。主试根据预先拟定的提纲提出问题，被试针对所提问题（一般涉及范围较小）进行回答。在整个谈话过程中，被试犹如做了一个口头问卷。招聘过程中了解年龄、学历等的谈话就属于有组织谈话。

无组织谈话结构松散、层次交错、气氛活跃，没有固定的模式。主试提出的问题往往涉及很大的范围，被试可以根据自己的想法，主动地、创造性地进行回答，双方不仅交换了意见，也交流了感情。

小资料

梅奥的访谈研究

1928—1930年，梅奥等人组织了大规模的员工态度访谈调查，谈话人次达21126人次。在访谈的过程中，访谈者起初提出的问题，大都是事先设计好的（先准备好问题提纲，然后以被访谈者回答的形式面谈），例如，工厂的督导工作、工作环境等方面的问题。虽然访谈者事先声明将严格保守秘密，请工人放心。可是被访谈者在回答问题时仍然遮遮掩掩，存有戒心，怕厂方知道，自己会遭到报复，谈话内容总是无关痛痒。后来实验人员放弃了设计好的问题，采用不固定内容而让被访谈者自行选择适当话题的访谈形式，每次访谈的平均时间从30分钟延长到了1~1.5个小时，多听少说，详细地记录了工人的不满和意见。

（来源：百度文库，http://www.docin.com/p-483200663.html，有改动）

运用谈话法时，既要根据谈话的目的，保证谈话问题的基本内容和方向，也要根据被试的回答，对问题进行适当的调整，更要善于发现被试的顾虑或思想动向，进行有效的引导。另外，还要注意在整个谈话过程中保持无拘无束和轻松愉快的和谐气氛。

谈话法简单易行，便于迅速取得第一手资料，使用范围较为广泛。但被试心理特点的结论必须从被试的回答中去寻找，所以具有较大的局限性。

三、实验法

实验法是指研究者有目的地在严格控制的环境中创设一定条件的环境，从中诱发被试产生某种心理现象，并在此基础上进行研究的方法。实验法依试验场地的性质差异，可以分为实验室实验和现场实验两种。

实验室实验是在专门的实验室内进行的，可借助各种设备取得精确的数据。它具有控制条件严格、可以反复验证等特点。管理心理学研究中关于学习行为、信息沟通等实验，都是在实验室中进行的。但实验室实验具有很大的人为性，往往把复杂的问题简单化，使所得结果与实际情况存在一定的差距。

现场实验是在实际的工作场所中进行的。在这种实验中，一般都把对情境条件的适当控制与实际生产活动的正常进行有机地结合起来，因而具有较大的现实意义。但因为现实工作场地的具体条件是非常复杂的，许多控制变量很难排除或使其在一段时间内保持稳定不变，所以往往需要有一个周密的计划，并坚持长期观察，研究才能获得成功。因此，这种方法需要投入较多的人力、物力和财力。

小资料

罗森塔尔效应实验

1968 年，美国心理学家罗森塔尔和吉布森等人做了一个著名的实验。他们在一所小学的一至六年级各选了三个班的学生进行"预测未来发展的测验"，然后通知教师说："这些儿童将来大有发展前途"。实际上这些学生是随机抽取的。结果八个月后对这些学生进行智能测验时，发现名单上的学生的成绩确实进步了，教师也给了他们好的品行评语，实验取得了奇迹般的效应。罗森塔尔认为这是因为教师接受了"权威谎言的暗示"，对名单上的学生的态度发生了变化，产生了偏爱心理和情感。从而对学生的心理与行为产生了直接影响，并促进了预期期望效果的达成。他借用希腊神话中的皮格马利翁的名字，把这个效应命名为"皮格马利翁效应"。后来，人们也称之为"罗森塔尔效应"或"教师期望效应"。

（来源：百度文库，http://wenku.baidu.com/view/03a54d0a79563c1ec5da711a.html，有改动）

（四）测验法

测验法是采用标准化的心理量表或精密的测量仪器测量被试有关心理品质的研究方法。测验法可分为不同类型：根据测验内容不同分为能力测验与人格测验两种类型；根据测验时间的控制差异可分为速度测验与难度测验两种类型；根据测验形式的不同可分为书面测验与操作测验两种类型。

测验法在时间上和经费上都比较经济，并且由于测验存在常模，通常可用测验法来研究个体心理与群体心理的关系。但是要注意严格编制和使用测验量表。

问卷是测验法最常用的测验手段，即运用内容明确、表达正确的问卷量表，让被试根据个人情况，自行选择答案。问卷法的优点是可以在较短的时间内取得广泛的材料，并使结果达到数量化。但对问卷法所取得的材料一般很难进行质量分析，因而无法把所得结论直接与被试的实际行为进行比较。除问卷测验外，较常用的测验还有操作测验和投射测验等。

（五）案例法

案例法是一种通过对某一个体、群体或组织进行较长时间的研究，根据其发展特征来研究一般规律的方法，常见的案例形式有"理论剖析型案例"与"决策型案例"两种。案例法对管理心理学的研究有重要意义。它有利于对企业做全面的分析和了解，在研究企业群体、人际关系等方面有一定的优势。但是在运用案例法时，要注意主观因素对研究结果的影响。

相对其他研究方法，案例法给研究者提供了一个更开阔的视角，它有着许多资料来源，其中包括研究人员对组织的考察、访谈对象和问卷调查提供的情况、组织工作的客观指标等。一般认为，一个案例就好像照相机一样，拍摄了组织在一定时期内的各种镜头。

15

以上提到的是管理心理学研究较常用的方法，这些研究方法都有各自的优点，也都存在某些局限性。进行管理心理学研究往往不只采用一种方法，而是同时采用几种方法，以达到取长补短、相得益彰的效果。究竟采用哪种方法最好，要根据所研究的具体课题和研究时所处的具体情景来确定。但是，无论采用哪种方法，都会涉及如何根据研究目的选择研究对象、确定研究变量与指标、选择研究工具与材料、制定研究程序等一系列共同的问题。考虑和处理好这些问题，需要采取合理、有效、经济的研究路线和方式，制定切实可行的具体实施方案。

项目活动：建"塔"

一、活动目的

1. 让学生在团体合作中体验领导、配合、服从等角色。

2. 培养学生悦纳自己、欣赏他人的态度。

3. 帮助学生开拓思维、积极创新、大胆表现，追求形式与内涵的和谐。

二、活动时间

大约30分钟。

三、活动道具

每组需要大报纸4张、透明胶带1卷、剪刀1把。

四、活动场地

室内为宜。

五、活动程序

1. 将全班同学分成若干组，每组7~8人为宜。每组领取材料一份：报纸4张、透明胶带1卷、剪刀1把。在20分钟内完成建"塔"任务，并取好"塔"名。

2. 各组推荐一名同学在班上交流，介绍"塔"名和设计创意。

六、注意事项

1. 选出2个观察员，全程观察各小组建"塔"的过程，特别注意组内人员角色确定的过程。观察结束时作观察报告。

2. 在建"塔"过程不许用语言交流，请观察员提醒、督促。

3. 建议在各组完成建"塔"任务后，小组成员与作品合影留念。

4. 报纸的用量可根据时间长短、场地大小来确定，各组的用量基本相同，但要备有余量，允许各组适量添加。

七、活动点评

学生们的想象力和创造力是主持人无法想象的，每次游戏都会出现令人耳目一新的作品。有的组会以高取胜——高得碰到天花板；有的组以塔群取胜——多到小组成员每人一塔，组成和谐的塔群；有的组以名取胜——模仿名塔，如上海东方明珠塔、比萨斜塔、七级宝塔、金字塔等；有的组以"热"取胜——以社会热点为主题的不倒双塔、祈求和平塔、统一塔、神舟五号发射塔等；有的组以功能取胜——设计一些有实用价值的塔，如垃圾处理环保塔、海湾导航塔、太阳能转化塔、学子愿望塔、多功能展览塔等。

在建"塔"过程中，学生们不仅运用主持人统一发给的报纸，还会寻找其他道具，创造个性化的作品。如有的组会利用报纸上现有的照片进行装饰；有的组利用笔、杯子、餐巾纸、发卡等小饰物体现创意；有的组会以凳子作为塔的内部基座，非常坚固；更有创意的是把报纸贴在人身上，设计出可活动的大型塔。虽然超出了原定的材料，但学生们的大胆创意令人赞叹不已。主持人没有理由去阻止他们如此丰富的想象力和创造力，所以在点评中应给予充分的肯定。

项目练习题

一、单选题

1. 被称为"工业心理学之父"的人是(   )。

A. 冯特   B. 闵斯特伯格   C. 梅奥   D. 霍桑

2. 下列哪项不属于管理心理学的特征？(   )

A. 跨学科、综合性   B. 研究组织中人的行为及心理

C. 为了实现组织目标而改变人   D. 寻求个人与组织发展的和谐

3. 管理心理学的研究对象是(   )。

A. 社会心理的规律性   B. 人的心理和行为的规律性

C. 组织心理的规律性   D. 一切人行为的规律性

4. 首先正式把心理学运用到工业管理之中的著作是(   )。

A.《管理心理学》   B.《心理学年鉴》

C.《科学管理原理》   D.《心理学与工业效率》

二、多选题

1. 霍桑实验给我们的启示包括(   )。

A. 物质工作环境的变化与工作效率之间不存在直接的因果关系

B. 休息日的长短、工作时间、工资支付方式都不是影响生产的第一要素

C. 改善劳动者的态度与人际关系是增加生产、影响功效的决定因素

D. 正式组织内存在着非正式团体，非正式团体会严重影响群体成员工作的开展

2. 问卷可以分为(   )。

A. 封闭式   B. 选择式   C. 开放式   D. 问答式   E. 口头式

3. 组织中人的心理和行为规律包括(   )。

A. 社会心理与行为规律   B. 个体心理与行为规律

C. 群体心理与行为规律   D. 整个组织的心理与行为规律

三、问答题

1. 管理心理学的研究内容有哪些？

2. 试述管理者学习管理心理学的重要意义。

四、实操题

实地调查当地的一些超市，观察并说明"超市的入口为什么在最右边"。

个性与胜任力

项目概述

通过学习本项目，学生可以了解个性与胜任力的相关知识，掌握气质、性格、能力的概念及理论，学会在管理的过程中运用胜任力模型。在学习知识的同时，思政案例中蕴含的德育元素可以帮助学生树立崇高的理想信念，培育和践行社会主义核心价值观，增强学生的敬业意识，培养学生严谨认真、有条不紊、明达事理而又坚毅顽强的特质，提高其在未来岗位上的胜任力。

教学目标

1. 了解和掌握个性的概念、特征及测试方式；
2. 了解和掌握气质与性格的概念；
3. 熟悉气质与性格的区别与联系；
4. 掌握能力与胜任力的概念；
5. 掌握胜任力模型的运用方法。

思政案例

时代楷模——黄文秀

1989年出生的黄文秀性格开朗活泼。同学们对她的印象是"爱美""喜欢穿裙子""会弹古筝""写得一手好字""有一点时间就专心致志地学画画"。她身上总是散发着热情阳光的感染力。

2016年毕业季，位于人生的十字路口，不少同学都在为找一个不错的工作操心。黄文秀也有许多选择，但她没有留恋都市的繁华，毅然回到革命老区百色，作为优秀选调生进入市委宣传部工作。

百色位于广西的西部，自然条件较差，是广西脱贫攻坚的主战场之一。2018年3月26日，黄文秀响应组织的号召，到乐业县偏远的百坭村担任第一书记。百色市委宣传部干部科科长何小燕回忆道："单位就驻村工作征求她意见时，她毫不犹豫地答应了。关于她的父亲身患癌症的事一句也没提，当时我们都不知道。"

有同学问过她，为什么要放弃在大城市工作的机会，偏偏回到贫穷的家乡。她回答说："很多人从农村走了出去就不想再回去了，但总要有人回去的，我就是要回去的人。"

黄文秀为什么坚持要做那个"要回去的人"呢？百坭村贫困户黄仕京与黄文秀有一段对话。

黄仕京问："大家都说你是北京毕业的研究生，你为什么到我们这么边远的农村工作？"黄文秀说："百色是脱贫的主战场，我有什么理由不来呢？我们党是切实为群众谋发展、谋幸福的党，我是一名共产党员，这就是我的使命。"

（来源：摘自新华社. 芳华无悔——追记用生命坚守初心和使命的青年共产党员黄文秀［EB/OL］. https://baijiahao. baidu. com/s？id=1637689863480747285&wfr=spider&for=pc. 有改动）

思政导言

黄文秀诠释的是生命价值的无限性，在黄文秀的入党申请书中有这么一句话："一个人要活得有意义、生存得有价值，就不能光为自己而活，要用自己的力量为他人、为国家、为民族、为社会做出贡献。"雷锋说过：人的生命是有限的，可是，为人民服务是无限的，我要把有限的生命，投入到无限为人民服务之中去。在21世纪的今天，黄文秀用自己年轻的人生诠释了为人民服务的无限性和生命价值的无限性。毛泽东同志曾写道：为人民的利益而死就是死得其所。这里的"所"，不就是生命价值的体现吗？在新时代实现民族复兴的今天，共产党人不忘初心，牢记使命，为人民谋幸福，为民族谋复兴，不就是生命价值的所在吗？

任务一 个性概述与测试

一、个性的概念

个性也可称为性格或人格，一般来说，个性就是个性心理的简称，在西方又称人格。心理学家郝滨认为："个性可被界定为个体思想、情绪、价值观、信念、感知、行为与态度之总称，它确定了我们如何审视自己以及周围的环境。它是不断进化和改变的，是人从降生开始，生活中所经历的一切总和。"简单地说，个性就是个体独有的，并与其他个体区别开来的整体特性，即具有一定倾向性的、稳定的、本质的心理特征的总和，是个人共性中所凸显出的一部分。

二、个性研究的不同理论流派

个性的结构较为复杂，因此，许多心理学家都从自己研究的角度提出了个性的定义。美国心理学家奥尔波特曾综述过 50 多个不同的关于个性的定义。美国心理学家吴伟士认为："人格是个体行为的全部品质。"美国人格心理学家卡特尔认为："人格是一种倾向，可借此预测一个人在给定的环境中的所作所为，它是与个体的外显与内隐行为联系在一起的。"

（一）精神分析流派

精神分析流派的代表人物弗洛伊德认为，人格结构由本我、自我、超我三部分组成。

本我即原我，是指原始的自己，包含生存所需的基本欲望、冲动和生命力。本我是一切心理能量之源，本我按快乐原则行事，它不理会社会道德、外在的行为规范，它唯一的要求是获得快乐、避免痛苦。本我的目标乃是求得个体的舒适、生存及繁殖，它是无意识的，不被个体所觉察。

自我即是指"自己"，是自己可意识到的执行思考、感觉、判断或记忆的部分。自我的机能是使"本我"冲动得以满足，同时保护整个机体不受伤害，它遵循的是"现实原则"，为本我服务。

超我是人格结构中代表理想的部分，它是个体在成长过程中通过内化道德规范、内化社会及文化环境的价值观念而形成的，其机能主要是监督、批判及管束自己的行为。超我的特点是追求完美，所以它与本我一样是非现实的。超我大部分也是无意识的，超我要求自我按社会可接受的方式去满足本我，它遵循的是"道德原则"。

（二）新精神分析流派

新精神分析流派的代表人物阿德勒认为人格是在战胜自卑和追求优越过程中形成、发展的。人天生自卑，因为其生下来是弱小、无力的，完全依赖成人，由此产生自卑。但是，正是自卑促使人们去努力克服自卑，追求成为人格发展的动力。但是，若被自卑所压倒，则导致神经症人格——抑郁、悲观、消沉。

人类还有追求优越的倾向。追求优越具有双重性：适度追求，促进个人发展，对社会有益；过分追求，走极端，则产生优越情绪，会变得以自我为中心、自负、忽视别人和社会习俗、缺乏社会兴趣。个体如何追求优越，取决于自己所处的独特环境、不同的生活方式。由此会发展出不同的行为特征和习惯，即所谓的生活风格。生活风格的发展和自卑感有密切的关系。如果一个儿童有某种生理缺陷或主观上的自卑感，那他的生活风格将倾向于补偿或过度补偿那种缺陷或自卑感。例如，身体瘦弱的儿童可能会有强烈的愿望增强体质，因而去跑步、举重，这些愿望和行为便成为他生活风格的一部分。生活风格决定了我们对生活的态度，形成了我们的行为模式。

阿德勒描述了四种主要的生活风格：

（1）支配-统治型。这一类型的人倾向于支配和统治别人，缺乏社会意识，很少顾及别人的利益，他们追求优越的倾向特别强烈，不惜利用或伤害别人以达到自己的目的。他们需要控制别人从而感到自己的强大和意义。在儿童期，他们在地板上打滚、哭闹，希望父母屈从于他。做父母时，他们又要求孩子服从自己。这样的人容易发展成虐待者、违法者和滥用药物者等。

（2）索取型。这种类型的人相对被动，很少努力去解决他们自己的问题，依赖别人照顾他们。许多富裕或有钱的父母对他们的孩子采取纵容的态度，尽量满足孩子们的一切要求，以使他们免受挫折。在这样的环境中长大的孩子，很少需要努力做事，也很少意识到自己有多大的能力。他们对自己缺乏信心，而希望周围的人能满足他们的要求。

（3）回避型。这种类型的人缺乏必要的信心去解决问题，不想面对生活中的问题，试图通过回避困难来避免任何可能的失败。他们常常自我关注、幻想，他们在自我幻想里感受到优越。

（4）社会利益型。这种类型的人能面对生活、与别人合作、为他人和社会服务、贡献自己的力量。他们常常生长于良好的家庭，家庭成员之间相互帮助、支持，人与人之间理解和尊重。

在上述四种生活风格中，前三种是不良或错误的，只有第四种才是适当的。

在阿德勒的理论中还有一个重要观点，即创造性自我。他认为，人类不是环境或遗传影响的简单消极的接受者。相反，人可以有目的地生活，每个人都有机会选择生活方式。例如：某些有自卑的人经过补偿，会发展成对社会有益的人；而有的人形成自卑情绪之后，会一事无成。其中的差别在于选择，用阿德勒的话说："正是他对生活的态度，决定了他与外部的关系。"阿德勒的理论是积极的，丰富了我们对人格发展的认识。

（三）人本主义流派

人本主义流派强调个人的潜能、创造力、理想、信念的实现。这一学说的代表人物是美国心理学家 A. H. 马斯洛。

在马斯洛看来，人有两种类似本能的需要，一种是基本的或缺乏性的需要，另一种是成长的或超越性的需要。马斯洛根据这些需要在个体发展中出现的先后顺序，将其从低级到高级排列成一个像金字塔一样的阶梯。

生理需要：对食物、水、空气、睡眠和性的需要；

安全需要：对安全感、稳定性、保护者和摆脱恐惧、焦虑的需要；

从属和爱的需要：对从属感、爱情、友谊和摆脱孤独的需要；

尊重的需要：对别人的尊重以及自尊的需要；

自我实现的需要：对实现自己的潜能、创造力、理想、信念的需要。

马斯洛认为前四种需要是缺乏性需要，而自我实现的需要则是成长性需要。

马斯洛详细地描绘了自我实现者的人格特征。这些特征是：①有效地知觉现实，如实地知觉周围的人和物。②认可自然、他人和自己。③自发、单纯、自然。④集中注视自身之外的问题。⑤独处和独立的需要。⑥自主活动。⑦神秘的或"高峰的"体验。不断体验到一种与深刻的宗教体验近似的、剧烈的和压倒一切的入迷、极乐和敬畏。在科学、艺术工作中，在生活中都可能达到这种高峰体验。⑧社会性兴趣。对一切人都有强烈而深刻的移情作用和慈爱之情。⑨有更强的同别人联系的能力。⑩容忍和接受一切人。⑪拥有对于手段和目的、善和恶的辨别力。⑫非敌意的幽默感。⑬创造性。⑭自我实现者有儿童般天真的创造力和想象力。⑮抵制文化适应。在一定范围内，完全能够抵制住社会文化的压力，进行独立思考和行动。

综上所述，尽管不同流派的心理学家们对个性的概念和定义所表达的看法不尽相同，但其基本精神还是比较一致的："个性"的内涵非常广阔、丰富，是人们的心理倾向、心理过程、心理特征以及心理状态等综合形成的系统心理结构。

在日常生活中，人们对个性也容易产生一些误解，往往认为一个"倔强""要强""坦率""固执"的人很有个性，而"文雅""平和""斯文""柔弱"的人没有个性。这种看法是不对的，至少说是不全面的。"倔强""要强""坦率""固执"是一种人在其生活、实践中经常的、带有一定倾向性的个体心理特征，是一个人区别于其他人的精神面貌或心理特征。由于这种个性特征比较鲜明、独特，往往容易给人留下深刻的印象。而"文雅""平和""斯文""柔弱"也是一种性格温和、希望与他人和睦相处的人带有的个体心理特征和区别于其他人的精神面貌。只不过这种个性特征比较平淡、不鲜明，往往不容易给人留下深刻的印象罢了。心理特征人人都有，精神面貌人人不可缺少。从这种意义上来说，世界上不存在没有个性的人。个性对于一个人的命运、前途有直接的影响作用。

这些日常生活中所提到的"要强""固执""坦率"或"文雅""平和""柔弱"等，实际上是心理学中个性心理特征中的性格，而不是个性的全部内容。

三、个性的特征

一般而言，个性具有下列特性：

（一）倾向性

个体在形成个性的过程中，时时处处都表现出个体对外界事物的特有的动机、愿望、定式和亲合力，从而发展为各自的态度体系和内心环境，形成了个人对人、对事、对自己的独特的行为方式和倾向。

（二）复杂性

个性是由多种心理现象构成的，这些心理现象有些是显而易见的，别人看得清楚，自己也觉察得很明显，如热情、健谈、直爽、急躁等；有些非但别人看不清楚，就连自己也感到模模糊糊的。

（三）独特性

每个人的个性都具有自己的独特性，即使是双胞胎也具有各自独特的个性。

（四）积极性

个性是个体动力倾向系统的结构，不被客观环境任意摆布。个性具有积极性、能动性，并统率着全部心理活动去改造客观世界和主观世界。

（五）稳定性

从表现上看，人的个性一旦形成就具有相对的稳定性。

（六）完整性

个性是完整的统一体。一个人的各种个性倾向、心理过程和个性心理特征在标准比较一致的基础上有机地结合在一起，绝不是偶然的随机凑合。人是作为整体来认识世界并改造世界的。

（七）发展性

婴儿出生后并没有立即形成自己的个性，随着其不断成长，其心理不断丰富、发展、完善，逐渐形成了个性。从形式上讲，个性不是预成的，而是心理发展的产物。

（八）社会性

人是有一定社会地位和起一定社会作用的有意识的个体。个性是社会关系的客体，它又是一定社会关系的主体。个性是一个处于一定社会关系中的活生生的人所具有的意识。

社会性是个性的最本质特征。

从个性的发展性与社会性来看，个性的形成一方面有赖于个人的心理发展水平，另一方面有赖于个人所处的社会关系。研究人的个性问题，必须以马克思主义关于人的本质的学说为基础和出发点。马克思指出：人的本质并不是单个人所固有的抽象物，实际上，它是一切社会关系的总和。因此，只有在实践中，在人与人之间的交往中，考察社会因素对人的个性形成的决定作用，才能科学地理解个性。

四、个性测试

对个体差异的测量可以说是人事管理的核心。正确的人事决策是以了解人的个性为前提的。只有通过对人的气质、性格、能力、兴趣进行系统而客观的测量才能了解人的个性。个性差异评价是随着心理测量的发展而产生的一种心理学技术。心理测量是人事管理中进行个性评价最基本的方法之一。

个性测试的分类标准是多种多样的。

（一）按测评目的分类

1. 智力测量

智力测量是一种用比较系统的测验题目及数值表示个人智力发展水平，以测量人的记忆、观察、想象、判断等一般能力的测量方法。在人事管理中，不同的职业与岗位有相应的智力要求。如教师这一职业要求的智力测量分数值为 100~140。目前，国外常用的智力测量方法有奥蒂斯独立管理心理能力测验、旺德利克人员测验、韦斯曼人员分类测验和韦克斯勒的智力测验。各种测量方法的繁简程度和需要时间各不相同，应按照被测对象的岗位和工作要求进行选择。

2. 人格测量

人格测量以测量人格为目的，涉及人的心理状态、情感或行为的非智力方面的人格因素，通常是对性格、情绪状态、人际关系、动机、兴趣和态度的测量。人格测量最常用的方法是问卷法、情景测量法和投射法。目前，人格测量已有几百种，人格心理学家对人格构成的分歧很大，没有一致的看法。而且人格是动态的，不是静态的，常常随着情境的变化而变化。因此，对人格的测量应运用多种方法，交叉使用，互相补充，互相印证，才能达到较好的效果。

3. 能力倾向测验

能力倾向测验是对个体潜在能力的测定，预测个体在将来的学习或工作中可能取得的成就。能力倾向测验通常通过对现有能力的测量来预测个体未来的成就，其作用是发现个体的能力倾向，并指导个体做出升学和就业的选择。它包括社会智能倾向测验、特殊能力测验及创造力测验等，一般通过对受试的思维的流畅性、变通性和独特性进行评分，对其能力划分等级，判断其能力水平。

（二）按材料性质分类

1.文字测量

文字测量的测验项目是用文字表达的，用文字进行回答。这要求被试有一定的文化素养。各种团体的调查表、个人调查表及其他许多测验多属于这一类。

2.非文字测量

非文字测量的测验项目用符号、图画、仪器、模型等作为测验材料，并以非语言的方式来表达。被试回答时只要使用简单的记号、指点或者操作，不用语言或书写，因此非文字测量适用于不识字者。

有许多测验则是既有文字部分又有非文字部分，如比纳智力量表、韦克斯勒的智力测验等。

（三）按测量方法分类

1.问卷法

问卷法所使用的问卷多以自我报告的形式出现，所以又称自陈量表。通常采用文字叙述的方法，列出一些问答题，后面有几种答案，让被试选择。也可由被试根据自己的评判，通过选择不同的答案表明不同的程度，然后根据不同评价等级的分值，对数据进行处理，从而得到评判结果。

2.投射测量法

投射测量法的特点是通过间接的方法来了解人们对某个事物的态度或其内心世界，通常是利用某些材料，如一些模糊的人形或墨迹图，或让被试自己画一个人，或给被试一个场景，要被试讲故事。被试在自由问答时会不知不觉地把自己的思想、情感、态度等泄露出来。投射法比自陈法的偏差一般要小些，其原因是被试根本不知道测量的是什么，无法隐藏或伪装自己的内心世界。著名的投射法有默里的主题统觉测验、罗夏的墨迹测验等。

（四）按测量方式分类

1.个体测量

一个主试者在同一时间测验一个被试，其优点是可以对被试各方面的情况进行仔细观察，并且有充足的时间与被试合作，能使被试尽最大的努力，使测验结果的可靠性更高。其缺点是费时、手续复杂。一般，需要面对面观察测验情况的，都可归为个体测量。个体测量对主试者素质的要求较高，一般要进行专业的训练才能胜任。

2.团体测量

团体测量指一个主试者同时检查多个被试。团体测量有时间限制，要求所有被试同时开始、同时结束。在交代方法时，被试不许看测量材料，不懂的可以提问，但在开始测量之后则不能提问。这些都是与个体测量的不同之处。此外，团体测量材料可以用作个体测量，但个体测量材料是不能用作团体测量，除非将实施方法和材料加以改变，使之适合团体测量。团体测量的优点是省时、速度快。主试者不必经过严格的专业训练，只要掌握了测量程度、方法、注意事项和如何解释测量结果就可以了。其缺点是变量控制不严，测量结果粗糙一些。

五、个性测试的注意事项

在进行个性测评时，一定要选择合适的测评材料，不然难以达到预期目的，可根据以下几个方面进行选择：

（一）测评目的

任何测评都有一定的目的性。例如，明尼苏达多项人格测验是人格测评，主要目的是了解人格有无异常、有何种异常；威克斯勒记忆量表测评的是成人的记忆，包括瞬时记忆、回忆、再认、新联想形成的较全面的记忆等能力；罗夏测量是一种投射测验，主要作为临床诊断测量使用，同时可测评被试的智力、人格。任何测评都有其特殊的目的，在选用时一定要进行鉴别，慎重选用。

（二）测评适用范围

每个测评都有一定的适用范围，如智力测量，有的适用儿童，有的适用成人，故在选用时要考虑其适用范围。

（三）测评标准化

一般来说，标准化的测评是比较可靠的，可以选用。标准化的测评一定要具备如下条件：

（1）有固定的实施方法、标准的指导语、一定的内容、标准的答案、统一的记分方法。

（2）有常模。所谓常模，就是比较标准。常模是从取样中得来的。取样要有代表性，数目要大一点，性别、居住地（城市、农村）、家庭经济情况、文化水平、民族等，都应按我国的全国人口统计比率来取样。这样的取样才有较好的代表性。通过样本取样，或留下75%样本能通过的项目，或求出所有被试的平均成绩，最终得出的结果便是常模。

（3）可靠性（又叫信度）。测评材料应该具有较高的可靠性。所谓可靠性，指测评的稳定度。在同样条件下，同一被试两次测评的结果一致，便说明此测评的性能稳定、可靠性强。如若两次结果相差甚大，便说明测评不稳定、不可靠。

（4）有效性（又叫真实性或效度）。有效性是指测评所得是否符合测评目的。例如，想测评的是某一特殊能力，最终测出的正是该特殊能力的状况而不是其他，就说明这个测评的有效性高。

小知识

瓦拉赫效应

德国人奥托·瓦拉赫是诺贝尔化学奖获得者，他的成才过程极富传奇色彩。瓦拉赫在开始读中学时，父母为他选择的是一条文学之路。不料一个学期下来，教师为他写下了这样的评语："瓦拉赫很用功，但过分拘泥。这样的人即使有着完美的品德，也绝不可能在文字上发挥出来。"此后，他改学油画。可瓦拉赫既不善于构图，又不会调色，对艺术的理解力也不强，成绩在班上是倒数第一，学校给他的评语更是难以令人接受："你是绘画艺术方面的不可造就之才。"面对如此"笨拙"的学生，绝大多数老师认为他已成才无望，只有化学老师认为他做事一丝不苟，具备做好化学实验应有的品质，建议他学化学，父母接受了化学老师的建议。这下，瓦拉赫智慧的火花一下子被点着了，文学艺术的"不可造之才"一下子变成了公认的化学方面的"前程远大的高才生"。

瓦拉赫的成功说明这样一个道理：学生的智能发展都是不均衡的，都有智能的强点和弱点，他们一旦找到自己智能的强点，使智能潜力得到充分的发挥，便可取得惊人的成绩。这一现象被人们称为"瓦拉赫效应"。

任务二　气质与性格

一、气质

（一）含义

气质是指人的心理活动的动力特征。心理活动的动力特征主要是指心理过程的强度、速度、稳定性以及心理活动指向性等方面的特点。人的情绪体验的强弱、意志努力的大小、知觉或思维的快慢、注意力集中时间的长短、注意力转移的难易，以及心理活动是倾向于外部事物还是倾向于自身内部等，都是气质的表现。平常所说的"脾气""秉性"等是气质的通俗说法。

气质使人的全部心理活动染上了独特的色彩。具有某种气质特征的人，经常会在内容很不相同的活动中显示出同样性质的动力特点。例如，一个具有安静、迟缓气质特征的学生，不论是参加考试、当众演说，还是参加体育比赛，在各种活动中都会表现出安静、迟缓的气质特点。这说明气质特征不以活动内容为转移，它是人生来就有的自然属性。

（二）类型

古罗马名医盖伦在希波克拉底体液说的基础上，首次提出了气质，创立了气质学说。在他的理论基础上，气质分为经典的四种气质：胆汁质、多血质、黏液质、抑郁质。

胆汁质。其特点是情感发生迅速、强烈、持久，动作的发生也迅速、强烈、有力。这一类型的人都热情、直爽、精力旺盛、脾气急躁、心绪变化剧烈、易动感情，具有外倾性。《三国演义》中的张飞和《水浒传》中的李逵就是这种气质的典型人物。

多血质。其特点是有朝气、热情、活泼、爱交际、有同情心、思想灵活，也容易出现变化无常、粗枝大叶、浮躁、缺乏一贯性等特点。这种人活泼、好动、敏感、反应迅速、喜欢与人交往、注意力容易转移、兴趣和情感易变。这种人适宜于做要求反应迅速而灵活的工作。《西游记》中的孙悟空和《红楼梦》中的王熙凤就是这种气质的典型人物。

黏液质。这种气质的人平静，善于克制忍让，生活有规律，不为无关事情分心，埋头苦干，有耐久力，态度持重，不卑不亢，不爱空谈，严肃认真；但他们不够灵活，注意力不易转移，因循守旧，对事业缺乏热情。《水浒传》中的豹子头林冲就是这种气质的典型人物。

抑郁质。这种气质的人体验情绪的方式较少，产生稳定的情感也很慢，但对情感的体验比较深刻、有力、持久，而且具有高度的情绪易感性。他们为人小心谨慎，思考透彻，在困难面前容易优柔寡断。他们一般表现为行为孤僻、不太合群、观察细致、非常敏感、腼腆、多愁善感、行动迟缓、优柔寡断，具有明显的内倾性。《红楼梦》中的林黛玉就是这种气质的典型人物。

（三）气质上的差异与相应的管理

心理学研究表明，气质本身没有好坏之分，它不能决定一个人的社会价值和成就的高低。但是，气质对实践活动的性质和效率会产生一定的影响，是职业选择的依据。因此，企业管理者要善于了解和把握员工的气质类型、特点，做到"一把钥匙开一把锁"。

1.根据员工的气质类型，安排合适的工作岗位，发挥员工的专长

气质不影响人们成就的高低，但不是说气质对人没有影响。气质对工作效率高低的影响是不容忽视的。一个人所具有的气质符合工作要求时，会比较容易适应，工作起来比较轻松；反之，则要困难些。

实践证明，从事任何一项工作都要求人们具有一定的心理品质。在企业对于各部门人员的选择安排上，确定完成某项工作所必需的特殊能力和气质，然后选拔、鉴定适合完成这项工作的人，是企业的一项重要工作。

2.在安排工作时，注意具有不同气质类型的员工的适当搭配

不同气质类型的人所组成的群体，可以实现优势互补，提高工作效率，减少人与人之间的摩擦，有助于建立和谐的人际关系，维持良好的工作氛围。假如一个群体中都是内向和抑郁的人，这个群体必然沉闷有余、朝气不足；相反，如果群体中都是外向、开朗的人，虽然他们的共同语言多，但也可能不好协调。所以，如果一个群体里同时具备了不同气质类型的人，将比同一气质类型的人在一起工作更容易搞好人际关系，所发挥的群体效率也要高得多。

3.从员工的气质类型出发，使用不同的教育手段

首先，气质差异决定了个体的心理承受能力不同。所以，人们对同一事物的反应是不同的。因此管理者在做思想工作时，要针对不同气质的人采用不同的方式、方法。

其次，每个员工的气质都有优势和不足，企业教育的内容应因人而异。在进行思想教育时，对不同气质特点的员工要有所侧重，管理者要有针对性地培养员工的优良品质，帮助员工发展气质的积极方面，克服气质的消极方面。

4.引导不同气质的员工，促进其身心健康

不同气质的人对同一刺激的反应不同，承受能力也不同。承受能力差的人在遇到重大挫折时，往往会产生沉重的心理负担，将会影响其身心健康，这是管理者必须重视的问题。

二、性格

（一）含义

现代心理学认为，性格是指一个人对客观现实的态度和习惯化的行为方式中所表现出来的较稳定的心理特征。它是个性具有核心意义的部分。

在社会活动的过程中，客观事物特别是社会环境对个体的影响，通过自身的认识和意

志活动在个体身上保存并巩固下来，构成一定的态度体系，并以一定的形式表现在个体的行为之中，构成个体特有的行为方式。因此，性格是个体在活动中与特定的社会环境相互作用的产物。它具有态度倾向性、社会制约性、稳定性及可塑性等特点。

（二）结构

性格是一种十分复杂的心理构成物，它有多个侧面，并形成了一个特征系统。

1. 性格的态度特征

人对现实的态度主要是指对社会、对集体、对他人以及对自己的态度。性格的态度特征在工作上的表现是勤恳或懒惰、认真或马虎、细致或粗心、进取创新或墨守成规等，这些性格品质具有一定的道德评价意义，所以性格有好坏之分。

2. 性格的意志特征

性格的意志特征是指个体在调节自己的行为和心理活动时表现出的心理特征，如自觉性、坚定性、果断性、自制力等。自觉性是指在行动之前有明确的目的，事先确定了行动的步骤、方法，并且在行动的过程中能克服困难、始终如一地执行；与之相反的是盲从或独断专行。坚定性是指能采取一定的方法克服困难，以实现自己的目标；与之相反的是执拗性和动摇性，前者不会采取有效的方法、一味我行我素，后者则会轻易改变或放弃自己的计划。果断性是指善于在复杂的情境中辨别是非，迅速做出正确的决定；与之相反的是优柔寡断或武断、冒失。自制力是指善于控制自己的行为和情绪；与之相反的是任性。

3. 性格的情绪特征

性格的情绪特征是指个体在情绪表现方面的心理特征。它主要表现在情绪的强度、稳定性、持久性、主导心境等方面。

在情绪的强度方面，有的人情绪强烈，不易于控制；有的人则情绪微弱，易于控制。在情绪的稳定性方面，有的人情绪波动性大，情绪变化大；有的人则情绪稳定，心平气和。在情绪的持久性方面，有的人情绪的持续时间长，对工作及学习的影响大；有的人情绪的持续时间短，对工作及学习的影响小。在主导心境方面，有的人经常情绪饱满，处于愉快的情绪状态之中；有的人则经常郁郁寡欢、闷闷不乐。

自古就有"百人百性百脾气"之说，不同性格的人有不同的表现。例如，有的人情绪高涨、鲜明、精力充沛，有的人情绪稳定、冷漠，有的人经常处于郁闷的环境中，可能表现出抑郁消沉、悲观厌世等特征。

4. 性格的理智特征

性格的理智特征是指个体在认知活动中表现出来的心理特征，表现在感知、思维、记忆、观察、想象等认知方面。不同的人有不同的特点。例如，有的人十分注意事物的整体与总的结构，有的人特别注意事物的细节；有的人看问题全面、辩证，有的人看问题片面、形而上。

观念决定行为，行为决定习惯，习惯决定性格，性格决定命运。

（三）性格差异与性格管理

人与人之间的性格在种类、特征上都存在很大的差异。管理者要善于把握员工的性格特点，使之与其从事的工作相适应，提高工作效率。

1. 要重视对员工性格的了解和把握，做到知人善任

性格是个性的核心，它对人的行为有很大的影响。因此，在企业的管理工作中，管理者要分析和了解每一个员工的性格，以便预测和控制他们的行为，并能够引导其朝着有利于实现企业目标的方向发展。

另外，具有不同性格特征的人，在日常工作和生活中有不同的表现，所能接受的管理方式也不同，管理者要做到因人而异。

2. 要创造适宜的工作环境和条件，使之与员工的性格倾向吻合

美国著名的职业生涯指导专家霍兰德于 1985 年提出了性格-职业搭配理论。他认为，同一类型的人与同一类型的职业互相结合才能达到最佳状态。而人在自己的一生中，面临着许多职业选择、工作选择、职位选择，甚至具体项目的选择，这些选择是否能与其自身的性格类型相匹配，是影响其成功的重要因素。

当员工从事的工作与其性格相吻合时，他们就能发挥出能力，容易取得成就；反之，则可能导致其原有才能的浪费，或者必须付出更大的努力才能成功。

三、气质与性格的区别和联系

气质与性格既有区别，又有联系。相比起来，性格的社会性更强，气质的生物性较强。气质更多地受到人的神经活动类型的影响，而性格则是后天形成的，更多地受到了生活条件的影响。性格形成晚且较易变，气质形成早且不易变。具有相同气质类型的人可能性格特征不同，而性格特征相似的人可能气质类型不同。当然，性格可以在一定程度上掩盖和改造气质，使气质服从于生活实践的要求。比如飞行员必须具有冷静沉着、机智勇敢的性格特征，在严格的军事训练中，这些性格的形成就会掩盖或改造易冲动、急躁的气质特征。

小知识

最后通牒效应

最后通牒效应是指设定最后期限、拖延或极度拖延等心理反应所产生的影响，有时最后通牒反应所带来的效率会很高。人们在面对一项工作或任务时，总觉得准备不足或产生拖延情绪，迟迟不肯开始工作，能拖就拖，直到实在不能再拖的时候，才努力去完成，这在心理学上叫作"最后通牒效应"。

心理学家认为，人们拖延的真正原因是恐惧。而驱除恐惧唯一的办法就是进行科学的时间管理，行动起来，尽早完成任务，才能脱离恐惧。

任务三 能力与胜任力

一、能力

（一）含义

能力，通常是指个体从事一定社会实践活动的本领。

能力是影响活动效果的基本因素。能力的高低会影响一个人掌握新事物的快慢、难易和巩固程度。此外，能力的高低也会影响一个人从事某种活动的效果。在其他条件相同的情况下，能力高的人比能力低的人可以取得更好的效果。

（二）能力的分类

根据能力使用范围的不同，我们可以把能力分为一般能力和特殊能力。

人在顺利完成某项活动时，必须既具备一般能力，又具备特殊能力。一般能力是指在很多种基本活动中表现出来的能力，如观察力、记忆力、抽象概括能力等。特殊能力是指表现在某些专业活动中的能力，如数学能力、音乐能力、专业技术能力等。

根据活动的性质，我们可以把人的能力分为认识能力、实践能力和社交能力。

在管理领域中，认识能力指员工对工作目标与任务的理解与领会的能力；实践能力指员工具体实施工作计划、完成生产任务、解决实际问题的能力，包括技术操作能力、计划组织能力、调节控制能力；社交能力指员工在生产和生活中保持良好人际关系和迅速准确传递信息的能力。

美国著名的组织行为学家斯蒂芬·罗宾斯把人的能力分为心理能力与体质能力两大类。

心理能力指从事心理活动所需要的能力，包括以下几个方面。

（1）算术，即快速而准确地进行运算的能力；

（2）言语理解，即理解读到和听到的内容的能力；

（3）知觉速度，即迅速而准确地辨认视觉异同的能力；

（4）归纳推理，即鉴定一个问题的逻辑后果，并解决这一问题的能力；

（5）演绎推理，即运用逻辑评估某种观点的价值的能力；

（6）空间知觉，即当物体的空间位置变化时，能想象出物体形状的能力；

（7）记忆力，即保持和回忆过去经历过的事务的能力。

智力是人最重要的一种心理能力，其最常见的定义是"智力是人的认知能力"。智力的高低用智商表示。

体质能力指个体运用某种肢体器官从事某种动作的时候所表现出来的能力，包括以下几个方面。

（1）动态力量，即在一段时间内重复或持续运用肌肉力量的能力；

（2）躯干力量，即运用躯干肌肉(尤其是腹部肌肉)以达到一定肌肉强度的能力；

（3）静态力量，即产生阻止外部物体力量的能力；

（4）爆发力，即在一项或一系列爆发活动中，产生最大能量的能力；

（5）广度灵活性，即尽可能地移动躯干和背部肌肉的能力；

（6）动态灵活性，即进行快速、重复的关节活动的能力；

（7）躯干协调性，即躯干不同部分进行同时活动时相互协调的能力；

（8）平衡性，即受到外力干扰时，依然保持躯体平衡的能力；

（9）耐力，即需要延长努力时间时，保持最高持续性的能力。

（三）能力差异

不同的人在能力方面是存在差异的，一般表现在以下几个方面：

1.能力类型的差异

每个人所具有的能力都不仅只有一种，而是多方面的。对于一个人来说，在他所具有的多种能力中，总有相对来说较强的能力，也有一般的能力和较差的能力，即每个人的能力都是以特定的结构结合在一起的。由于不同的人的能力结构不同，因而能力在类型上便形成了差异。进一步分析，每一种能力也有类型上的差别。如记忆能力，有的人属于视觉型，即其视觉识记的效果较好；有的人属于听觉型，即其听觉识记的效果较好；有的人则属于运动型，即有动作参加时的识记效果较好。

由于能力类型上具有差异，人们在实践活动中处理和解决问题的方式常常各不相同。虽然完成的是相同的任务，但往往是通过不同能力的综合来实现的。例如，两个管理者都很好地完成了管理工作，都表现出了良好的组织能力。甲可能是通过综合自己的技术能力、人际交往能力和演说能力较好地实施了管理；乙可能是通过综合调查能力、分析能力和正确决策的能力圆满地完成了管理任务。

2.能力水平的差异

能力水平的差异，指人与人之间各种能力的发展程度不同、所具有的水平不同。例如，正常的人均具有记忆能力，不同的人的记忆力强度不同。正常人都有思维能力，但不同的人的思维广度和思维深度也不同。在心理学研究中，有人把能力水平的差异分为四个等级。

（1）能力低下。轻者只能从事一些较简单的活动，重者即为智力障碍，没有活动能力，甚至连生活也不能自理。

（2）能力一般。即所谓的"中庸之才"，拥有一定的专长，但只限于完成一般的活动。

（3）才能。即具有较高水平的某种专长，具有一定的创造力，能较好地完成活动。

（4）天才。即具有高水平的专长，善于在活动中使用创造性思维，取得突出而优异的成果,达到常人难以达到的水平。

据调查,在人群中,能力低下者和天才极少,能力一般者占绝大多数,才能者较少。

小思考

小李为什么没被提拔

到公司工作快三年了,比小李后来的同事陆续都得到了升职的机会,小李却原地不动,心里颇不是滋味。终于有一天,冒着被解聘的危险,他找到老板理论。

"老板,我有过迟到、早退或乱章违纪的现象吗?"小李问。

老板干脆地回答"没有"。"那是公司对我有偏见吗?"老板先是一怔,继而说"当然没有"。"为什么比我资历浅的人都可以得到重用,而我却一直在微不足道的岗位上呢?"

老板一时语塞,然后笑笑说:"你的事咱们等会再说,我手头上有个急事,要不你先帮我处理一下?"

一个客户准备到公司来考察产品,老板叫小李联系他们,问何时过来。"这真是个重要的任务。"临出门前,小李不忘调侃一句。一刻钟后,他回到老板办公室。"联系到了吗?"老板问。

"联系到了,他们说可能下周过来。"

"具体是下周几?"老板问。

"这个我没细问。"

"他们一行多少人?"老板问。

"啊!您没问我这个啊!"

"那他们是坐火车还是飞机?"老板问。

"这个您也没叫我问呀!"

老板不再说什么了,他打电话叫小朱过来。

小朱比小李晚到公司一年,现在已是一个部门的负责人了,他接到了与小李一样的任务。不一会儿,小朱回来了。"哦,是这样的,"小朱向老板说道:"他们是乘下周五下午3点的飞机,大约晚上6点钟到。一行5人,由采购部王经理带队。我跟他们说了,我公司会派人到机场迎接。另外,他们计划考察两天时间,到了以后双方再商榷具体行程。为了方便工作,我建议把他们安置在附近的国际酒店,如果您同意,明天我就提前预订房间。还有,天气预报说下周有雨,我会随时和他们保持联系,一旦情况有变,我将随时向您汇报。"

从这个故事中可以看出,故事中的主人公"小李"是老板叫做什么就做什么,对工作缺乏思考,基本上没有完成老板交给的任务。而小朱对问题考虑得非常周到,并把后面几天的事情也都想到了,把老板所关注的问题全都做了妥善的安排。这两人身上体现出来的区分优秀人才与一般人才的差异性特征就叫作"胜任力"。

> **思考**:小李和小朱两人有什么差距?

3.能力表现差异

人们的能力在时间上是存在差异的。有些人在童年时期就表现出某些方面的优异能力，即所谓的"早熟"。例如，我国唐初的王勃，10岁能赋，少年时写了著名的《滕王阁序》。也有些人的才能一直到很晚才表现出来，这就是所谓的"大器晚成"。例如，我国著名的画家齐白石40岁才表现出他的绘画才能；达尔文在50多岁时才开始有研究成果，写出名著《物种起源》一书。造成这种现象的原因是多方面的，可能是由于这些人在早期没有学习或表现自己能力的机会；也可能是早期能力平常，但经过长期的勤奋努力，能力有了明显的提高。

另外，人们在能力表现的方式上也存在着差异。有些人所具有的某方面能力很容易表现出来，很容易为别人所了解；相反，有些人虽然具有某方面能力，但在他们从事这类活动之前，人们较难发现。造成这种情况的原因主要是人的气质和性格不同，一般来说，外向型的人所具有的能力较易被人发现；内向型的人所具有的能力则较难被人发现。

二、胜任力

（一）概念

"胜任力"这个概念最早由哈佛大学的教授戴维·麦克利兰于1973年正式提出，是指能将某一工作中有卓越成就者与普通者区分开来的个人的深层次特征，它可以是动机、特质、自我形象、态度或价值观、某领域的知识、认知或行为技能等任何可以被可靠测量或计数的，并且能显著区分优秀与一般绩效的个体特征。但有的学者从更广泛的角度上定义胜任力，认为胜任力包括职业、行为和战略综合三个维度。职业维度是指处理具体的、日常任务的技能；行为维度是指处理非具体的、任意的任务的技能；战略综合维度是指结合组织情境的管理技能。

小思考

农夫买牲口

一个农夫建了一个磨坊，但里面少一个牲口来拉磨。于是，他带着钱来到农贸市场转悠。市场上，有个人正在卖一匹千里马，卖价很高。农夫一想，都说便宜无好货，千里马卖这么贵，它来拉磨绝对好使。于是，他花费了大笔的积蓄把千里马买了回来。可是，事与愿违，千里马拉起磨来总是别别扭扭的，而且效率也很低，农夫非常生气，就用鞭子使劲抽打它，可还是不管用，过了一段时间，千里马被活活打死了。

有了这次血的教训，农夫再也不买千里马了，他用低价买回了一匹骡子。骡子干起活来非常卖力，磨坊的效率很高。农夫看了很高兴，原来便宜还是有好货的！

可是有一天，农夫得了急病，需立即送到城里救治。家人拉出了骡子，骡子在磨坊里磨叽惯了，任凭农夫的家人使劲抽打，始终跑不快。被打得急了，骡子就更加放慢了速度，最后索性在原地转起圈来了。家人无奈，只好迁就着骡子，晃晃悠悠地赶往城里。因此，农夫延误了治疗，落下了后遗症。

思考：这个寓言故事给了你什么启发？

（二）胜任力模型

胜任力模型就是针对特定职位的要求组合起来的胜任力结构，是一系列人力资源管理与开发实践（如工作分析、招聘、选拔、培训与开发、绩效管理等）的重要基础。麦克利兰认为胜任力模型是"一组相关的知识、态度和技能，它们影响个人工作的主要部分、与工作绩效相关、能够用可靠的标准测量，可以通过培训和开发而改善"。吉尔福德则认为，"胜任力模型描绘了能够鉴别绩效优异者与绩效一般者的动机、特质、技能和能力，以及特定工作岗位或层级所要求的一组行为特征"。管理类工作的胜任力模型如图 2-1 所示。

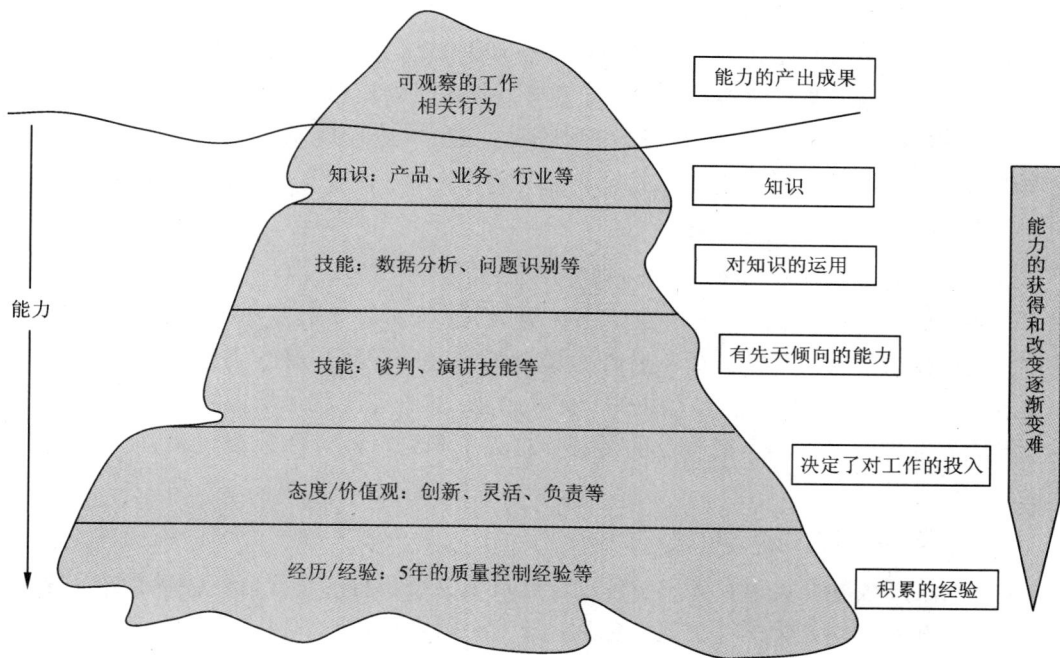

图 2-1 管理类工作胜任力模型图

（三）胜任力模型的运用

1.建立基于胜任力的职务分析

基于胜任力的职务分析是以胜任力为基本框架，通过对优秀员工的关键特征、组织环

37

境、组织变量进行分析，确定岗位的胜任要求，是一种人员导向的职务分析方法。通过这种方法确定的岗位要求，一方面能够满足组织当前对岗位的要求，另一方面也适应了组织发展的需要。即可以按照组织未来发展的要求来重构岗位职责和工作任务，科学地调配"人"与"岗"，做到"人"与"岗"的最佳匹配。

2. 建立基于胜任力的人员选拔

基于胜任力的员工选拔，依据的是该工作岗位的优异绩效以及能够取得此优异绩效的人所具备的胜任特征和行为。根据岗位胜任力模型，对员工的价值观及其在过去所表现出来的能力进行判断，并与岗位胜任力标准进行对照，预测应聘者在该应聘岗位的未来表现，做出相应的选用决策。这样做的根据是，处于胜任特征结构表层的知识和技能相对易于改进和发展，通过培训就可以获得；而处于胜任特征结构底层的核心动机和人格特质则难于评估和改进，所以它是最具有选拔价值的；位于胜任特征结构中部的社会角色和自我概念决定了人的态度和价值观，对其进行改进和发展虽然需要一定的时间，具有一定的困难，但还是可以通过培训来改善的。基于胜任力的员工选拔不仅可以为组织成功地选聘人才，而且为有效减少人员流失做好了铺垫。

3. 建立基于胜任力的激励机制

基于胜任力分析而设计的激励机制要求企业与员工之间的关系是以劳动契约和心灵契约为双重纽带的战略合伙伴关系，使员工与企业共同成长和发展，形成企业与员工双赢的局面。它包括建立合理、公正的绩效管理体系，建立与知识型员工的需求相配合的价值管理体系两大方面的内容。

4. 建立基于胜任力的培训机制

培训是人力资源开发的核心，准确把握培训的需求，是实现高质量、高效率培训的前提。而"什么地方需要培训""员工需要哪些培训"等问题是首先需要解决的，即培训内容是进行培训需求分析的关键。员工胜任力模型的构建不但可以评定各层次员工现有能力和素质的现状，而且这些信息是量化的，有可比性，这种差距就是培训的内容和目标所在。企业要能够发现员工能力、素质上的短板，对症下药，有针对性地设计培训内容和培训课程。

5. 建立基于胜任力的评估机制

对目标、绩效和能力进行评估，可以帮助员工完成目标、完善自我，并了解自身在公司中的发展机会。对能力的评估通常包括：员工的能力和素质如何；员工的潜在能力和发展趋势如何；员工需要什么样的能力和经验才能满足岗位的要求；要参加何种培训才能弥补员工经验和能力上的不足。企业可以使用评价中心等方式对员工的能力、素质进行评估，以充分了解员工的能力，分析妨碍员工获得更好绩效的障碍，以及员工的目标和愿望。根据这些信息，员工可以制定出绩效和能力发展的目标及行动步骤，从而在工作中不断改变自身的行为，取得个人和公司期望的绩效。

6. 建立以能力为基础的薪酬体系

随着经济的知识化、信息化，以及组织结构的弹性化和扁平化，工作小组或团队成了组织结构的基本单位。同一个工作团队的员工彼此之间没有很清晰的职责划分，大家协同工作，共同对团队绩效负责。"无边界工作""无边界组织"成为组织追求的目标，工作说明书由原来细致地规范岗位任务和职责，转变为只规定岗位的工作性质、任务以及任职者的能力和技术。相应地，薪酬体系也经历了以职位为基础到以个人能力为基础的变化。其中，宽带薪酬体系就反映了以个人能力为基础的薪酬设计思想。

典型案例

千里挑一的航天员选拔

载人航天工程的核心之一是培养航天员。1992年，中国继美国、苏联之后正式启动载人航天工程。三年后的金秋，中央军委决定组建中国人民解放军航天员大队，并着手开始选拔航天员。

什么人可以当航天员呢？航天员怎么适应太空环境？怎样操作飞船？上天后吃什么、穿什么、用什么？……每一个问题的背后，都是中国人不熟悉的新领域。

中国航天员的选拔工作借鉴了国外的经验，但是标准更为苛刻。

选拔航天员的基本条件如下：有坚定的意志、献身精神和良好的相容性，身高为160～172厘米，体重为55～70千克，年龄为25～35岁，必须是歼击机或强击机飞行员，累计飞行600小时以上，具备大专以上学历，且飞行成绩优秀，无等级事故，无烟瘾、酒瘾，最近三年体检的结果均为"甲等"。

在茫茫人海中，按照这个标准，与其说是"选拔"航天员，还不如说是"寻找"航天员。

经过层层推荐和审核，空军机关从全军挑选出1506名符合条件的飞行员。结果初选体检就刷掉了一半的人，不管多么无可挑剔的飞行员只要有一个微乎其微的小毛病就会被当场淘汰。

体检结束了，1506人中只剩下了886人。

一轮淘汰后，有资格参加复选检查的仅剩区区60人。紧接着，又是一轮大淘汰。对最后剩下的30多人来说，能参加终极考验无疑十分幸运，但也会更为残酷。

30多名候选人被安排前往北京航天医学工程研究所，他们将接受特殊的生理功能检查。能通过这一关的人，才是真正的"天选之子"。

通俗地讲，航天员跟普通人相比，身体上是有"特异功能"的——他们天生就具有比普通人更强的航天生理适应能力。

所以，这注定是一轮更高难度的选拔，也是从飞行员迈进预备航天员队伍的最后一道门槛。

检查刚开始，就是一场关关难过、没有退路的"极限挑战"。

第一关是离心机的超重考验，要考查受检者身体承受重力的最大极限。

紧接着是在压力试验舱内接受缺氧耐力检测，一边是氧气渐渐被抽走，一边是五千米、一万米不断上升。受检者一旦出现不适，就立刻被淘汰出局。

第三关，受检者要蒙住双眼，坐在旋转座椅上，在 6 米摆长的电动秋千上荡 15 分钟，由此检查抗晕能力。

第四关，要忍受噪声和振动不间断的侵扰，以此观测他们是否会烦躁不安。

第五关，要在头低脚高的倾斜床上猛起、猛躺，测量颈动脉血流量和心脏负荷能力。

不要以为过五关斩六将之后就能休息，后面还有下体负压等各种耐力测试……最关键的是，这样的测试要反复持续好几个月，最后只有 20 名候选者成功过关。

从 1506 人到 20 人，首批中国"飞天方阵"的入选名单即将出炉。可惜，最终的人数还要再减去一半！

1997 年 4 月，中国载人航天工程指挥部从受检成功者中录取了 12 人作为预备航天员。他们中间有杨利伟、翟志刚、费俊龙、聂海胜、刘伯明、景海鹏、刘旺、张晓光等人。同时加入这支队伍的还有另外两名战友，他们是吴杰和李庆龙，这两位有一段到俄罗斯"取经"的经历，曾经让"霸道"的外国人刮目相看。

1996 年 11 月，吴杰和李庆龙以航天员教练员的身份，被派往俄罗斯加加林航天员训练中心接受培训。报到那天，他们就让训练中心主任、苏联航天英雄克里木克中将大吃一惊。因为他们用不熟练的俄语提出了这样的申请："我们准备用一年时间学完全部课程！"

克里木克中将当即回答："你们开什么玩笑？"

根据俄方的经验，培训一名合格的航天员至少需要四年时间。用一年就要毕业？简直就是天方夜谭！

克里木克想了想，又说："我可以考虑答应你们的请求。但课时和训练内容是不可能减少的，难度标准更不会降低，这对你们来说会十分困难。"

没想到两人回答："没问题，我们保证一项训练都不落下！"

看着两人拍着胸脯保证，克里木克中将半信半疑地答应了下来。

当时，和他们一起学习的还有来自美国、日本和欧洲一些国家的航天员，俄方教练员对这两位黄皮肤、矮个子的中国人很不以为然。

"这样的人也能当航天员吗？"

越是被质疑，吴杰和李庆龙越是要强。就算掉十层皮，也要做出个样子来，决不给中国人丢脸！

他们两个人憋着一股劲，白天刻苦训练、细心观察，晚上潜心钻研、认真记录，开始了高负荷的学习和训练。他们一天都舍不得休息，别的国家的航天员去放松度假，他们还在训练。两个人心里很清楚，要在最短的时间内学到人家的精髓，就必须抓紧时间追赶。

经过一年"硬核"特训，吴杰和李庆龙以高标准、高质量完成了全部极限课程，出色地掌握了航天理论和各项技能，掷地有声的中国诺言让俄罗斯教练大为叹服。他郑重宣布："从今天起，中国的航天员吴杰和李庆龙可以胜任世界上任何飞船的飞行任务！"

结业当天，克里木克中将亲手给他们颁发了"国际航天员证书"。

1998 年 1 月 5 日，层层筛选后脱颖而出的 14 名航天员进入北京航天城，正式由空军部队移交给国防科工委管理。

交接仪式上，前来送行的空军部队参谋长激动地对 14 名航天员说："空军把你们送到这里，你们中间将会走出'中国的加加林''中国的阿姆斯特朗''中国的列昂诺夫'。你们将代表祖国去完成一项伟大的事业，你们永远是空军的骄傲！"这个小小的仪式，翻开了中国航天史上重要的一页——中国人民解放军航天员大队正式宣告成立。

14名航天员向国旗进行了庄严的宣誓：成为航天员是我无上的光荣，为了负起神圣的使命，我将英勇无畏，不怕牺牲，甘愿为载人航天事业奋斗终生……

中国的第一支航天员队伍正式登上了历史舞台。从那一天起，中华民族的飞天梦想、共和国几代航天人的希望，都落在了这14位优秀战士的肩上。中国载人航天的历史，也将由这一代航天员开始创造。

然而，走进航天员大队，只是拉开了航天员职业生涯的序幕。

一切再度从零开始。航天员选拔训练系统主任设计师黄伟芬亲自负责航天员的训练工作，设计出一套符合中国国情的航天员训练方案。

国外培养航天员分为三类：驾驶员、随船工程师和载荷专家，执行任务时各有分工。而我国航天员却要做到"三合一"，面对这样的"超级要求"，没有过人的本领和超常的耐力，谈何容易？

在复杂的选拔尘埃落定之前，14名航天员并不完全清楚"航天员"究竟是怎样一个职业。直到训练陆续展开，他们才渐渐走进了载人航天这个交织着勇气与梦想的领域。

中国航天员的训练分为基础理论培训、专业技能训练、飞行程序和任务训练。完成这三个阶段的学习一般需要三到五年的时间。

飞船遨游太空，航天员需要在密闭狭小的环境里经历超重、失重相互交替的过程。要克服这重重障碍，就必须用特殊的训练来主动适应太空生活。

航天员的日常训练，就像待在一个"超级健身房"，最大限度地模拟了太空舱内的各种环境：既有利用旋梯、滚轮、蹦床、旋转秋千等器材提高前庭功能的训练，也有为提高低压缺氧耐力的游泳、攀岩训练，还有为提高超重耐力专门进行的胸、腹部和四肢肌肉的训练等，每一项训练都称得上是"魔鬼训练"！

而大家公认最痛苦的一项训练就是"离心机"，它具有相当的危险性。

离心机像一只巨大的铁钳，紧紧夹住旋转舱，在圆形的超重实验室里飞速旋转，其负荷将从1个G逐渐增加到8个G，转瞬之间，在强大作用力牵引下，航天员的面部肌肉就会变形下垂，眼泪不由自主地流淌。

做头盆方向超重训练时，全身的血液好像被甩到脊柱上；做胸背方向超重训练时，前胸后背就像压了块几百斤重的巨石，忽然间心跳加快，呼吸困难，五脏六腑仿佛被压成一张薄薄的纸片。当超重值加大到自身重量的8倍时，虽然持续时间只有短短40秒，却几乎要耗尽全部的体力和精力。

只要感到不适，航天员可以随时摁下手上的报警器，立即停止训练。但在长达十几年的训练中，我们的14名航天员手中的报警器一次也没有响过。

一年的学习很快结束了，航天员们将面临至关重要的"升学考试"，只有通过考试的人，才能转入下一个新的学习阶段。

理论、体能、文化课……考核结束后，航天员杨利伟取得了14人当中唯一的"全优"成绩，名列第一。另外 13 名航天员也全部以优异的成绩通过了考核，获得了继续学习的资格。

新时代，新使命。如今，中国已经先后培养选拔了三批航天员，他们不负万里挑一的期待，时刻准备着书写新的飞天传奇，让世界不断领略中国航天员的风采！

（材料来源：兰宁远：《千里挑一的航天员训练》，有改动）

心理测试

艾森克 EPQ 人格测试

艾森克人格理论是英国心理学家 H. J. 艾森克提出的以人格结构层级说和三维度人格类型说为主要内容的人格理论。他认为，人格是由行为和行为群有机组织而成的层级结构。最低层是无数个具体反应，是可直接观察的具体行为。较高层是习惯性反应，是具体反应经重复而被固定下来的行为倾向。再高一层是特质，是一组习惯性反应的有机组合，如焦虑、固执等。最高一层是类型，由一组相关特质有机组合而成，具有高度概括的特征，对人的行为具有广泛的影响。他通过分析研究，确定了人格类型的三个基本维度。根据外倾性可以把人格分为外倾型和内倾型；根据情绪稳定性可以把人格分为情绪型和稳定型；根据心理变态倾向可以把人格分为精神失调型和精神整合性。相对于其他以因素分析法编制的人格问卷而言，艾森克 EPQ 人格测试所涉及的概念较少，施测方便，有较好的信度和效度，是国际上最具影响力的心理量表之一。

仔细阅读下列题目，根据实际情况回答"是"或"否"

1. 你是否有广泛的爱好？

2. 在做任何事情之前，你是否都要考虑一番？

3. 你的情绪时常波动吗？

4. 当别人做了好事，而周围的人认为是你做的时候，你是否感到洋洋得意？

5. 你是一个健谈的人吗？

6. 你曾经无缘无故地觉得自己"可怜"吗？

7. 你曾经因为贪心而使自己多得分外的物质利益吗？

8. 晚上你是否会小心地把门锁好？

9. 你认为自己活泼吗？

10. 当你看到小孩（或动物）受折磨时是否感到难受？

11. 你是否常担心你会说出（或做出）不应该说（或做）的事？

12. 若你说过要做某件事，是否不管遇到什么困难都要把它做成？

13. 在愉快的聚会中你是否会尽情享受？

14. 你是一位易怒的人吗？

15. 你是否有过自己做错了事反倒责备别人的时候？

16. 你喜欢会见陌生人吗?

17. 你是否相信储蓄是一种好的行为?

18. 你的感情是否容易受到伤害?

19. 你是否服用有奇特效果或是有危险性的药物?

20. 你是否时常感到"极其厌烦"?

21. 你曾多占多得别人的东西(甚至一针一线)吗?

22. 如果条件允许,你喜欢经常外出(旅行)吗?

23. 对你所喜欢的人,你是否为取乐而开过过头的玩笑?

24. 你是否常因"自罪感"而烦恼?

25. 你是否曾经谈论一些你毫无所知的事情?

26. 你是否宁愿看书,而不想去会见别人?

27. 有坏人想要害你吗?

28. 你认为自己"神经过敏"吗?

29. 你的朋友多吗?

30. 你是个忧虑重重的人吗?

31. 你在儿童时代是否听从大人的吩咐而毫无怨言?

32. 你是一个无忧无虑、逍遥自在的人吗?

33. 有礼貌、爱整洁对你很重要吗?

34. 你是否担心将发生可怕的事情?

35. 在结识新朋友时,你通常是主动的吗?

36. 你觉得自己是个非常敏感的人吗?

37. 和别人在一起的时候,你是否不常说话?

38. 你是否认为婚姻是个框框,应该废除?

39. 你有时会自吹自擂吗?

40. 在一个沉闷的场合,你能给大家增添生气吗?

41. 慢腾腾开车的司机是否使你讨厌?

42. 你担心自己的健康吗?

43. 你是否喜欢说笑话和谈论有趣的事情?

44. 你是否觉得大多数事情对你都是无所谓的?

45. 你小时候有过对父母鲁莽无礼的行为吗?

46. 你喜欢和别人打成一片,整天相处在一起吗?

47. 你失眠吗?

48. 你饭前必定先洗手吗?

49. 当别人问你话时,你是否对答如流?

50. 你是否宁愿有富裕的时间,喜欢早点动身去参加约会?

51. 你经常无缘无故地感到疲倦和无精打采吗?

52. 在游戏或打牌时你曾经作弊吗?

53. 你喜欢紧张的工作吗?

54. 你时常觉得自己的生活很单调吗?

55. 你曾经为了自己而利用过别人吗?

56. 你参加的活动是否太多,已超过自己可能利用的时间?

57. 是否有那么几个人时常躲着你?

58. 你是否认为人们为保障自己的将来而精打细算、勤俭节约所花费的时间太多了?

59. 你是否曾想过去死?

60. 若你的确知道不会被发现时,你会少付给人家钱吗?

61. 你能使一个联欢会开得成功吗?

62. 你是否尽力使自己不粗鲁?

63. 一件使你为难的事情过去之后,是否使你烦恼好久?

64. 你曾否坚持要照你的想法去办事?

65. 当你去乘火车时,你是否最后一分钟到达?

66. 你是否容易紧张?

67. 你常感到寂寞吗?

68. 你的言行总是一致吗?

69. 你有时喜欢玩弄动物吗?

70. 有人对你或你的工作吹毛求疵时,是否容易伤害你的积极性?

71. 你去赴约会或上班时,曾否迟到?

72. 你是否喜欢在你的周围有许多热闹和高兴的事?

73. 你愿意让别人怕你吗?

74. 你是否有时兴致勃勃,有时却很懒散、不想动弹?

75. 你有时会把今天应该做的事拖到明天吗?

76. 别人是否认为你是生气勃勃的?

77. 别人是否对你说过许多谎话?

78. 你是否对有些事情易性急、易生气?

79. 若你犯有错误,你是否愿意承认?

80. 你是一个整洁严谨、有条不紊的人吗?

81. 在公园里或马路上,你是否总是把果皮或废纸扔到垃圾箱里?

82. 遇到为难的事情,你是否拿不定主意?

83. 你是否有过随口骂人的时候?

84. 若你乘车或坐飞机外出,你是否担心会出意外?

85. 你是一个爱交往的人吗?

86. 你的性别:男、女。

艾森克 EPQ 人格测试计分办法和结果解释

计分办法：

E 量表：外向-内向。第 1、5、9、13、16、22、29、32、35、40、43、46、49、53、56、61、72、76、85 题答"是"和第 26、37 题答"否"，每题各得 1 分。

N 量表：神经质（又称情绪性）。第 3、6、11、14、18、20、24、28、30、34、36、42、47、51、54、59、63、66、67、70、74、78、82、84 题答"是"，每题各得 1 分。

P 量表：精神质（又称倔强）。第 19、23、27、38、41、44、57、58、65、69、73、77 题答"是"和第 2、8、10、17、33、50、62、80 题答"否"，每题各得 1 分。

L 量表：测定被试的掩饰、假托或自身隐蔽，或者测定其朴实、幼稚水平。第 12、31、48、68、79、81 题答"是"和第 4、7、15、21、25、39、45、52、55、60、64、71、75、83 题答"否"，每题各得 1 分。

结果解释：

E 量表分：分数高于 15，表示人格外向，好交际，渴望刺激和冒险，易于冲动。分数低于 8，表示人格内向，好静，有着内省特点，不喜欢刺激，喜欢有秩序的生活方式，情绪比较稳定。

N 量表分：分数高于 14，表示焦虑、忧心忡忡、郁郁寡欢，有强烈的情绪反应，甚至可能出现不够理智的行为。分数低于 9 表示情绪稳定。

P 量表分：分数高于 8，表示可能孤独、不关心他人，难以适应外部环境，不近人情，与别人交际时不够友好，喜欢寻衅搅扰，喜欢干奇特的事情，并且不顾危险。

L 量表分：分数高于 18，显示被试有掩饰倾向，测验结果可能失真。

项目练习题

一、单选题

1. 心理活动的动力特征是（　　　　）。

A. 个性　　　　　　　　B. 气质　　　　　　　　C. 性格　　　　　　　　D. 能力

2. 完成活动任务的态度和行为方式的特征是（　　　　）。

A. 个性　　　　　　　　B. 气质　　　　　　　　C. 性格　　　　　　　　D. 能力

3. 完成某种活动的潜在可能性的特征是（　　　）。

A. 个性　　　　　　　　B. 气质　　　　　　　　C. 性格　　　　　　　　D. 能力

4. 用比较系统的测验题目，并用数值表示个人智力发展水平，以测量人的记忆、观察、想象、判断等一般能力的测量方法是（　　　　）。

A. 智力测量　　　　　　B. 人格测量　　　　　　C. 能力倾向测验　　　　D. 情绪测量

5. 美国著名的组织行为学家斯蒂芬·罗宾斯把人的能力分为（　　　）与体质能力两大类。

A. 心理能力　　　　　　B. 生理能力　　　　　　C. 社交能力　　　　　　D. 运动能力

二、多选题

1. 个性的特征包括(　　)。

A. 倾向性　　　　　　B. 稳定性　　　　　　C. 发展性　　　　　　D. 社会性

2. 个性测试按测量方法分为(　　)。

A. 问卷法　　　　　　B. 人格测量　　　　　C. 投射测量法　　　　D. 智力测量

3. 性格特征主要有(　　)。

A. 态度特征　　　　　B. 意志特征　　　　　C. 情绪特征　　　　　D. 理智特征

4. 能力水平的差异一般分为(　　)。

A. 能力低下　　　　　B. 能力一般　　　　　C. 才能　　　　　　　D. 天才

三、问答题

1. 如何运用性格差异进行企业管理?

2. 如何有效运用胜任力模型?

四、实操题

企业家个性为王

说起联想，人们首先会想到柳传志。《中国经营报》的"与老板对话"栏目曾两次深度专访柳传志。第一次专访的主题是"联想国际化"，第二次专访的主题是"检讨联想多元化"。2004 年，柳传志在纪念与思考的氛围中度过了他 60 岁的生日，他也放心地把联想集团董事局主席的职位交给了杨元庆。这或许是柳传志本人真正的一次角色转换，60 岁的他以更广阔的视野规划着联想。联想员工也把最热烈的掌声给了柳传志，他将继续以其"领袖企业家"的个性魅力影响联想、感召联想。

经济学家张维迎教授说，在柳传志看似简单的理念背后，深藏着许多并不简单的内核。到现在，很多人依然认同这样的基本判断：人情练达、城府很深的柳传志是联想的核心竞争力。

在未来，谁拥有个性优势，谁就更有可能拥有竞争优势、效益优势和成长优势。如果企业个性与竞争战略彼此兼容，企业个性便可以强有力地巩固一种基本战略，以寻求建立竞争优势。企业个性本身无优劣之分，它是获取竞争优势的手段，而非最终目的。

个性为王时代的来临了，我们倡导企业家具有个性。胆大包天型、居安思危型、闪转腾挪型、颇具城府型、少年得志型、唯我独尊型、咬定青山型、鹤立鸡群型，我们人为地将企业家的个性分为八大类别，每一类都有相应的企业家归属其中，每一类都有一种"属相"图腾。这样的"动物组群"分类法可能不够科学，但不可否认的是，中国企业需要个性，中国企业家尤其如此。企业个性不是万能的，虽然没有个性的企业一样会"长大成人"，但是，标新立异者往往最可能脱颖而出。

问题思考：

(1) 结合本案例，谈谈什么是个性，它有哪些特征?

(2) 你认为成功的企业家应具有哪些特质?

知觉与决策

项目概述

学生通过本项目的学习，可以了解知觉与决策的相关知识，掌握知觉、社会知觉与错觉的概念及理论，学会在管理的过程中进行决策。本项目中的思政案例可以帮助学生学习社会主义核心价值观，增强学生的敬业意识，培养学生积极主动学习的态度。

教学目标

1. 了解和掌握感觉、知觉的概念及知觉的特征；
2. 了解和掌握影响知觉的因素；
3. 熟知社会知觉与错觉；
4. 了解和运用常见的错觉效应；
5. 明白如何在工作中进行决策。

思政案例

快递小哥李庆恒

快递小哥李庆恒，安徽阜南县人。2015 年，李庆恒到快递公司上班，本来在客服部，不算行业一线，但也不是纯粹坐在办公室里的岗位。他经常需要寻找疑难件，在各网点间奔波，还得负责上传快件扫描码数据。每到"618""双十一"等购物节，李庆恒到分发派送快件的车间帮忙。2016 年，因为手脚麻利、脑袋聪明、有干劲、肯吃苦、操作技能熟练，经部门经理推荐，李庆恒加入了公司备战各类快递行业技能比赛的团队，蒋教芳是他的带教老师。李庆恒练得最多的实操项目是易碎品包装。

赛前 1 个月，蒋教芳集中讲要点，下放练习物料。李庆恒回家就练——封箱，封四五层，站起来，把包裹举到额头，摔下去，再拆开，查看物品有无破损，再封。如此反复，找手感，形成肌肉记忆。因练习次数太多了，甚至招致了"投诉"——撕胶带声音大，邻居找上门来几次，他就把门窗关紧，拉胶带速度也有意地放慢。

行行出状元，各工种各岗位都要求精益求精。说起比赛要求，李庆恒能一口气说出一大串："多物品包装环节，要寄出的物品有各种各样的情况，比如书本里夹纸币，玩偶的棉花里塞了一小袋白色粉末，这些都是违规的，要一一挑过。派送线路设计环节，要求 12 分钟画出派送 20 个快件的最优路线，有的有送达时间限制，有的路是单行道……"

这几年，他年年参赛，错误也犯过不少。第一次参赛，他不知道可以用剪刀，一直拿牙咬断胶带，被扣了不少分，最终时间也不够了，甚至没能完成题目。不过到了去年，蒋教芳评估，李庆恒的能力足以进入第一梯队了。参加省里比赛之前，蒋教芳说他应该能拿第一了。高期望让他觉得压力倍增，心里慌得很。去年 8 月，比赛场地在篮球馆，放了冰块降温，但他还是觉得又闷又热。赛完，李庆恒觉得表现不完美，比如差点将破损件投入快递柜，线路设计答了三次，也不确定是对是错。李庆恒自己也没料到，在浙江省第三届快递职业技能大赛中，他能获得"快递员"工种的第一名。

近年来，杭州在全国率先开展人才分类认定工作，把企业评价、社会评价等市场元素纳入高层次人才的分类评价标准。浙江省提出全力建设具有影响力、吸引力的全球人才"蓄水池"。不仅是杭州，长三角各地的人才新政频出，拿出真金白银和干货政策招揽人才。2020 年 5 月 6 日，审核通过，李庆恒立马上网下载了杭州市 D 类高层次人才分类认定书，彩印了一张，赶紧拿给蒋教芳："蒋老师，您看看，是不是这本？"杭州市高层次人才有 5 个层次，分别是国内外顶尖人才、国家级领军人才、省级领军人才、市级领军人才、高级人才（分别用 A、B、C、D、E 指代）。第二天，在公司里，李庆恒就有了新外号，叫"李百万"——2020 年获评 D 类的人才，在杭州购买首套房时将享受 100 万元的补贴。

（材料来源：人民日报，https://baijiahao.baidu.com/s? id = 1671452826607751685&wfr = spider&for = pc，有改动）

思政导言

三百六十行，行行出状元，把平凡的事做到极致就是成功。快递员李庆恒用实际行动诠释了爱岗敬业的真谛，在平凡岗位上绘就了出彩人生。干一行，爱一行，说起来简单，做好不易。拼搏奋斗的人首先要对职业有着尊重和热爱，清晰地知道职业的特点和要求，并为之努力奋斗。为了记住邮政编码、电话区号、航空代码等信息，李庆恒每天早起背记一个多小时；为强化记忆，每当看到汽车车牌，都会把相关城市的信息在脑子里过一遍。数据上"信手拈来"、业务上"胸有成竹"，凭借汗水凝聚成的出色的职业素养、过硬的专业技能，李庆恒完全称得上"高层次人才"。

"李庆恒们"的成功离不开国家对人才的大力扶持。李庆恒说，自己没有学历，感觉和人才搭不上边，正是有了好政策，才让不敢想的事情变成现实。机遇属于有梦想的人，成功永远青睐奋斗者。后浪推前浪，奋斗最幸福。我们相信更多的年轻人通过自己的努力，必定能活出不一样的人生，绽放出不同的精彩。

任务一　知觉概述

一、感觉

（一）含义

人对客观世界的认识是从感觉开始的，它是最简单的认识形式。例如一个红苹果，我们用眼睛看，知道它的颜色是红色，形状是圆形；用嘴咬，知道它的味道是甜的。这里的红、圆、甜就是苹果这一客观事物的个别属性。我们的头脑接受和加工这些属性信息，进而认识这些属性，这就是感觉。

感觉是人的认识过程的初级阶段，是人认识客观世界的开端，是意识形成和发展的基本成分。感觉的特点主要有三点：①感觉反映的是当前直接接触到的客观事物；②感觉反映的是客观事物的个别属性，而不是整体；③感觉的内容和对象是客观的，感觉的形式和表现则是主观的。

（二）作用

1. 感觉提供了内外环境信息。通过感觉，人能够认识外界物体的颜色、形状、气味等，从而了解事物的各种属性。通过感觉，人还能够认识到自己机体的各种状态，比如饥饿、寒冷等，从而实现自我调节。

2. 感觉保证了机体与环境的信息平衡。人要正常生活，必须保持与环境达到平衡，其中包括信息的平衡。信息过载或不足都会破坏信息平衡。有人认为，大城市由于信息过载，使人产生冷漠的态度；也有研究发现，由"感觉剥夺"造成的信息不足会使人产生无法忍受的不安和痛苦。

3. 感觉是认识过程的开端，是一切较高级复杂的认识活动的基础，也是人的全部心理现象的基础。人的知觉、记忆、思维等复杂的认识活动必须借助于感觉提供的原始材料。人的情绪体验也必须依靠人对环境和身体内部状态的感觉。

二、知觉

（一）定义

知觉是影响个体行为的重要心理因素之一。对世界的知觉是个体行为的基础，它影响着个体在不同情境下的行为方式。

知觉是个体为了为自己所在的环境赋予意义而解释感觉印象的过程。人们的行为是以他们对现实的知觉为基础的，而不是直接以现实本身为基础的。现实要经过人的精神世界这个中介来影响人的行为，所以研究知觉对组织行为非常重要。在现实生活中，在对绝大多数问题的看法上，人们无法取得一致的意见，面对相同的事物，不同的个体会产生不同的知觉。知觉的形成既需要来自外界的信息资料，同时又要有个人原有的知识、经验、态度、情绪等主观因素的参与，二者共同完成知觉过程，所以，就会出现"仁者见仁，智者见智"的现象。

1. 知觉者

在影响知觉方面最重要的个人因素是态度、动机、兴趣、经验和期望。

当个体看到一个目标物并试图对其进行解释时，这种解释便会受到知觉者个人特点的明显影响。你是否在新买了一款手机后，会忽然注意到路上很多人用的手机都与你的相同？这显然不可能是因为这种手机的数量忽然间增加了。这是由于你的购买行为影响到了自己的知觉，因而现在更有可能注意到它们。

2. 知觉对象

知觉对象的特点也能影响到知觉的内容。在群体里，声音洪亮的人比安静的人更容易受到注意。很有吸引力的人和没有吸引力的人也是如此。新奇、运动、声音、大小、背景、临近以及知觉对象的其他因素都能影响到我们的知觉。

我们并不是孤立地看待目标的，因此目标与背景的关系也会影响到知觉。并且，我们倾向于把关系密切和相似的事物组织在一起。

3. 情境

我们在什么情境下认识和了解物体或事件也很重要，周围的环境因素也影响着我们的知觉。在军训时，一个身穿迷彩服的同学不会引起大家太多的注意。但同样穿着的同学出现在管理心理学课堂上，则会吸引班里其他同学的注意。这就是情境影响了大家的知觉。

对客体或事件知觉的时间能影响到我们的注意力，除此之外，还有工作环境、社会环境等其他情境因素。

（二）知觉的过程与特性

1. 知觉的选择性

作用于人的客观事物是丰富多彩、千变万化的。但人不可能对全部的客观事物都清楚地感知到，也不可能对所有的事物都做出反应，而总是有选择地以少数事物作为知觉的对象。对这些事物，人们的印象会格外清晰，而对其他的事物则比较模糊，这些模糊的事物就成了背景。这种现象被称为知觉的选择性。

知觉的选择性有两种价值：一是自我保护。人的心理承载力是有限的，人如果将感觉器官所接收到的所有信息都加以处理，那将超出人的承受能力。出于自我保护，人会对来自外界的信息进行选择。二是生存价值。这种选择带有指向性，有利于个体在环境中的生存。知觉的这种特性使我们能够快速地"阅读"他人，但同时也有信息失真的危险。因为常常出现的结果是，我们看到了我们想看到的东西，从而使我们能从模棱两可的情境中得出没有根据的结论。例如，你听说某领导不喜欢你，然后在会议上这位领导不点名地批评某种现象，你就会认为他是在含沙射影，是在批评你。

知觉最简单、最原始的形式是对于知觉对象和背景的分化。人对对象和背景的知觉是不一样的，对象似乎在背景的前面，轮廓分明、结构完整；背景可能没有确定的结构，它在对象的后面发挥着衬托作用（如图3-1所示）。

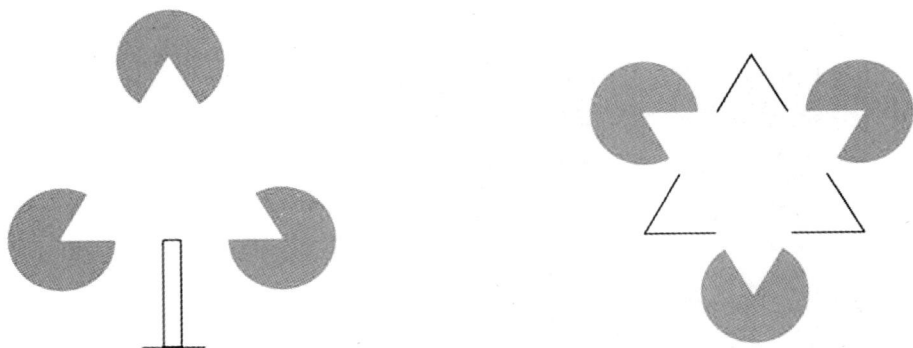

图 3-1　对象和背景

对象和背景的关系不是一成不变的，而是依据一定的主客观条件，经常是可以相互转换的。例如，当客人与服务员交谈时，服务员讲的话是客人知觉的对象，而周围的其他声音则成为这种对象的背景。如果这时候客人听到周围其他人正在讨论他很感兴趣的话题，他就会把注意力转移到别人谈话的内容上。那么，别人说的话就成了这位客人知觉的对象，而服务员讲的话便成了背景的一部分。

知觉对象和背景的关系也可以用一些双关图来说明。在知觉这种图形时，对象和背景可以迅速地转换，对象能变成背景，背景也能变成对象（如图3-2所示）。

想把知觉的对象从背景中分辨出来，客观上要受到许多条件的影响。这些条件主要有以下几种。

（1）对象与背景的差别

对象与背景的差别越大，对象越容易从背景中突显出来。在颜色、形状、亮度等对比强烈的情况下，对象更为醒目；反之，对象与背景的差别小，则难以区分。如白纸黑字、绿叶红花，由于对比强烈而容易使对象被分辨出来。

（2）对象的运动

在固定不变的背景上，运动的物体比不动的物体更容易成为知觉的对象。例如，夜晚里忽闪忽灭的霓虹灯容易引起人们的注意，成为知觉的对象。

（3）对象的组合

对象各部分的组合也影响着对象各部分的辨识度。组合的方式有两种：接近组合和相

（a）花瓶还是人脸　　　　　　　　（b）你看见了什么？

图 3-2　对象与背景

似组合。接近组合是指彼此接近的事物比相隔较远的事物更容易组成对象。无论是空间的接近还是时间的接近，都倾向于组成一个对象。另外，性质相同或相似的事物也容易被组合在一起，成为知觉对象。（如图 3-3 所示）人们会把在组织中连续发生的事件看成是有因果联系的，而对一些有相似背景的人，人们倾向于把他们归为一个帮派。

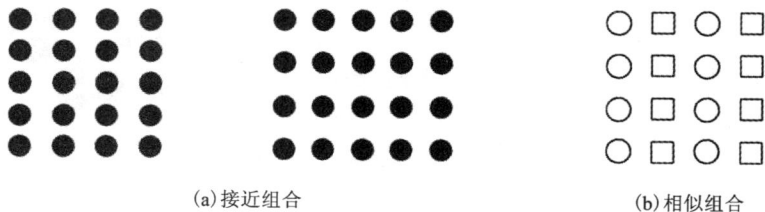

（a）接近组合　　　　　　　　　　（b）相似组合

图 3-3　对象的组合

2. 知觉的理解性

人的知觉并不像照相机那样能详细而精确地反映出刺激物的全部细节，它并不是一个被动的过程。相反，人的知觉是一个非常主动的过程。它要根据主体的知识经验，对感知的刺激物进行加工和处理，并以概念的形式把它们表示出来。知觉的这种特性就叫作知觉的理解性。

理解在知觉中起着重要作用。首先，理解使知觉更为深刻。人在知觉一个事物的时候，与这个事物有关的知识经验越丰富，对该事物的知觉就越富有内容，对它的认识也就越深刻。例如，对于某名胜古迹的一砖一瓦，一个有经验的考古专家要比一般人有更深刻的认识。其次，理解使知觉更为精确。例如，不懂外语的人听初学者说外语，只能听到一些音节，根本听不出他的外语讲得正确与否；而熟练外语的人不仅能听出他讲得是否正确，甚至连发音的细微差异、修辞的恰当与否都能辨别出来。最后，理解能提高知觉的速度。例如，我们看报纸或杂志时，如果内容简单而又熟悉，那么就可以做到"一目十行"。

知觉的理解性受到很多因素的影响。一是语言的指导作用，在知觉对象不太明显时，语言指导有助于对知觉对象的理解。二是实践活动的任务，人的活动任务不同，对同一对象的理解可能不同，产生的知觉效果也就不同。三是情绪状态，面对同样一事物，情绪状态不同，人们对它的理解也就不同。例如，当我们心情愉快地开始一天的生活时，在这一天中好像总是看到好的一面；而抑郁的心情总是使人看什么都不顺眼。个人的特殊经历对他如何看待所面对的事物也有影响。一个自我奋斗起家的领导者会特别赞赏有独立奋斗精神的员工，而对利用自身的背景优势寻求利益的人可能会反感。

3.知觉的整体性

知觉的对象是由刺激物的部分特征或属性组成的，但人们不把它感知为个别的孤立的部分，而总是把它知觉为一个统一的刺激情境。甚至当刺激物的个别属性或个别部分直接作用于人的时候，人们也会对这一刺激物产生整体的知觉印象。

当客体具有连续、闭合趋势和共同运动方向等特点，或有较大组合的趋势时，人们容易将其知觉为一个整体(如图3-4所示)。

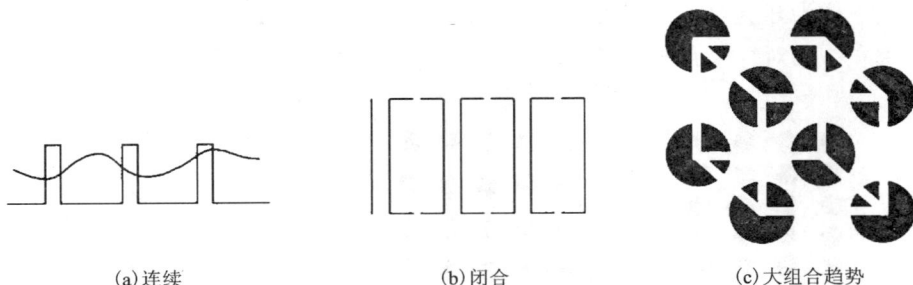

(a)连续　　　　　　　　(b)闭合　　　　　　　　(c)大组合趋势

图3-4　知觉的整体性

知觉之所以具有整体性，一方面是因为刺激物的各个部分和它的各种属性总是作为一个整体对人产生作用；另一方面，在把刺激物的几个部分综合为一个整体进行知觉时，过去的知识经验常常能提供补充信息，这使知觉的效率更高。对从远处走来的熟人，我们虽然看不清他的面孔，但可以凭借身形、走路姿势和其他线索将其辨认出来。

知觉的理解性和整体性通常无法严格区分，它们共同起着作用。这种见微知著、一叶知秋的现象在处理组织内常规事务时效果好、效率高，缺点是在遇到非常规事件时容易使人犯经验主义的错误。

4.知觉的恒常性

当客观条件在一定范围内改变的时候，我们的知觉在相当程度上却保持着其稳定性，这就是知觉的恒常性。

在视知觉中，知觉的恒常性表现得特别明显。对象的大小、形状、亮度、颜色等印象与客观刺激的关系并不完全遵从物理学的规律。在亮度和颜色知觉中，物体固有的亮度和颜色倾向于保持不变。例如，无论是在强光下还是在黑暗中，我们总是把煤看成是黑色的，把雪看成是白色的。实际上，强光下煤的反射亮度远远大于暗光下雪的反射亮度。

知觉的恒常性受到很多因素的影响，其中最主要的是过去经验的影响。人们知觉的恒常性不是生下来就有的，而是后天学来的。比如 A 和 B 是同学，A 昨天把自己黑色的头发染成了棕色，但第二天他们打招呼的时候，B 并没有发现这件事，还是一如既往地和 A 聊着学习。客观来说，视觉器官把 A 的外貌信息全部采集并传递给了 B 的大脑，但知觉具有恒常性，B 的"视觉"明明看到了这种变化，其"知觉"却没有对这种变化做出反应。

三、感觉与知觉的关系

（一）联系

从心理学角度分析，感觉与知觉同属于人们认知活动过程中的不同反映阶段。感觉是知觉的基础，是人们透过事物的个别属性及表面现象所形成的对事物本体的最初步的、肤浅的印象。知觉是在感觉基础上的拓展和延伸，是人们透过事物的内在属性和整体印象所形成的对事物本身的综合性的、深刻的印象。从这个意义上分析，人们对外界事物的感觉越客观、越精细、越丰富，对外界事物的知觉就越准确、越全面、越深邃。

（二）区别

感觉反映的是客观事物的个别属性及表面现象，知觉反映的是客观事物的内在属性及整体形象。

感觉是介于生理和心理之间的活动，是以生理活动为基础的最简单的心理过程。知觉是一种在感觉基础之上的纯粹的心理活动，在产生、形成和发展的过程中自始至终地体现着知觉者本身的个性特征、品格修养和知识经验。

感觉是人们所具有的对外界事物本身的自然状态下的反映，是一种肤浅的表现过程。知觉是人们所具有的对客观事物本身经过后天学习和思索总结后形成的理性的认识，是一种复杂、深邃的表现过程。

🌀 小思考

华为的用人之道

华为以何种"育人"及"驭人"之术将一支数万人的本土军团打造成一支能征善战的国际之师？

1999 年，华为总裁任正非在与新员工的一段调侃式的对话中说道："华为公司都是三流人才，我是四流人才。一流人才出国，二流人才进政府机关、跨国企业，三流、四流的人才进华为。只要三流人才团结合作，就会胜过一流人才，不是说三个臭皮匠顶一个诸葛亮吗？"

10年后的今天，这场"三流人才"与"一流人才"的战争，以令人惊诧的战果印证了任正非当年的预见——占据人才优势的欧美厂商，如北电、诺基亚西门子，纷纷陷入或破产或亏损的颓势之中。相比而言，处于人才劣势的中国公司华为，继2008年取得42.7%的逆市增长并稳稳进入全球系统设备"前三"之后，今年预计仍能保持30%的业绩提升。

与此同时，华为也以其20年的实践，打破了"谁是优秀人才"的狭隘界限。曾经以"三流人才"自居的华为，已事实上成为华南乃至中国企业的"黄埔军校"。围绕着华为总部所在地深圳而生的一批新生代的优秀民营企业——腾讯、迈瑞医疗、深圳宇通等公司，正在受惠于华为培养的人才。在这些公司的研发或营销团队中，"华为军团"甚至时常达到近三分之一的规模。腾讯的一位高管曾说："如果没有华为，深圳难以造就今天的腾讯。"

（来源：《21世纪经济报道》2009-8-3，有改动）

> **思考：**华为的用人之道说明了什么问题？

四、影响知觉的因素

知觉是人对刺激物的感知过程，必然会受到刺激对象本身的特点和知觉者本人的特点的影响。因此，影响知觉的因素主要包括客观因素和主观因素。

（一）客观因素

具有以下特性的对象，容易引起人的知觉。

1. 具有较强特性的对象

城市中奇特的建筑、山谷中飘忽的云海、群山中挺拔入云的峰峦、一望无际的蓝天碧水……这些事物的特性对人有较强的刺激作用，因而容易引起人们的知觉。

2. 反复出现的对象

重复次数越多就越容易被知觉。人们多次看到某品牌的广告和宣传材料，或者经常听到某品牌的信息时，由于信息反复出现、多次作用，就会使人们对其产生较为深刻的知觉印象。

3. 运动变化的对象

在相对静止的背景上，运动变化着的事物容易成为知觉的对象，如倾泻的瀑布、奔驰的列车、闪烁的霓虹灯等，都容易成为知觉的对象。

4. 新奇独特的事物

在一群穿着普通服装的人中，一个穿着奇装异服的人就很容易被知觉到。另外，令世界称奇的万里长城、秦兵马俑等，都能引起人们的格外注意。

（二）主观因素

知觉不仅受客观因素的影响，也受知觉者自身的主观因素的影响。这些主观因素是指知觉者的心理因素。人是具有不同心理特征的知觉者，感知相同的景观时，他们各自的知觉过程和知觉印象是不同的。影响知觉的主观因素主要有以下几个。

1.兴趣

人的兴趣不同常常会导致知觉选择上的差异。一般的情况是，人最感兴趣的事物往往首先被感知到，而人们毫无兴趣的事物则往往被排除在知觉的范围之外。

2.需要与动机

人们不同的需要和动机也在很大程度上决定着人们的知觉选择。凡是能够满足人的某些需要和符合其动机的事物，就能成为知觉者的知觉对象和注意中心；反之，凡是不能满足人的需要和不符合其动机的事物，则通常不为人所知觉。例如，如果有人外出旅游的目的是显示自己的社会地位，那么，他们对那些能象征社会地位的饭店及服务项目就会特别关注。

3.个性

个性是影响知觉选择的因素之一。例如，不同气质类型的人，其知觉的广度和深度也不一样。

4.情绪

情绪是人对那些与自己的需要有关的事物和情境的一种特殊的反映，对人的知觉有强烈的影响。比如，当人处于愉悦的情绪状态时，看每样东西都是美好的；但当人心情不佳时，就会对周围的事物不感兴趣，而且容易与他人发生冲突。

5.经验

经验是从实践活动中得来的知识和技能，是对客观现实的反映，它是人们行为的调节器。有经验的消费者能从企业所提供的各种产品和服务中知觉到更多的东西，而不成熟的消费者就可能茫茫然不知所以。

任务二　社会知觉与错觉

一、社会知觉

从个体知觉的对象来看，我们可以把知觉划分为对物的知觉和对人的知觉。无论是对物的知觉还是对人的知觉，都服从于知觉的一般规律。但是在这些一般规律的基础上，对物的知觉和对人的知觉又表现出各自的特殊规律。这主要表现在人们知觉别人时并不是停留在被知觉者的面部表情、身体姿态和外部行为上，而是要根据这些外部特征了解他内部的心理状态，要了解他的动机、意图、观点、信念、个性特点等。这是对人的知觉与对物的知觉的根本不同之处。

一般来说，对人的知觉即是社会知觉。"社会知觉"的概念最初是由美国心理学家布鲁纳在1947年提出的，用以表示他对知觉的一种新观点。"社会知觉"主要是指知觉过程受社会因素的制约。后来，这个概念在社会心理学中有了新的含义，人们认为社会知觉是对社会对象的知觉。社会对象应包括个人、社会群体和大型的社会组织。社会心理学文献正是在这种意义上使用"社会知觉"的概念的。从这种意义上来说，社会知觉包括广泛的内容。它不仅包括一个人对另一个人的知觉，而且包括个人对群体的知觉、群体对个人的知觉、群体对群体的知觉以及对个人间和群体间关系的知觉。

因此，我们可以这样界定，社会知觉就是对人的知觉，对人的知觉主要包括对他人的知觉、人际知觉和自我知觉。它是影响人际关系的建立和活动效果的重要因素。

二、自我知觉

（一）自我知觉的概念

自我知觉是指一个人通过对自己行为的观察而对自己心理状态的认识。人不仅在知觉别人时要通过其外部特征来认识其内在的心理状态，同时也要这样来认识自己的行为动机、意图等。

自我知觉是自我意识的重要组成部分，随着个人自我意识的发展，自我知觉经历着不同的发展阶段。

1.生理的自我

8个月至3岁左右的婴儿虽能体会到自我的存在，但只停留在对自身躯体的认识，在心理上开始出现羞耻心、妒忌心等。此时的自我知觉主要是通过对自己身体、衣着、家庭和父母对自己的态度以及对自己所有物的判断，表现出的自豪或自卑的自我感情。

2. 社会的自我

从 3 岁开始到青春期，个体通过学校教育，受到社会文化的影响，社会意识增强，认识到自己是社会的一分子，并尽量使自己的行为符合社会标准。与此相对应，对社会的义务感、责任心等个性品质逐渐发展起来。个体的自我评价主要是通过对自己在社会上的荣誉、地位，社会中其他人对自己的态度以及自己对周围人的态度等方面的判断和评价，表现出的自尊或自卑的自我体验。

3. 心理的自我

从青春期开始到成年，在大约 10 年的时间内，个体的自我意识渐渐成熟。个体能以自我的观点来认识和理解客观世界，从自己的内心世界去考察心理和社会现象。

在这个时期，个体的伦理道德观念，对待现实的态度、兴趣、理想、信念等日趋定型，形成了深层次的自我，即心理自我形态。这一阶段的自我主要表现为通过对自己的智慧、能力、道德水平等方面的判断和评价，表现出的自我优越感等自我体验。

随着自我意识的发展，在社会化进程的影响下，个体的自我知觉水平一般是遵循着"生理的自我—社会的自我—心理的自我"这一进程演化的。当然，由于每个人的社会化程度的不同，以及受各种主客观因素的影响，每个人的自我知觉水平也不完全一样。比如，有人过分注重自己的身材、容貌、物质欲望的满足，有人则偏重于社会地位、名誉等方面的追求，也有人在自我评价的基础上，追求高尚的情操、自我实现的需要等。

有了正确的自我知觉，个体才知道需要做哪些事、怎样去做，并对自己的行为不断地进行调节，这对于每个人来说都是非常重要的。否则，就会造成行为上的盲目性。如果个体由于期望过高而采取不适当的行为，或者不能正确判断自己的行为且不能进行自我调节，不仅会造成其与社会环境的不协调，而且还会给自身带来不良的心理后果。

（二）自我知觉的形成

自我知觉并非是与生俱来的，它是在社会化进程和社会交往、社会实践活动中逐渐形成的。

1. 以人为镜

马克思曾指出："人降生时是没有带镜子来的，他是把别人当镜子来照自己的。"一般来说，别人对自己的态度评价，是自我认知、自我评价的一面"镜子"。通过这面"镜子"，人们看到了自己的形象，即通过别人对自己的评价获得对自我的认识。

唐太宗李世民说："以铜为镜，可以正衣冠；以史为镜，可以知兴替；以人为镜，可以明得失。"可见，"以人为镜"是完善自我知觉最有效的途径之一。

2. 角色扮演

角色理论是自我知觉发展过程中的一个重要的社会知觉理论。著名的文化人类学者米德认为，个体在各种角色的扮演过程中，与他人发生交互作用，并由此参与社会生活，了解社会上的各种行为规范及习俗，逐渐使自我概念得以发展。

3. 社会比较

自我知觉是在交往过程中随着他人的知觉而形成的。通过对他人知觉的结果和自我进行对照、比较，才使人们产生对自己的认知。

马克思指出："人起初是以别人来反映自己的。名叫彼得的人把自己当作人，只是由于他把名叫保罗的人看成是和自己同种的。"这表明一个人的自我认知和评价不是孤立的，而是通过把自己和自己相类似的人加以比较来认识、评价的。

4. 心理活动分析

个人通过对自己的心理活动进行分析来实现自我知觉和自我评价。人们对自己的认知是主客观的统一，即不仅可以通过以人为镜、角色扮演、社会比较等方法来认识自我，还可以用直接观察自己的心理活动的方式来认识和评价自我。这种自我观察法也叫内省法。

内省法通常有两种形式，一是对自己正在进行的心理活动、心理状态的观察与分析；二是对已有的心理经验的回忆与反思。内省法虽然较主观，但与其他方法配合，也会收到正确认识自我的良好效果。除了内省法，大家还可以有意识地把自己的言行录制、拍摄下来，放给自己听或看。当人们以旁观者的目光冷静地观察自己时，会更加清晰、全面地认识自己。

三、错觉

（一）概念

错觉又叫错误知觉，是在特定条件下产生的对客观事物的一种不正确的、歪曲的知觉，包括几何图形错觉（高估错觉、对比错觉、线段干扰错觉）、时间错觉、运动错觉、空间错觉以及光渗错觉、整体影响部分的错觉、声音方位错觉、形重错觉、触觉错觉等。如当你掂量一公斤棉花和一公斤铁块时，你会感到铁块重，这是形重错觉；当你坐在正在开着的火车上，看车窗外的树木时，会以为树木在移动，这是运动错觉等。

（二）特点

1. 错觉是歪曲的知觉；
2. 错觉的出现是有条件的，条件具备，必然产生；
3. 错觉的产生具有固定的倾向。

（三）种类

错觉可分为大小错觉（如缪勒-莱尔错觉、铁轨错觉、垂直-水平错觉、贾斯特罗错觉、德勃夫错觉、月亮错觉）、形状和方向错觉（如佐尔拉错觉、冯德错觉、爱因斯坦错觉、波根多夫错觉、奥尔比逊错觉）等种类。

四、常见的错觉效应

（一）第一印象

第一印象是在首次接触陌生人时所留下的印象。由于双方首次接触，总有一种新鲜感，与人交往时都很注意对方的外表、语言、动作、气质等。因此，第一印象主要是感知对方的容貌、表情等外在的东西。

在人际交往中，第一印象起着十分重要的作用，并常常成为以后是否继续交往和怎样交往的依据。虽然人们都知道仅靠第一印象来判断人常常会出现偏差，可实际上每个人都不可避免地受第一印象的影响。第一印象一旦形成，就很难改变了。

影响第一印象形成的因素大致可以归纳为两个：其一，事前一无所知，第一印象的形成主要受其外表或容貌的影响；其二，与陌生人见面之前获得的间接资料，是构成第一印象形成的重要基础。

了解第一印象的作用有实际的意义。一方面，管理人员在看待别人时要尽量避免受第一印象的影响，以免对人产生错误的看法；另一方面，管理人员也应注意要在员工中留下良好的第一印象，这样对以后的工作是有利的。

有这样一个研究项目，研究人员向两组大学生分别出示同一个人的照片。出示之前，对甲组说："这是一位德高望重的学者。"而对乙组说："这是一个屡教不改的惯犯。"。然后，让两组大学生分别根据这个人的外貌评价其性格特征。结果，出现了截然不同的评价。甲组的评价：深沉的目光，显示出思想的深邃和智慧；高高的额头，表明在科学探索的道路上无坚不摧的坚强意志。乙组的评价：深陷的眼窝，藏着邪恶与狡诈；高耸的额头，隐含着死不悔改的顽抗抵赖之心。从这里可以看出，在对别人有了第一印象后，会随即产生一定的态度，从而影响进一步的知觉。在对所知觉的对象一无所知的情况下，我们获得的间接资料左右了判断，而这些资料真实与否一般不会引起人们的注意。

坏的第一印象对一个人的影响很大。例如：下属对上司有不好的第一印象，便会感到自己怎么努力都是白搭，因而工作不努力或阳奉阴违；上司如果对下属的第一印象不佳，对于这个下属而言则是灾难性的。其实，"路遥知马力，日久见人心"的现象并不多见。

🐦 小思考

刘军应聘的成功

刘军是某高职院校国际经济与贸易专业的一名学生，不久前他同其他院校的本科生、研究生一道，应聘某民营企业的外贸业务主管岗位。他知道如果按惯例从递交简历开始做起，他几乎是没有希望的，根本无法与比他学历高的同仁进行竞争。于是，他利用到该企业应聘前的半个月时间，潜心通过各种渠道搜集该企业对外经贸方面的各种信息，直接触及企业外贸方面的各种棘手问题，然后选择自己熟悉的报关问题作为突破口，进行了精心的设计，提出了许多有益的见解。在报名应聘和提交个人简历的过程中，他将上述材料作为附件一并交上，引起了该企业人力资源部领导的重视。当他流利地回答完评委提出的各种问题后，一位资深的评委突然问他作为一名高职学生，在能力方面有什么优势，他熟练地剖析了该企业外贸方面存在的四个棘手问题，并就他十分熟悉的报关问题进行了全面的分析。他的表现使所有评委十分欣赏，并成功地被该企业录用了。

> **思考**：刘军为什么能成功应聘？

（二）晕轮效应

晕轮效应是指由对象的某些特征推及对象的整体特征，从而丑化或美化对象的现象。就像月晕一样，由于光环的虚幻作用，使人看不清对方的真实面目。如果一个人被标明是好的，他就会被一种积极肯定的光环笼罩，并被赋予一切都好的品质；如果一个人被标明是坏的，他就会被一种消极否定的光环笼罩，并被认为具有各种坏的品质。

晕轮效应与第一印象一样普遍。它们的主要区别在于：第一印象是从时间上来说的，由于前面的印象深刻，后面的印象往往成为前面印象的补充；而晕轮效应则是从内容上来说的，由于对对象的部分特征印象深刻，这部分印象会泛化为全部印象。所以，晕轮效应的主要特点是以点盖面、以偏概全。

美国社会心理学家阿希用实验证明了晕轮效应的存在。他给被试看了一张列有五种品质（聪明、灵巧、勤奋、坚定、热情）的表格，要求被试想象一个具有这五种品质的人。被试普遍把具有这五种品质的人想象为一个理想的友善的人。然后，他把这张表格中的热情换为冷酷，再要求被试者根据这五种品质（聪明、勤奋、坚定、冷酷、灵巧），想象出一个适合的人。结果发现，被试者普遍推翻了原来的想象，而在脑海中产生了一个完全不同的形象。这表明，热情与冷酷的品质起着晕轮作用，它影响了我们对一个人的总体印象。

晕轮效应往往是人们在掌握有关知觉对象信息很少的情况下做出总体判断的结果，这也是在日常生活和工作中常见的社会心理现象。我们了解和研究晕轮效应，有助于克服自己看待别人时的偏见，也有助于了解其他人产生这种偏见的根源。

（三）投射效应

投射效应是指将自己所具有的某些特质加到他人身上的心理倾向。心理学研究发现，人们在知觉他人时的一种倾向是乐于从自己出发去假设别人，用自己的好恶来推断别人，常常不自觉地把自己的心理特征（如个性、好恶、欲望、观念、情绪等）归属到别人身上，认为别人也具有同样的特征，也就是将自己的需要、情感等投射到他人身上。古语讲的"以小人之心度君子之腹"即反映了投射效应。

由于投射效应的存在，我们常常可以从一个人对别人的看法中来推测这个人的真正意图或心理特征。

由于人都有一定的共同性，都有一些相同的欲望和要求，所以在很多情况下，我们对别人做出的推测都是比较正确的。但是，人毕竟有差异，因此推测总会有出错的时候。

（四）心理定式

心理定式是指人在认识特定对象时心理上的准备状态。也就是说，人们在对人产生认知之前，就已经将对方的某些特征先入为主地存在于自己的意识中，这使知觉者在认识他人时不自主地处于一种有准备的心理状态。这种心理准备状态极大地影响着人们的心理和行为。先入为主就是心理定式的一种表现。人的经验越丰富、自信心越强，这种现象就越明显。

"疑邻盗斧"的典故表现的就是典型的心理定式。在这个典故中，有个人丢了一把斧子。他怀疑是邻居家的儿子偷去了，便仔细观察，发现那人的一言一行、一举一动，无一不像偷斧子的。不久后，他在挖水渠的时候发现了斧子，第二天又见到邻居家的儿子，就觉得他言行举止没有一处像是偷斧子的人了。

心理定式的产生，首先与知觉的理解性有关。在知觉当前事物时，人们总是根据以往的经验来理解它，并为随后要知觉的对象做好准备。比如，在日常生活中，当你觉得某人是个好人时，一旦发生了一件好事，你就会把这事和这人联系起来；同样，如果你不喜欢某人，觉得他是个坏人，那么一旦出现一件不好的事，你就又会把这人和这事联系起来。

（五）刻板印象

刻板印象指的是社会上部分人对某类事物或人物所持的共同的、笼统的、固定的看法和印象。这种印象不是一种个体印象，而是一种群体印象。例如，人们一般认为青年人有热情、敢创新而易冒进，老年人深沉稳重而倾向于保守。

刻板印象一方面有助于人们对众多的人的特征做概括性的了解，因为每一类人都会有一些共同特征，运用这些共同特征去观察每一类人中的个别人，有时确实是知觉别人的一条有效途径。另一方面，刻板印象具有明显的局限性，能使知觉产生偏差。因为每类人中的每个人的具体情况不尽相同，而且，每类人的情况也会随着社会条件的变化而变化。因此，人际交往中，在知觉来自不同国家和地区的人时，除了了解他们的共同特征之外，还应当注意不受刻板印象的影响，进行具体的观察和了解，并且注意纠正错误的、过时的观念。

在现代企业的管理中，刻板印象常常表现为文化偏见，如西方的管理者会倾向于认为东方人保守，不适合承担创造性的工作等。

（六）期望效应

期望效应也称"皮格马利翁效应"，是指在生活中人们的真心期望常常会变成现实的现象。

🌀 小故事

塞浦路斯的国王皮格马利翁是一位有名的雕塑家。他精心地用象牙雕塑了一位美丽可爱的少女。他深深爱上了这个"少女"，并给他取名叫盖拉蒂。他还给盖拉蒂穿上美丽的长袍，并且拥抱它、亲吻它，他真诚地期望自己的爱能被"少女"接受。但它依然是一尊雕像。皮格马利翁感到很绝望，他不愿意再受这种单相思的煎熬，于是，他就带着丰盛的祭品来到阿佛洛狄忒的神殿向她求助，他祈求女神能赐给他一位如盖拉蒂一样优雅、美丽的妻子。他的真诚期望感动了阿佛洛狄忒女神，女神决定帮他。

皮格马利翁回到家后，径直走到雕像旁，凝视着它。这时，雕像发生了变化，它的脸颊慢慢地呈现出血色，它的眼睛开始释放光芒，它的嘴唇缓缓张开，露出了甜蜜的微笑。盖拉蒂向皮格马利翁走来，她用充满爱意的眼光看着他，浑身散发出温柔的气息。不久，盖拉蒂开始说话了。皮格马利翁惊呆了，一句话也说不出来。两人最终结为夫妻。

有人做过实验，在学期初给几个班的中学生做智力测验，然后从中随机抽出一些学生，在学生和老师都不知情的情况下，告知老师这些学生智力测验的得分很高，很聪明。事实上这些学生并不是以智商高为条件被选择出来的。到学期结束时再来看这些学生的学业成绩，结果发现，他们的成绩普遍提高了，总成绩和排名都有不同程度的提高。老师认为这些学生是聪明的，结果他们就真的学习好了。老师的期望变成了现实。

期望效应对人际交往有借鉴意义。大家在与人交往的过程中要真心尊重、喜欢对方，只有这样才能把人际交往纳入良性循环的轨道，向着自己所期望的方向发展。相反，有些人内心既不尊重他人，也不喜欢他人，尽管他们强制自己不表现出来，但总会在无意之间流露出来，一旦被对方感觉到，结果是可想而知的。管理者要想员工努力工作，就要真心喜欢并且认为他们都是好样的。要想与周围同事搞好关系，自己首先要喜欢他们，与人为善。

（七）效果性偏见

效果性偏见是指那些鲜明的、更容易形象化的事件，与那些较难形象化的事件相比，会被认为是较容易发生的。人们从一条一般公理中演绎出一个具体的例证是很慢的，但是他们从某一个鲜明的例证中归纳出一般公理是非常迅速的。

深入研究发现，小说、电影和电视剧中的虚构情节会给人留下深刻印象，深深地影响人们随后的判断。读者（观赏者）越是全神贯注和情绪激动，故事对他的影响就越大。这也正应了一句话——大部分人的推理都是戏剧化的，而不是定量的。

效果性偏见可以解释为何生动的奇闻逸事通常会比统计数据更引人注目，以及为何感知到的风险与真实的风险之间总是相差很大。比如，人们觉得乘飞机要比乘汽车危险，就是因为飞机失事事件给人的印象太深刻了。

心理学效应

从众效应

从众效应，也称"乐队花车效应"，是指当个体受到群体的影响，会怀疑并改变自己的观点、判断和行为，朝着与大多数人一致的方向变化，也就是通常人们所说的"随大流"。

从众效应是一种追随别人的行为的常见的心理效应。这种效应有时是积极的，如别人献血你也去献；有时是消极的，如看到别人在公园摘花，自己也跟着去摘花。

有这么一个实验：某高校举办了一次特殊的活动，请德国化学家展示他发明的某种挥发性液体。当主持人将满脸大胡子的"德国化学家"介绍给阶梯教室里的学生后，化学家用沙哑的嗓音向同学们说："我最近研究出了一种具有强烈挥发性的液体，现在我要进行实验，看要用多长时间能从讲台挥发到全教室，凡闻到一点味道的，马上举手，我要计算时间。"说着，他打开了密封的瓶塞，让透明的液体挥发……不一会，前排的同学、中间的同学、后排的同学都先后举起了手。不到两分钟，全体同学都举起了手。

此时，"化学家"一把把大胡子扯下，拿掉墨镜，原来他是本校的德语老师。他笑着说："我这里装的是蒸馏水！"

这个实验生动地说明了同学之间的从众效应——看到别人举手，也跟着举手，但他们并不是撒谎，而是受"化学家"的言语暗示和其他同学举手的行为暗示，似乎真的闻到了一种味道，于是举起了手。

积极的从众效应可以互相激励，做出勇敢之举；消极的从众效应则互相壮胆干坏事——如看到别人乱穿马路，不少人也跟着走捷径。

任务三　工作中的决策

一、决策

决策就是做出决定的意思，即对需要解决的事情做出决定。从广义上说，决策是一个包括提出问题、确立目标、设计和选择方案的过程。从狭义上说，决策是从几种备选的行动方案中做出最终抉择。

决策不仅指高层领导做出决定，也包括人们对日常问题做出决定。如某企业要开发一个新产品、引进一条生产线，某人选购一种商品或选择一种职业，都带有决策的性质。可见，决策活动与人类活动是密切相关的。

想正确理解决策的概念，需要把握以下几层意思：

1. 决策要有明确的目标

决策是为了解决某一问题，或是为了达到一定的目标。确定目标是决策过程的第一步。决策所要解决的问题必须十分明确，所要达到的目标必须十分具体。没有明确的目标，决策将是盲目的。

2. 决策要有两个以上的备选方案

决策实质上是选择行动方案的过程。如果只有一个备选方案，就不存在决策的问题。因而，至少要有两个或两个以上的方案，人们才能从中进行比较、选择，最后选择一个为行动方案。

3. 选择后的行动方案必须付诸实施

如果选择后的方案，束之高阁，不付诸实施，这样，决策也等于没有决策。决策不仅是一个认识的过程，也是一个行动的过程。

二、决策的类型

现代企业经营管理活动的复杂性、多样性，决定了经营管理决策有多种不同的类型。

（一）按决策的影响范围和重要程度，分为战略决策和战术决策

战略决策是指对企业发展方向和发展远景做出的决策，是关系到企业发展的全局性、长远性、方向性的重大决策，如企业在经营方向、经营方针、新产品开发等方面做出的决策。战略决策由企业最高层领导做出。它具有影响时间长、涉及范围广、作用程度深刻的特点，是战术决策的依据和中心目标。它的正确与否，直接决定着企业的兴衰成败，决定

着企业发展前景。

战术决策是指企业为保证战略决策的实现而对局部的经营管理业务工作做出的决策。如企业在原材料和机器设备的采购，生产、销售计划，商品的进货来源，人员的调配等方面做出的决策。战术决策一般由企业中层管理人员做出。战术决策要为战略决策服务。

（二）按决策主体，分为个人决策和集体决策

个人决策是由企业领导者凭借个人的智慧、经验及所掌握的信息进行的决策。决策速度快、效率高是其特点，适用于常规事务及紧迫性问题的决策。个人决策的最大缺点是带有主观性和片面性，因此，对全局性的重大问题进行决策时不宜采用。

集体决策是指由会议机构和上下相结合的决策。会议机构决策是通过董事会、经理扩大会、职工代表大会等权力机构集体成员共同做出的决策。上下相结合决策则是领导机构与下属相关机构结合、领导与群众相结合形成的决策。集体决策的优点是能充分发挥集团智慧、集思广益、决策慎重，从而保证决策的正确性、有效性；缺点是决策过程较复杂，耗费时间较多。它适宜于制定长远的规划及全局性的决策。

（三）按决策总是是否重复，分为程序化决策和非程序化决策

程序化决策，是指决策的问题是经常出现的问题，已经有了处理的经验、程序、规则，可以按常规办法来解决，故程序化决策也称为"常规决策"。例如，企业生产的产品质量不合格如果处理？商店销售过期的食品如何解决？对于这些问题的决策就属于程序化决策。

非程序化决策是指决策的问题是不常出现的，没有固定的模式、经验去解决，要靠决策者做出新的判断来解决。非程序化决策也叫非常规决策。如企业开辟新的销售市场、商品流通渠道的调整、选择新的促销方式等属于非常规决策。

（四）按决策问题所知条件的不同，分为在完全确知条件下的决策、风险型决策和在未完全确知条件下的决策

1. 在完全确知条件下的决策

指在决策过程中，提出的各备选方案在确知的客观条件下，每个方案只有一种结果，可以比较其结果优劣做出最优选择的决策。确定型决策是一种肯定状态下的决策。决策者对被决策问题的条件、性质、后果都有充分的了解，各个备选的方案只能有一种结果。这类决策的关键在于选择肯定状态下的最佳方案。

2. 风险型决策

在决策过程中提出各个备选方案，每个方案的不同结果都可以知道，其发生的概率也可测算，在这样的条件下所做的决策就是风险型决策。例如，某企业为了增加利润，提出两个备选方案：一是扩大老产品的销售；二是开发新产品。不论哪一种方案都会遇到市场需求高、市场需求一般和市场需求低等不同的可能性，它们发生的概率都可以测算。若遇到市场需求低，企业就要亏损。因而在上述条件下进行决策，带有一定的风险性，故称其

为风险型决策。风险型决策之所以存在，是因为影响预测目标的各种市场因素是复杂多变的，每个方案的执行结果都带有很大的随机性。在决策过程中，不论选择哪种方案，都存在一定的风险性。

3. 在未完全确知条件下的决策

在决策过程中提出各种备选方案，每个方案有几种不同的结果可以知道，但每一结果发生的概率无法知道。在这样条件下所做的决策就是未确定型的决策。它与风险型决策的区别在于：在风险型决策中，每一方案产生的几种可能结果及发生的概率都可以知道，未确定型决策只知道每一方案产生的可能结果，但发生的概率并不能知道。这是由于人们对几种状态出现的规律认识不足，这就增大了决策的不确定性。

三、集体决策在管理中的作用

有效、科学地做出管理工作上的决策，无疑是每个管理者的主要职责。一个管理者、领导者的决策水平及决策科学化程度的高低，已成为衡量其管理能力、领导能力的一个根本标志。

（一）集体决策有利于保证决策的准确性和科学性

众所周知，集体决策与个人决策的区别在于前者是一种群体活动，而后者则是一种个体活动。这就决定了集体决策具有个人决策所不具备的一个重要机制：对决策错误的矫正机制。具体地讲，由于个人决策往往是领导个人做出的，而任何个人的信息又是极其有限的，这就使得个人决策缺少了足够可靠的事实基础，不可能通过严密的论证和充分的讨论来检查其决策的正确性。与此相反，集体决策是两人以上参与的管理决策，在决策过程中，决策成员之间可以相互交流信息、集中更多的智慧和知识，更有利于管理者将来自各方面的复杂信息和知识进行必要的分析、综合、判断、加工等，从而通过相互启发，达到集思广益、更正判断误差、确定出最佳决策方案的目的。因此，集体决策的准确性和科学性相对较高，而决策失误的可能性及决策方案的片面性则相对较低。

（二）集体决策有利于提高决策的效益

对于管理者来说，做出任何一项决策，既要考虑节省时间，也要考虑所付出的代价。在这两方面，人们通常以为个人决策费时较少、效益更高，但事实上人们往往忽视了个人决策比集体决策有着更大的风险。的确，个人决策失误的概率远大于集体决策。由于集体决策一般是在集体成员讨论、研究的基础上做出的，决策者事先已经对所要解决问题的性质、范围、条件等都有了比较明确的认识，因而管理者所做出的决策不仅更为可靠，而且将来在执行决策的过程中，往往更能应付较为复杂、恶劣的环境及不断发生变化的形势。显然，集体决策的准确性、科学性较高，集体决策所冒的风险及可能因决策不当而付出的代价相对较低，集体决策更能避免因决策上的失误或决策不充分所导致的不良后果，所以，从长远来看，集体决策的效益高于个人决策。

（三）集体决策有利于增强决策参与者执行决策的责任感和自觉性，促进决策的民主化

对于管理者来说，有效地做出决策并不是最终目的，而仅仅是解决问题的良好开端。同样重要的是，管理者还必须考虑其所做出的决策能否顺利地执行和实现。如果一项好的决策不能被有关人员理解和支持，或者说有关执行决策的人员对该决策缺乏足够明确的认识，那么再好的决策都可能在执行过程中遇到障碍，从而使决策难以得到高效率的贯彻落实。就这方面而言，集体决策便具有其特有的优势。一方面，让有关的责任人参与集体决策的过程，能够使他们对决策的背景、目标、任务等细节获得较为明确、较为全面的认识，因而决策易于被他们理解和接受，也有利于他们在工作中正确地执行决策；另一方面，让管理者、责任人参与决策活动，也有助于使他们各自进一步地明确自己所承担的责任。如果某项决策是在集体成员达成共识的基础上做出的，那么每一位参与决策的成员都有权利和义务承担与决策直接有关的相应职责，从而使他们的责任感和自觉性得到进一步的增强。

此外，集体决策还有助于激发和调动集体成员的积极性，增强集体的凝聚力。在现代的管理活动中，管理者与管理者之间、管理者与被管理者之间都需要交流和沟通。尽管在具体的工作实践和日常生活中，人与人之间的交流和沟通的方法、途径很多，但集体决策无疑是其中重要的一种。因为集体决策作为一种沟通方式，不仅是管理集体成员之间的简单交流和沟通，更体现着对所有参与决策者的尊重和信任。所以，让有关的管理者和责任人直接参与决策过程，不仅可以达到获得最佳决策方案的目的，还会使所有参与者获得一种特有的受尊重感和被信任感，并在此基础上获得自尊心的满足和自信心的增强，从而达到激发和调动集体成员的工作积极性、增强集体凝聚力等方面的目的。事实上，管理实践上早已证明了集体决策在这方面的积极意义。正如人们所普遍认识到的那样，集体决策不仅是一个单位、一个部门凝聚力的象征，往往也是衡量其管理团队精神面貌和民主作风的重要指标。

案例学习

市政府的艰难决策

某城市的繁华地段有一个食品厂，因经营不善长期亏损。该市政府领导拟将其改造成一个副食品批发市场，这样既可以解决企业破产后下岗职工的安置问题，又方便了附近居民。为此，市政府进行了一系列前期准备，包括项目审批、征地拆迁、建筑规划设计等。不曾想，外地一开发商已在离此地不远的地方率先投资兴建了一个综合市场，而综合市场中就有一个相当规模的副食品批发场区，足以满足附近居民和零售商的需求。

面对这种情况，市政府领导陷入了两难的境地：如果继续进行副食品批发市场建设，必然亏损；如果就此停建，则前期投入将全部泡汤。在这种情况下，该市政府盲目做出决

定，在该食品厂厂房所在地建成了一居民小区，由开发商进行开发，但对原食品厂的职工没能做出有效的赔偿，使该厂职工陷入困境。该厂职工长期上访，但是始终不能解决赔偿问题，对该市的稳定带来了隐患。

该市领导想要解决问题是出于好心，既要解决企业生产不景气的问题，又要为城市居民解决购物问题，对企业职工也有一个比较好的安排。但做决策比较仓促，没能充分考虑清楚问题涉及的各种因素，在决策失误时又进一步失误，造成了非常被动的工作局面，也给企业职工造成了不可挽回的损失。

用领导科学来分析，该决策过程反映出以下几个问题：

造成这种两难境地的主要原因是没有很好地坚持领导决策的信息优先原则。信息是决策的基础，充分、及时、全面、有效的信息是科学决策的前提。该市政府领导在决定副食品批发市场项目之前，显然缺乏全面细致的市场调查，不了解在建的综合市场，特别是其内部的副食品批发场区。因此盲目决策，匆忙上马，陷入困境。

此案例反映了追踪决策的重要性。原有决策方案实施后，主客观情况发生了重大变化，原有的决策目标无法实现，此时要对原决策目标或方案进行根本性的修订，即做出追踪决策。该市领导在客观情况发生了重大变化时，没能认真分析，而是仓促做出新的决策，在追踪决策上存在失误。

走出两难境地的方案，可以有不同的思路。比如，一种是迎接挑战，继续兴建。但要调查研究，对原决策方案进行修订和完善，使新建的批发市场在规模、设施、服务和管理等方面超过竞争对手，以期在市场竞争中获胜。另一种是及早决断，对原决策方案进行根本性的修订，重新考察、确立和论证新的项目，转向经营。该市领导在没有确立和论证新的项目的情况下，对该地进行房地产开发，有着很大的随意性。

领导者做出决策时，首先要解决的问题归根到底是人的问题，而处理好人的问题是领导决策得以实现的关键。如果仅从经济效益上考虑问题，而忽略了人的问题的解决，全然不顾人的思想工作，那么引起的社会问题和社会矛盾等可能会让政府付出更大的代价。

项目练习题

一、单选题

1.人对客观世界的认识是从（　　）开始的。

A.感觉　　　　B.知觉　　　　C.直觉　　　　D.视觉

2.个体为了为自己所在的环境赋予意义而解释感觉印象的过程是（　　）。

A.感觉　　　　B.知觉　　　　C.直觉　　　　D.视觉

3.首次接触陌生人时所留下的印象是（　　）。

A.近因效应　　B.晕轮效应　　C.第一印象　　D.投射效应

4.确定（　　）是决策过程第一步。

A.目标　　　　B.人员　　　　C.项目　　　　D.待遇

5.美国著名组织行为学家斯蒂芬·罗宾斯把人的能力分为（　　）与体质能力两大类。

A.心理能力　　B.生理能力　　C.社交能力　　D.运动能力

二、多选题

1. 知觉的特性包括(　　)。

A. 选择性　　　　　　　　B. 理解性　　　　　　C. 整体性　　　　　　D. 恒常性

2. 自我知觉的形成(　　)。

A. 以人为镜　　　　　　　B. 角色扮演　　　　　C. 社会比较　　　　　D. 心理活动分析

3. 错觉的种类(　　)。

A. 大小错觉　　　　　　　B. 前后错觉　　　　　C. 形状错觉　　　　　D. 方向错觉

4. 如何做好决策(　　)。

A. 有明确的目标　　　　　　　　　　　B. 拥有两个以上备选方案

C. 付诸实施　　　　　　　　　　　　　D. 反复论证

5. 集体决策的优势是(　　)。

A. 保证决策的准确性和科学性　　　　　B. 提高决策的效益

C. 促进决策民主化　　　　　　　　　　D. 激发和调动集体成员的积极性

三、问答题

1. 如何在管理中运用错觉效应?

2. 如何在管理中运用集体决策?

四、实操题

新闻系毕业生的智慧

一个新闻系的毕业生正急于寻找工作。一天,他到某报社对总编说:"你们需要一名编辑吗?""不需要!""那么记者呢?""不需要!""那么排字工人、校对呢?""不,我们现在什么空缺也没有了。""那么,你们一定需要这个东西。"说着他从公文包中拿出一块精致的小牌子,上面写着"额满,暂不雇用"。总编看了看牌子,微笑着点了点头,说:"如果你愿意,可以到我们广告部工作。"这个毕业生通过自己制作的牌子表达了自己的机智和乐观,给总编留下了美好的"第一印象",引起了其极大的兴趣,从而为自己赢得了一份满意的工作。这种"第一印象"的微妙作用,在心理学上被称为首因效应。

问题:根据案例中毕业生的表现,分析第一印象在人际交往中的作用。

态度与工作满意度

项目概述

学生通过本项目的学习，可以了解学习态度与工作满意度的相关知识，掌握如何分析影响态度形成与转换的因素、如何分析工作满意度的影响因素，以及提高工作满意度的方法，还可以学会如何应对在管理过程中遇到的态度问题。

本项目中的思政案例可以帮助学生增强担当意识，培养学生积极主动的学习态度、工作态度，培养学生追求卓越的创造精神、精益求精的"工匠精神"、用户至上的服务精神，践行社会主义核心价值观。

教学目标

1. 了解和掌握态度的概念、成分及特征；
2. 掌握态度的功能；
3. 掌握影响态度转变的因素；
4. 掌握养成积极态度的技巧；
5. 掌握工作满意度的影响因素；
6. 掌握提升工作满意度的方法。

思政案例

在特殊的日子里,除了让人敬佩的"白衣天使"之外,还有一群人不能被遗忘。如果没有他们,正常生活都将难以为继。他们是公交车驾驶员、社区保安、外卖小哥、环卫工人……当人们在家躲避病毒时,他们依然坚守岗位,默默奉献。

(摘自:《疫情当前,感谢依然坚守岗位默默奉献的他们》//《新华日报》,2020-02-06)

思政导言

案例中的"白衣天使"、公交车驾驶员、社区保安、外卖小哥、环卫工人,面对疫情仍然奋战在一线。让他们坚持奋斗的除了工作职责要求之外,就是他们爱岗敬业的工作态度。一个工作态度非常积极的员工,无论从事什么工作,都会把工作当成一项神圣的职责,并怀着浓厚的兴趣把它做好。而一个态度消极甚至扭曲的员工只会把工作当成累赘,当成让自己不快乐的源头,当成敌人一样地去对待。员工的态度决定了职业态度,职业态度决定了职业生涯。

任务一　态度概述

一、态度的定义

态度是个体对特定对象以一定方式做出反应时所持的评价性的、较稳定的内部心理倾向。态度具有以下的特点：

1. 内在的心理倾向。态度是一种心理活动，是人们内心的活动。

2. 总有一定的对象。态度总指向一定的对象，这个对象可以是具体的人和事物，也可以是抽象的概念，如勤劳、勇敢、社会制度等。

3. 具有价值判断的成分和感情色彩。这是说对态度对象的肯定、否定等情绪。

4. 具有一定的稳定性与持续性。态度的形成需要一定的过程，而一个人对某事物的态度一旦形成，轻易不会更改，但并不是不能更改。

二、态度的构成与特征

（一）构成

1. 认知成分

态度的认知成分是主体对态度对象的理解、评论、赞成或反对，或者说是对态度对象的看法和想法，关于态度对象的知识、观念、意象或概念，以及在此基础上形成起来的具有倾向性的思维方式。态度的认知成分区别于一般的事实认知，通常具有主观偏见的性质。例如：学习管理心理学有助于推进管理现代化、提高生产率，这表明了主体对管理心理学的肯定与赞赏。

2. 情感成分

人对态度对象的体验具有情感色彩。态度的情感成分是主体对态度对象的情感体验，包括尊敬与轻视、同情与排斥、喜欢与厌恶等。比如，我喜欢管理心理学，反映着我对态度对象的肯定性情感体验。

3. 意向成分

意向成分指一个人以一种特定方式对某个事物采取行动的倾向性。态度的意向成分是主体对态度对象的反应倾向，或者说是对态度对象发动行为的可能性，即行为的一种准备状态。比如，下午我就去买管理心理学参考书。

人的态度构成有时是单一成分，有时是情感和认知两种成分，有时是情感、认知和意向三种成分。在一般情况下，态度的三种成分是协调一致的；但有时，这三个成分之间也会出现不一致的情况。在态度的三个因素中，认知因素是基础。首先，我们的思想中会形成一定的观点，即自己对于某事情的想法。情感成分最重要，在现实生活中，我们经常会遇到这样的情况：道理我明白，就是感情上转不过弯。因此有人说态度扎根于感情之中。情感因素对态度有调节作用。我们常说"情人眼里出西施"，其实就是情感调节认知的例证。正因为态度包含有情感成分，所以改变情感要比改变认知难很多。要想改变态度必须"动之以情""晓之以理"。

小思考

脱贫攻坚战

2015 年 11 月 23 日，中共中央政治局审议通过《关于打赢脱贫攻坚战的决定》。11 月 27 日至 28 日，中央扶贫开发工作会议在北京召开。中共中央总书记、国家主席、中央军委主席习近平强调，消除贫困、改善民生、逐步实现共同富裕，是社会主义的本质要求，是中国共产党的重要使命。11 月 29 日，《中共中央 国务院关于打赢脱贫攻坚战的决定》发布。2019 年 3 月 5 日，国务院总理李克强在发布的 2019 年国务院政府工作报告中提出，打好精准脱贫攻坚战。10 月，国家脱贫攻坚普查领导小组成立。

2020 年 5 月 22 日，国务院总理李克强在发布的 2020 年国务院政府工作报告中提出，2020 年要优先稳就业保民生，坚决打赢脱贫攻坚战，努力实现全面建成小康社会目标任务。7 月，国务院扶贫开发领导小组开展 2020 年脱贫攻坚督查工作。11 月 23 日，贵州省宣布所有贫困县摘帽出列，至此，中国 832 个国家级贫困县全部脱贫摘帽。截至 2020 年底，1800 余人牺牲在脱贫攻坚一线。

2021 年 2 月 21 日，中央一号文件正式出炉，主题是"全面推进乡村振兴 加快农业农村现代化"。2 月 25 日，全国脱贫攻坚总结表彰大会在北京隆重举行，习近平庄严宣告：我国脱贫攻坚战取得了全面胜利。

> **思考**：脱贫攻坚战打响以来，全国各级党委、政府凝心聚力抓落实，各行各业攻坚克难打硬仗，最终取得全面胜利，其中体现出了态度的什么特征？

（二）态度的特征

1. 社会性

美国心理学家谢里夫说："态度不是生物有机体对于特定对象天生的生物学的准备状态，而是生物有机体通过直接或间接地接触对象，在已有经验基础上后天学习获得的。"马克思说：人的最基本的属性是社会性。英国哲学家洛克提出著名的"白板说"认为人的心灵如同白板，观念和知识都来自后天。可见，婴儿出世，对外界事物不存在任何态度。个体不断成长,逐步有了自我意识,从接触父母到接触老师、同学和同事,生活领域由家庭到学校、社会。个体在实践中,知识不断增长,经验不断积累,情感不断丰富,才逐步对身边的对象和自身形成了一定的态度,并随社会化程度的不断提高,形成并逐步巩固了一套比较完整的态度体系。

2. 对象性

态度总是指向一定的对象,而这个对象可能是人、事件、事物、团体、组织,也可能是一种现象或观念,如勤劳、勇敢、社会制度等。

3. 动力性

态度对个体自身内潜的心理活动和外观的行为表现都具有一种动力性的影响,同时对个体与他人的相互作用和个体对社会生活环境的适应也具有这种影响。如果我们对某事表现出一定的态度,将会促使我们的内心活动和外在的行为向着我们所持有的态度发展,积极的态度有助于我们达到一定的行为目标。

4. 内隐性

态度是个体内在的心理状态,它只是行为的准备,而不是行为的表现。人如果不通过言行举止的表现,其态度就不能被直接观察到。更何况有时人的态度在尚未外显时,在其内心便以得到了修正。因此我们不但要学会通过察言观色来判断人的态度,还要认识到人的态度的复杂性和变幻性,以正确判断人的态度。比如你对某人的看法如何,我们都不清楚,只有在你的言行中我们才有可能看到你的态度。

小思考

潘锦祯即将参加高考,为此,她每天抓紧时间完成学习任务,然后穿上"红马甲"参与疫情防控志愿服务。在边境社区,她挨家挨户发放疫情防控宣传单、口罩,登记排查外来人员,并对辖区居民的聚集扎堆活动进行劝散。因为防控卡口人流量很大,她每天喊得嗓子沙哑。疫情期间,她累积了志愿服务108小时。

(来源:《广西评出十名疫情防控最美志愿者,防城港"00后"志愿者上榜》//《广西日报》,2020-07-07)

> **思考**:案例中体现出了态度的什么功能?

三、态度的功能与作用

(一)态度的功能

1. 适应功能

人的态度都是在适应环境的过程中形成的,形成后起着促使人更好地适应环境的作用。生活在社会当中的人，会形成一些与这个社会相适应的社会态度。如果你没有形成相应的社会态度，那么你就很难适应社会生活，你将被看作一个另类，很难立足。

2.自我防御功能

态度有助于人们应付情绪冲突和保护自尊。比如某个人工作能力低，但他却经常抱怨同事和领导，实际上他的这种负性态度让他可以掩盖真正的原因，即他的能力值得怀疑。个体倾向选择有利于自我防御的态度。这种防御有利于自我形象及自我价值的确立，并能减少焦虑，转移情绪冲动。

3.价值表现功能

态度有助于人们表达自我概念中的核心价值。比如一个青年人对义工的工作持有积极的态度，那是因为这些活动可以使他表达自己的社会责任感，而这种责任感恰恰是他自我概念的核心，表达这种态度能使他获得内在的满足。

4.认知功能

从认知心理学的观点出发，态度有助于我们组织有关的知识，从而使世界变得有意义。对有助于我们获得知识的态度对象，我们更可能给予积极的态度，这一点相当于认知图式的功能。已形成的态度会影响对新的情境的认识，面对新的情景，我们会发动我们已有的经验做出新的判断。

（二）态度的作用

1.影响社会性认知与判断

某一态度一旦形成，就会成为个性的一部分，对社会性判断产生稳定的影响。在社会生活中，态度使个体有选择地接收有利于自己的、合适的信息，拒绝不利于自己的、不合适的信息，也可能曲解地接收信息而产生偏见。

人们对某些特定的人群或事物，往往有一套或强或弱的固定看法，认识上的这种态度往往阻碍一个人正确地辨别群体中的个体差异，影响正确的社会性判断。态度会导致认知判断发生偏差。

▶ 【心理实验】

心理学家拉姆波特等曾经在加拿大的蒙特利尔做过一个著名的实验，对象是加拿大英裔和法裔的大学生。实验开始时告诉学生，这次实验的目的是了解大家只凭声音判断说话者的个性特征的准确性，因此，请大家务必特别注意倾听说话者的声音与语调。而后让他们听一段录音带，录音带上录有10个人朗读同一篇文章的声音。其中5个人用英语，5个人用法语。而实际上只有5个人朗读，每个人用两种语言，但学生们不知道真相。当时，英裔加拿大人的社会背景优于法裔加拿大人，因此，大学生们对英裔加拿大人的态度也优于对法裔加拿大人的态度。

实验结果：

（1）同一个人，当他用英语朗读时，比用法语朗读时获得更好的评价。他用英语朗读时，被判断为个子高、风度好，较聪明、可靠、亲切、有抱负，而用法语时，则只被认为有幽默感。

（2）法裔学生比英裔学生更高估用英语的朗读者。

（3）这一实验清楚地说明，一般人容易根据现成的态度去判断他人，态度影响了大学生做出正确的社会性判断。

解析：

态度就像一个筛选器，会对外界的刺激先进行筛选，从而影响一个人的判断和选择。同时，团体中的少数成员为了提高自己的地位与价值，消除内心的不安，也往往采纳多数人共有的态度。

2.影响学习效果

态度对学习的影响很大，良好的学习态度将促进我们的学习效果，加速学习效率，完成学习目标。

3.影响工作效率

良好积极的态度对我们的工作有巨大的作用。在工作中懒懒散散，对工作没有一点热情，干工作总是心不在焉，那么干什么工作也干不好。有些人总是觉得自己的工作不顺心、不如意，总想找一份省时省力、轻巧愉快的工作，从而导致工作总是干不好，还要经常挨领导批评。转变工作态度、去除不良的工作态度、建立正确积极的态度，将促进我们的工作效率。

【心理实验】

美国社会心理学家琼斯曾做过一个实验，被试为美国南部的白人大学生，他们被分为两组。第一组平时的态度是反对种族歧视，反对黑人、白人分校。第二组为种族歧视者，赞成黑人、白人分校。实验中让被试分别朗读一篇主题为反对黑人、白人分校的文章，然后让被试尽量将读过的内容完整地写出来。

实验结果：

第一组学生的成绩明显优于第二组。

解析：

与既存态度相吻合的资料容易被吸收、同化、记忆。而与个体的态度、信念相违背的材料则被阻止和歪曲，态度具有过滤的作用。

4.影响团体的凝聚力

一般来说，如果团体内部的多数成员对人持热情、友好、宽容、互助的态度，团体就会有较高的凝聚力；如果成员之间比较冷漠、傲慢、刻薄，团体的凝聚力就较低。我们也都希望团体内部成员之间热情友好，那样会使我们的身心感到愉悦，对群体有一定的亲近感。

四、态度的形成和转变

（一）态度的形成

凯尔曼于 1961 年提出了态度改变过程的三阶段学说，这三个阶段如下：

1. 服从

服从指个体为了获得奖酬或避免惩罚而采取的表面顺从行为。这是从表面上改变自己态度的时期，也是态度改变的第一阶段。从构成态度的三种成分看，服从只是态度的行为成分在起作用。因此，服从还不是真正的态度改变，只是由于外部力量的压力，而表现在行为服从上，一旦外力消失，服从也将消失。比如在职场上有人因为考虑到奖励和惩罚的利害关系，才在行为上表现出服从领导的样子。

2. 同化

同化指个体自愿地接受他人的观点、信念，使自己的态度与他人的要求相一致。这是指人们不是被迫而是自愿地接受他人的观念、信念、态度，从而改变自己的态度，接受的原因在于喜欢某人或某团体而将其视为楷模，并产生学习、效仿的愿望。在认同阶段，个体虽受到态度对象的吸引，但已超脱外部控制的奖惩，而主动趋同于对象。在这一阶段，情感因素起明显作用，认同依赖于对象对个体的吸引力。

3. 内化

这是真正从内心深处相信并接受他人的观点，完全形成或彻底改变自己的态度的阶段。此时不再依赖外部的压力及他人的关系，已成为一种独立的态度，是态度形成的最后阶段。个体真正地从内心相信并接受他人的观点，使之纳入自己的态度体系，成为一个有机的组成部分。

典型案例

钟南山院士团队叶枫课题组在《医学病毒学杂志》在线发表论文，该论文初次描述了 IgM-IgG 联合抗体检测试剂的研发，以及在新型冠状病毒感染性疾病临床诊断中的应用。该检测试剂检测非常方便快捷，滴血可验，约 15 分钟就能出结果，相比较之前的病毒核酸 RT-PCR 检测需要 3~4 小时出结果而言，是个非常大的进步。

解析：检测试剂的研发成功是钟南山院士积极的工作态度对团队深刻影响的结果。时间对我们每个人都是相同的，只有有效地利用时间，分配好每个时间段，做最有价值的事，让效率最大化，充分提升我们的工作效率，才能创造最大的人生价值！

（二）影响态度转变的因素

美国学者霍夫兰德等人提出了一个态度转变的模型，该模型认为，发生在接收者身上的态度转变涉及四个方面的要素。

1. 传递者

（1）信息的传递者

信息的传递者的威信、与接收者的相似性都会影响他提出的信息的说服效果。威信越高，与接收者的相似性越大，说服的效果越好。

（2）说服的意图

如接收者认为传递者刻意影响自己，则不易改变态度；但如果接收者认为传递者没有操纵自己的意图，心理上便没有阻抗，便会较好地接收信息，易于转变态度。

（3）说服者的吸引力

信息接收者对高吸引力的传递者有较高的认同，因而容易接受其说服。

2. 沟通信息

（1）信息差异

任何态度转变都是在沟通信息与接收者原有态度存在差异的情况下发生的。传递者的威信越高，这种差异越大，引发的态度转变就越大；传递者威信较低，这种差异适中，引发的态度改变也较大。例如：新型冠状病毒性肺炎疫情发生后，为使社会公众及时、准确、全面地掌握疫情的信息，国家卫生健康委员会每日汇总发布全国各省份确诊病例和疑似病例的数据，使得信息的真实性得到了有效保障，免去了人们的种种猜疑，也获得了国际社会的认可。

（2）信息倾向性

任何事物都有两面性，要辩证地看待，利用这两面性，达到最佳的效果，使人们的态度发生改变，符合自己的预期。对一般公众，单一倾向信息的说服效果较好；对文化水平高的信息接收者，提供正反两方面的信息，说服效果较好。

（3）信息提供方式

还要考虑以何种方式把信息提供给被说服对象，使其态度发生改变。以前科技不发达，人们只能采用面对面或者书信的方式进行信息沟通。在现代社会，传播媒介快速发展，传播方式多种多样，以何种方式传播信息成为我们要考虑的问题。

3. 接收者

（1）原有的态度与信念

被说服者原有的态度与信念的强烈程度也将影响态度的改变。原有的态度和信念强烈，将不易改变；原有的态度和信念不强烈，将易于改变。

（2）接收者的人格因素

依赖性较强的接收者信服权威，比较容易接受说服；自尊心较强、自我评价较高的接收者不易改变态度。社会赞许动机的强弱也是影响态度转变的因素，高社会赞许动机的接收者易受他人及公众的影响，易于接受说服。

（3）个体心理倾向

个体在面临改变态度的压力时，其逆反心理、心理惯性等心理倾向会使其拒绝他人的影响，从而影响态度的转变。如无特别必要，人总是尽可能地不改变自己。例如公司出了一项新的规定，或者更换了一批新的机器设备，由于对其不熟悉，出于自我防护，有的员工很可能采用不接受的态度，以免对自己造成伤害。

4.情境

态度转变是在一定背景下进行的，以下情境因素会影响态度转变。

（1）预先警告

预先警告有双重作用。如接收者原有态度不够坚定，预先警告可促使其态度改变。但预告也可能有抵制说服的作用，例如，预告与接收者的利益有关时，往往会使其抵制态度发生转变。如果接受者原有态度不够坚定，对态度对象的卷入程度低，预先警告可促使其态度发生转变；态度涉及重要利益时，预先警告会导致其抵制态度转变。例如：公司发布裁员通知之后，会增加员工的抵制情绪。

（2）分心

分心的影响也是复杂的。如果分心使接收者分散了对沟通信息的注意力，将会减弱他对说服者的防御和阻抗心理，从而促进其态度转变；如果分心干扰了说服过程本身，将使接收者得不到沟通信息，会削弱说服的效果。

（3）重复

沟通信息的重复频率与说服效果呈倒 U 形的曲线关系。即中等频率的重复，效果较好；重复频率过低或过高，说服的效果均不好。这就是强化的结果，像广告一样重复，但不能不间断地重复。

五、改变态度的方法

（一）说服宣传法

大众宣传对转变人们的态度有着事半功倍之效，因为它可以使多人在同一时期内接收同一信息。说服宣传法是一种借助报纸、杂志、广播、电视、电影、广告、网络等传播媒介来传播信息、影响人们，使其态度发生改变的方法，是一种极为常见和广泛使用的方法。

（二）角色扮演法

角色扮演法以角色理论为依据，其核心观点是：个体的行为与其扮演的角色相一致，应该符合这一角色的要求。在实践中，个体如果能够扮演特定的角色，其活动就变得十分积极、主动，对于态度改变的作用更大。这一方法在现在也经常用到，例如让违章的司机当一天交警，让他们改变原来对交通违章的态度。还有我们经常说的"站在别人的角度想想""站着说话不腰疼"等都是这个道理，只有你身临别人的处境，你才能理解别人的立场。

（三）参加活动法

参加活动法通过引导人们参加与改变态度有关的活动来改变人们的态度。在通常的情况下，人们所参与的活动或者是与所要改变的态度有着密切联系，或者就是所要改变的态度对象本身。此外，人们参与活动的自愿程度或感受到的压力大小对人们态度的改变有很大影响。如果人们觉得参加某项活动是自觉自愿的，则其态度的改变就会大些；如果人们觉得是出于某种自身之外的原因，如奖励或惩罚，或感受到了某种压力，如权威和团体的压力，则即使参加了活动，其态度也未必会发生很大的改变。再就是所参与的活动如果是经常性的、较长久的，则态度改变的程度会更明显；如果只是一次性的活动或短期的活动，则态度改变的程度就不是很明显。

▶ 【案例】

《变形计》是湖南卫视研发的一档生活类角色互换节目，是中国第一档生活角色互换类节目。这档节目结合当下的社会热点，寻找热点中的当局人物，安排他们进行互换人生的体验。参与节目的双方在一个月之中互换角色，体验对方的生活。节目组全程跟拍，粗加剪辑后原生态播出。

解析：现在城市中的许多家长在放假的时候把自己的孩子送到农村，让他们感受农村孩子的生活，想让他们养成良好的习惯。这个案例中体现了哪种转变态度的方法？

（四）团体影响法

通过团体对个体的影响也可以有效地改变人们的态度。团体的影响来自团体的规范准则，这种规范准则对团体成员有一种无形的约束力，促使团体中的每个人与团体的规范准则保持一致。通过将人们组织为一定的团体，并制定相应的规范准则来影响和约束他们的一言一行，能够有效地改变他们的态度。

六、养成积极态度的技巧

积极的态度是一种思维方式的外在表现。它是一种心态，这种心态偏向于创造性的活动而不是枯燥乏味的活动，偏向于欢乐而不是悲伤，偏向于希望而不是绝望。只有通过有意识的努力，才能够维持积极态度。

生活中常会有令人措手不及的事发生，如果我们能在严肃中加点幽默，便能在危机中展现智慧。用积极的态度面对生活，你将得到不一样的人生，你的人生将会是另一番景象。

小思考

两个秀才遇见一口棺材

很久以前，有两个秀才一起上京赶考，巧遇出殡的队伍，正抬着棺材哭天喊地。

甲秀才大呼倒霉："刚出门就碰上这等倒霉事，真是流年不利！呸！呸！呸！"一路上甲秀才唠唠叨叨，愁眉不展，结果名落孙山。

乙秀才见到棺材起先也感到不是滋味，但他转念一想："咦！棺材，棺材，有官有财！原来是个好兆头啊。"于是他精神百倍，加倍努力，结果高中状元。

问题：如何养成积极的态度？

（一）运用翻面技巧

当我们遇到消极的事情时，应该立刻把问题翻个面，寻找在另一面上存在的积极之处。不要把每件事都想得那么消极，任何事物都有两面性，要辩证地看待问题，看到好的一面。

（二）发挥你的成功因子

发挥你的成功因子（积极因素），削减你的失败因子（消极因素）。要认清自己是一个什么样的人，适合做什么样的工作。例如，你能说会道，觉得自己适合干推销，那你就去做销售；如果你不善言谈，适合做技术人员，那你就去当技术人员。

（三）隔离

几乎每个人，包括那些态度积极的人，都可能遇到一些令人不快的事情，度过一段艰难的时光。凡事不可往坏处想，如果常常想着不好的事情，就会使你产生强烈的消极意识。必须设法使你与消极因素隔离开来。

1. 与人交谈，倾诉问题。找个值得信赖的人，把你的不快和遭遇的事情告诉他，说出来会让你感到轻松。

2. 把精力投入一件与问题不相干的工作。全身心地投入工作，让工作把不快的事情暂时地排挤掉。

3. 换个环境，或做点休闲的事情，例如听听音乐、徒步旅行、游山玩水等，暂时把自己与消极的环境隔离开来。

（四）良好的身体

良好的身体是积极心态的保障。体育锻炼对我们的精神状态所起的作用，与对我们的身体所起的作用一样大。拥有良好的身体条件，有利于让我们保持积极的态度。

（五）清楚自己的使命

有目标的人与毫无方向的人相比，更易于拥有积极的态度。对生活有使命感，可以提供方向，有助于调整重心、驱散恐惧、培养洞察力、消除疑虑。一个人若有明确的方向，就可以更有力地控制自己的态度。

典型案例

火神山这个 5 万多平方米的施工现场，施工工人从数百人到 7500 多人，大型机械设备、车辆从 300 台到上千台……

10 天 10 夜，火神山医院飞快地"拔节生长"，块头更大的雷神山医院也将很快交付，建筑面积 7.5 万平方米，能够提供超过 1500 张病床。

（来源：《7500 多名工人一齐作业！火神山医院 10 天正式交付》//《人民日报》，2020-02-05）

解析：7500 多名工人万众一心、众志成城，排除万难、冲锋在前，形成了防控疫情的强大力量。拥有这种中国精神，你全身上下的细胞就会全神贯注地为了目标而努力前进，不达目的誓不罢休！

（六）把积极的态度传递给他人

当你把自己的积极态度分享给他人时，就会创造一种共生关系。你可以靠传递给他人积极态度来保持积极。我们常说，予人玫瑰手有余香。每个人在与他人分享积极态度时，都让成功因子得到了发挥作用。

七、态度的测量

（一）概述

态度的测量即对人们的外显行为进行观察、记录，并据此进行间接推断的过程。态度测量是一项非常复杂和困难的工作，除了要考虑态度的特征、态度的方向和态度的强度以外，还要考虑与态度相关的情感强度、态度的双向性、态度的重要性、认知的复杂度、表现于行为的程度，以及与其他态度的关联度、灵活性和意识化的程度等。

（二）态度的测量方法

1. 态度量表法

态度量表是一种自陈量表，量表中包括一系列题目。被试要据实作答，根据其回答来确定其态度的状况。

2. 自由反应法

（1）开放式问题。即直接提出问题，让被试自由作答，从回答中确定被试的态度。

（2）语句完成法。即准备一些有关同一事物的未完成的句子，要求被试逐句完成，从其补充部分研究其对该对象所持的态度。

（3）投射法。即利用某些材料引起被试的自由联想，从而间接地分析被试投射到其中的有关态度。

3. 行为观察法

行为观察法是通过外显行为来推断态度的方法。

4. 生理反应法

生理反应法是通过检查被试的生理状况来测定其态度的一种方法，可以较为有效地测定人们态度的情感成分。

（三）态度测量在管理中的运用

在组织管理中，管理人员想要了解员工们关于工作的态度。如果员工们能具体地陈述有关态度的问题，管理者可以从中获得足够的信息。这对制定与员工有关的决策具有相当的指导意义。

任务二　工作满意度

一、工作满意度的含义

工作满意度，通常是指某个人在组织内进行工作的过程中，对工作本身及有关方面（包括工作环境、工作状态、工作方式、工作压力、挑战性、工作中的人际关系等）有良性感受的心理状态。关于工作满意度，比较流行和广泛使用的是美国著名人力资源管理公司 Monster 提出的六条价值标准：成功、独立、认同、支持、工作条件、人际关系。

小思考

大国工匠胡双钱

胡双钱是一位拥有非凡技术的匠人。至今，他的身份仍是工人，但这并不妨碍他成为制造中国大飞机团队里必不可缺的一分子。胡双钱日复一日，年复一年，其严谨和一丝不苟的敬业奉献精神造就了 35 年无次品的"神话"。

2006 年，中国新一代大飞机 C919 立项。对胡双钱来说，这个要做百万个零件的大工程，不仅意味着要做各种各样形状各异的零件，有时还要临时救急。一次，生产急需一个特殊零件，从原厂调配需要几天的时间。为不耽误工期，只能用钛合金毛坯现场临时加工，这个任务交给了胡双钱。

任务难度之大，令人难以想象："一个零件要 100 多万元，关键它是精锻出来的，所以成本相当高。因为有 36 个孔，大小不一样，孔的精度要求是 0.24 毫米。"

0.24 毫米，相当于人头发丝的直径。这个本来要靠具备细致编程软件的数控车床来完成的零部件，那时只能依靠胡双钱的一双手和一台传统的铣钻床。

仅用了一个多小时，36 个孔悉数打造完毕，一次性通过检验，再一次证明了胡双钱的"金属雕花"技能。

问题：大国工匠们为什么能够数十年如一日地坚持追求着职业技能的极致化，靠着传承和钻研，凭着专注和坚守，缔造了一个又一个的"中国制造"？

解析：具有挑战性的工作为大国工匠们提供了施展自己才能和技术的机会，给他们带来了极大的满足感。

二、工作满意度的影响因素

决定着一个人的工作满意度的根本因素，是其各种需要和价值观，可以具体概括如下：

1.具有挑战性的工作

具有挑战性的工作能为员工提供机会施展自己的才能和技术，能够为他们提供各种各样的、有一定难度和自由度的工作，能给员工带来心理上的满足感。缺乏挑战性的工作容易使员工厌倦，但挑战性太强的工作又会使员工产生挫折感。所以，大多数员工都会对具有中度挑战性的工作感到满意。

2.公平的报酬

报酬制度及其实践是否公正、明确，是否与员工的期望一致，是使员工对工作满意的一个重要因素。员工所期望的报酬不仅是工资一项，工作地点、工作时间及晋升政策、职业发展机会等，都会使员工感觉到是否公平。所以，如果员工感到这些方面是公平和公正的，他们就更容易从工作中体验到满意感。

3.良好的工作环境

员工对工作环境的关心既是为了个人的舒适，也是为了更好地完成工作。研究表明，员工希望在安全、舒适的环境中进行工作。过热、过暗、噪音等都直接影响着员工的身心健康。大多数员工希望工作场所离家比较近、环境干净、设备比较现代化、有充足的工具和装备。

4.融洽的人际关系

对于许多员工来说，从事工作不仅仅是为了挣钱，还是为了满足他们社会交往的需要。所以，融洽的人际关系会提高员工对工作的满意度。而上司的行为和态度更是一个主要因素。当员工的上司善解人意、比较友好，对好的绩效能提出表扬，能倾听员工的意见，对员工表现出个人兴趣时，员工的满意度就会提高。

5.个性特征与工作的匹配

当员工的个性特征与工作相匹配时，他们会感到自己的知识、技能适应工作的要求，在工作中更容易获得成功，并在成功中获得较高的满意度。

三、工作满意度的负面因素

1.琐碎的烦恼

平时，我们倾向于忽视日常生活中的烦恼，认为我们有更重要的事情要做。但实际上，琐碎的烦恼对工作满意度的影响是十分显著的。

2.报酬方面的公平感

无论你的工作是什么，要使你感觉满意，首先报酬方面要公平。你认为你应该得到的钱与你实际上得到的钱之间的差距越大，你就会感觉到越不满意。

3.反馈

如果干完一项工作后没有得到任何反馈，这是很糟糕的。负面的反馈会让人痛苦，但至少它告诉你哪里可以改进；而积极反馈能使人们感觉到满足。

四、提升工作满意度的方法

在企业的管理活动中，激励员工的目的是调动员工的主观能动性和积极性，激发出员工的创造力和执行力，从而提高公司的劳动生产率和工作效率。提升工作满意度的方法如下：

1. 领导者、管理者及员工进行自主选择，做自己想做的事情。

2. 设置公平的激励、报酬、福利和晋升机会等方面的制度。

3. 从兴趣、技术与能力的角度，将人和工作进行有效的匹配，扬长避短，发挥特长，促进其成长和发展。

4. 鼓励员工参与设计工作，使工作环境、条件、工作关系、工作本身变得有吸引力和创造性。

要达到激励的目的，建立企业的激励机制是主要的管理方法。而激励的核心是"人的满足感"。人的满足感有精神和物质两方面的要求。人的满足感表现为一种内心需求的获得。而实际上，每一个人的需求都是不一样的。有的人偏重于物质奖励的获得，而有的人则看重荣誉感和成就感的获得。所有的激励措施都必须建立在真实的、公正的和科学的评估体系之中。

心理测试

工作满意度测量

每一个工作中的人，都会出现这种可能：你或者完全胜任工作，或者不太称职；对工作可能十分满意，可能感到失望。对工作的满意度是影响心理健康的一个重要因素，尤其对现代人来讲更是如此。下面的测试能帮助你判断自己是否对目前的工作感到满意，你可以根据测量结果做出选择或改变。

1. 你工作时是否看表？（　　　）

A. 不断地看　　　　　B. 不忙的时候看　　　　　C. 不看

2. 星期一早晨，你（　　　）。

A. 觉得自己愿意去上班　　　　　B. 希望获得不去上班的理由

C. 开始工作时有些勉强，但过一会儿就置身于工作中去了

3. 一天的工作快要结束时，你（　　　）。

A. 感到疲惫不堪，浑身不舒服　　　　　B. 为能维持生活而感到高兴

C. 有时觉得累，但通常很满足

4. 你对自己的工作是否感到忧虑？（　　　）

A. 偶尔如此　　　　　B. 从不如此　　　　　C. 经常如此

5. 你认为自己的工作（　　　）。

A. 对你来说是大材小用　　　B. 很难胜任　　　C. 使你做了从来没想到自己能做的事

6. 你属于以下哪种情况？（　　　）

A. 你不讨厌自己的工作　　　B. 我通常对自己的工作感兴趣

C. 我工作时总是觉得心烦

7. 你用多少时间打电话或做些与工作无关的事？（　　　）

A. 很少时间　　　B. 一定的时间，特别是在个人生活遇到麻烦时　　　C. 很多时间

8. 你是否想换个职业？（　　　）

A. 不想　　　B. 不是换职业，而是在本行业找个好位置　　　C. 想换个职业

9. 你觉得自己（　　　）。

A. 总是很有能力　　　B. 有时很努力　　　C. 总是没能力

10. 你认为自己（　　　）。

A. 喜欢尊敬自己的同事　　　B. 不喜欢自己的同事　　　C. 同事比自己差得多

11. 以下哪种情况最符合你的实际？（　　　）

A. 我不想在工作方面再学些什么　　　B. 我开始很喜欢学习

C. 我愿意多学点与工作有关的东西

12. 请指出你认为自己具有的特点（　　　）。

A. 有同情心　　　B. 思维敏捷　　　C. 情绪稳定　　　D. 记忆力好

E. 能专心致志　　　F. 体力好　　　G. 喜欢创新　　　H. 有专长

I. 有魅力　　　J. 有幽默感

13. 根据上题列出的特点，指出你的工作需要其中的哪一些。

14. 你最赞成哪种说法？（　　　）

A. 工作就是赚钱谋生

B. 工作主要是为了赚钱，但如果可能，应当有令人满意的工作

C. 经常加班加点地工作

15. 你是否加班加点地工作？（　　　）

A. 如果付费加班就如此　　　B. 从不如此　　　C. 经常如此，即使没有加班费

16. 去年除了假日或病假外，你是否还缺过勤？（　　　）

A. 没有　　　B. 仅缺几天　　　C. 经常缺勤

17. 你认为自己（　　　）。

A. 工作劲头足　　　B. 工作没劲头　　　C. 工作劲头一般

18. 你认为自己的同事们（　　　）。

A. 喜欢你　　　B. 不喜欢你　　　C. 并非不喜欢你，只是不特别友好

19. 对于工作方面的事，你（　　　）。

A. 只和同事们谈　　　B. 同家人或朋友谈　　　C. 能避免就不谈

20. 你是否常患小病或不知原因的病？（　　　）

A. 从不如此　　　B. 不经常如此　　　C. 经常如此

21. 你是怎样选择你目前从事的工作的？（　　　）

A. 靠父母或老师帮着选择　　　　B. 该工作是我唯一能找到的工作

C. 当时就觉得该工作对我很合适

22. 当家庭与工作发生矛盾时,你先考虑哪一方面?(　　)

A. 每次都先顾家庭　　　　B. 每次都先顾工作

C. 如果家里确实有紧急情况,就先考虑家庭,反之则先考虑工作

23. 如果少付给你三分之一的工资,你是否还愿意干现在的工作?(　　)

A. 愿意　　　B. 本来愿意,但负担不了家庭生活,只好不干　　　C. 不愿意

24. 如果你被列为多余的工作人员而被迫离开,你首先想到的是什么?(　　)

A. 钱　　B. 工作本身　　C. 所在单位

25. 你会为了消遣一下而请一天事假吗?(　　)

A. 会的　　　B. 不会　　　C. 如果工作太忙,就有可能

26. 你觉得自己在工作中不受赏识吗?(　　)

A. 偶尔如此　　　B. 经常如此　　　C. 很少如此

27. 关于你的职业,你最不喜欢哪一点?(　　)

A. 自由支配的时间太少　　　B. 乏味　　　C. 总是不能按自己的想法做事

28. 你的爱人说你总是把个人与工作(　　)。

A. 严格分开　　　B. 时常分开,但也有一些分不开的地方　　　C. 完全没有分开

29. 你是否希望自己的孩子将来从事你现在的工作?(　　)

A. 是的,如果他有能力并且合适的话　　　B. 不会的,而且警告他不要从事这一工作

C. 不希望他做,但也不反对他做

30. 如果你赚了或继承了一大笔钱,你会(　　)。

A. 辞职,后半生"坐吃坐用"　　　B. 找一个一直想找的工作　　　C. 继续现在的工作

工作满意感测量评分标准

题号	分数			题号	分数			题号	分数		
	A	B	C		A	B	C		A	B	C
1	1	3	5	11	1	3	5	21	3	1	5
2	5	1	3	12				22	1	5	3
3	3	1	5	13				23	5	3	1
4	5	3	1	14	1	3	5	24	1	5	3
5	1	3	5	15	3	1	5	25	1	5	3
6	5	3	1	16	5	3	1	26	3	1	5
7	5	3	1	17	5	1	3	27	3	1	5
8	5	3	1	18	5	1	3	28	1	3	5
9	5	3	1	19	3	5	1	29	5	3	1
10	5	3	1	20	5	3	1	30	1	3	5

说明：12、13 两题的答案每重叠一项得 5 分。

评分结果

总分 30~50 分：你对工作很不满意，目前的工作实在不宜再干下去了。

总分 51~84 分：你对目前的工作不太满意，可能是你选错了职业，或讨厌目前的领导或同事，或者你对自己估计得太高。

总分 85~144 分：你对工作较满意。

总分 145~175 分：你对工作很满意。

总分在 175 分以上：你对工作投入的热情及喜欢程度有些过了，简直成了"工作狂"。

项目练习题

一、单选题

1. 面对新的情景，我们会发动我们已有的经验做出新的判断，这是发挥态度的（　　）。

A. 认知功能 　　　　 B. 适应功能 　　　　 C. 自我防御功能 　　　 D. 价值表现功能

2. 心理学家凯尔曼提出著名的态度形成的三阶段说的顺序是（　　）。

A. 服从、内化、同化 　　　　　　　　　 B. 服从、同化、内化

C. 同化、内化、服从 　　　　　　　　　 D. 同化、服从、内化

3. 态度形成的最后一个阶段是（　　）。

A. 服从 　　　　　　 B. 内化 　　　　　　 C. 同化

4. 借助各种传播媒介来传播信息、影响人们，使之态度发生改变的方法，是（　　）。

A. 活动参与法 　　　 B. 角色扮演法 　　　 C. 团体影响法 　　　　 D. 说服宣传法

5. 通过外显行为来推断人们态度的测量方法是（　　）。

A. 态度量表法 　　　 B. 自由反应法 　　　 C. 行为观察法 　　　　 D. 生理反应法

二、多选题

1. 态度的构成包括（　　　　　　）。

A. 认知成分 　　　　 B. 情感成分 　　　　 C. 意向成分 　　　　　 D. 情绪成分

E. 动机成分

2. 态度具有的特征是（　　　　　　）。

A. 动力性 　　　　　 B. 对象性 　　　　　 C. 社会性 　　　　　　 D. 两极性

E. 内隐性

3. 影响工作满意度的因素有（　　　　　　）。

A. 具有挑战性的工作 　 B. 公平的报酬 　　　 C. 良好的工作环境

D. 融洽的人际关系 　　 E. 个性特征与工作的匹配

4. 影响工作满意度的负面因素有（　　　　　　）。

A. 激励机制 　　　　 B. 公平的机会 　　　 C. 琐碎的烦恼 　　　　 D. 报酬的公平感

E. 反馈

5. 美国学者霍夫兰德等人提出了一个态度转变的模型，认为发生在接收者身上的态度转变，要涉及（　　　　　　）四个方面的要素。

A. 传递者 　　　　　 B. 沟通信息 　　　　 C. 接收者 　　　　　　 D. 情境

E. 环境

三、简述题

1. 简述影响态度改变的主要因素。

2. 简述积极态度养成的技巧。

3. 简述提升员工工作满意度的方法。

需要、动机与激励

项目概述

学生通过本项目的学习，可以了解学习需要、动机与激励的相关知识，掌握在管理过程中如何应用需要、动机的相关技能，掌握内容型激励理论、过程型激励理论、强化型激励理论、综合激励模式理论等四大激励理论的实务操作技能，还可以学会运用相关的理论应对管理过程中遇到的问题。

本项目中的思政案例可以帮助学生强化工作中的大局意识和责任担当意识，树立终身学习的自我发展意识、诚信就业的法律意识，培养正确的择业观，从而帮助学生更好地认识自我实现的需求，调整努力方向，培育和践行社会主义核心价值观。

教学目标

1. 理解需要、动机、激励等概念及激励理论；

2. 掌握激励理论在管理工作中的应用；

3. 掌握激励的方法；

4. 学会运用相关的理论应对管理工作中遇到的激励问题。

🎗 思政案例

时代造就英雄，伟大来自平凡。在脱贫攻坚工作中，数百万扶贫干部倾力奉献、苦干实干，同贫困群众想在一起、过在一起、干在一起，将最美的年华无私奉献给了脱贫事业，涌现出许多感人肺腑的先进事迹。35 年坚守太行山的"新愚公"李保国，献身教育扶贫、点燃大山女孩希望的张桂梅，用实干兑现"水过不去、拿命来铺"誓言的黄大发，回乡奉献、谱写新时代青春之歌的黄文秀，扎根脱贫一线、鞠躬尽瘁的黄诗燕等同志，以及这次受到表彰的先进个人和先进集体，就是他们中的杰出代表。他们有的说："脱贫攻坚路上有千千万万的人，我真的就是其中一个小小的石子。其实走到最后，走到今天，虽然有苦，还是甜多。"有的说："不为钱来，不为利往，农民才能信你，才能听你。"有的说："把论文写在大地上，真正来地里面写，那才叫真本事。"

在脱贫攻坚斗争中，1800 多名同志将生命定格在了脱贫攻坚征程上，生动诠释了共产党人的初心使命。脱贫攻坚殉职人员的付出和贡献彪炳史册，党和人民不会忘记！共和国不会忘记！各级党委和政府要关心关爱每一位牺牲者亲属，大力宣传脱贫攻坚英模的感人事迹和崇高精神，激励广大干部群众为全面建设社会主义现代化国家、实现第二个百年奋斗目标而披坚执锐、勇立新功。

（来源：习近平在全国脱贫攻坚总结表彰大会上的讲话，2021-02-25）

🎗 思政导言

脱贫攻坚工作中数百万扶贫干部"不为钱来，不为利往"，甚至有 1800 多名同志将生命定格在了脱贫攻坚征程之中，他们是为了什么？他们是为了满足自我实现的需要，是因为有着坚定的脱贫攻坚理想信念。他们以满腔的热血走上脱贫攻坚的第一线，把个人价值与党的事业相对接、与祖国和人民的需要相连接。

任务一　需要与动机

一、需要与管理

（一）需要的定义

需要是有机体对身体内部的某种缺乏或不平衡状态的感知，它表现出了有机体的生存和发展对于主客观条件的依赖性，是有机体活动的积极性源泉。例如：血液中缺乏水分，会产生喝水的需要；血糖成分下降，会产生饥饿和求食的需要。需要是个体行为的真正的原动力，也是人类社会不断前进的动力之一。人为了满足合理的需要就要不断地进行创造，推动人类社会不断发展。

（二）需要的产生

1.需要产生的生理状态原因

人的机体存在着某种欠缺而未获得满足是人的生理需要产生的根本原因。例如饥饿的产生，依赖于味觉、胃的收缩、血液含糖程度、激素状态以及神经活动等。脑及神经系统与需要的产生有关，特别是与某些欲望的产生更是关系密切。

2.需要产生的社会情景原因

社会环境因素容易产生或提高已产生需要的强度。在社会情景中，产生需要最强有力的因素是目标对象，即满足个体需要的对象。比如嗅到或者看到食物，容易产生饥饿的需要。优秀的企业管理者、技术高超的工人，可以使人产生崇高理想，激发员工模仿、学习的热情。

3.需要产生的认识原因

人们对客观世界的认识和评价是需要产生的重要原因。思想，特别是想象和幻想，可以使一个人不断地产生某些愿望。一个人想象自己置身于某一社会情景之中，就能加强其某一方面的欲望。因此，有些人会将其中的某些欲望付诸实现，以求满足他们的需要。

小思考

把乡镇干部送到清华、北大参加培训学习；西部地区把干部送到江、浙等发达地区考察；组织贫困户到各类产业基地参观学习。

问题：上面提到的措施是出于什么用意？

解析：通过提高认识，改善认知结构，刺激其需求和欲望。

（三）需要的特点

1.需要的层次性

需要产生于人的有机体的缺乏状态。在一定时间内，人的缺乏状态是多种多样的，很难全部得到满足。于是有机体根据自己的生活环境、经济收入、兴趣爱好、社会地位、职业等条件，对其缺乏状态进行平衡，分清轻重缓急，决定需要的先后次序，于是产生了需要的层次性。同时，由于人类社会是一个由低级到高级的发展过程，人的需要也是一个由低级向高级发展的过程。当人的低层次需要得到满足之后，必然地产生较高层次的需要，以至形成一个由低级到高级逐级发展的层次。

2.需要的复杂性

人总是处在一定的社会经济与社会文化的环境中，其民族传统、宗教信仰、生活方式、文化素质、经济条件、社会地位、兴趣爱好、情感意志、个性特征不同，决定了每个人需要的对象、结构和方式等千差万别、纷繁复杂，对其主导需要的选择各异。需要的复杂性还表现在差异性方面，如个体与个体的差异、个体与群体的差异、群体与群体的差异、目前和将来的差异、现实和潜在的差异等。

3.需要的发展性

人的需要不是一成不变的。随着社会、经济、文化的不断发展，道德风尚的变化，生活和工作环境的改善，以及广告宣传的影响，人的需要总是在不断地发展变化。旧的需要满足了，又会产生新的或更高一级的需要，如此循环往复，以致无穷。需要的发展性不仅表现为纵向的发展，不断地向高水平、高层次的方向发展；还表现为横向的发展，不断地扩大需求的范围和种类。正是需要的不断发展推动着人类社会的不断进步，激发企业的竞争，同时也为企业和组织的发展创造了机会。

4.需要的伸缩性

需要的伸缩性或称弹性，是指人们对某种需要追求的项目上的多寡和程度上的强弱。具体讲，是对某种需要或有或无、或多或少地具有可变性。这种伸缩性受到人的自身条件和外部环境的制约。从自身条件来看，主要指人对需求欲望的程度和货币支付的能力，外部环境包括企业对所提供商品进行的广告宣传、销售服务等，两者都会促进或抑制人的需要。同时，不同的需要的伸缩性也不一样。比如生活必需品，如粮食、食盐、食油等，需要的伸缩性就小；而属于满足享受需要的用品，如高档时装、高档化妆品等，其需要的伸缩性就大。

（四）需要的种类

人的需要是多种多样的，可以按照不同的标准对它们进行分类。根据不同的划分标准，可以将需要划分为以下几类：

1. 按需要的起源，可分为生理需要和社会需要。生理需要是人类为了维持生命和种族的繁衍而与生俱来的需要，是本能的机体需要，如对水、空气、食物、睡眠、配偶、运动等的需要。社会需要是人们为了参与社会生活、进行社会交往而产生的对客观条件的欲望，如对友谊、爱情、归属以及地位、成就和威望的需要。这是后天在社会实践中形成的需要，是人类所特有的高级需要。

2. 按需要的作用，可分为生存需要、享受需要和发展需要。生存需要是人类为了维持生存而产生的对基本生活用品的欲求，如对食物、衣服和住所的基本需要等。享受需要是人们为了增添生活情趣和提高生活的质量而产生的对各种娱乐、休息以及享受消费品的欲求，如欣赏音乐、购买高档产品、旅游等的需要。发展需要是人类对发展智力和体力、提高个人才能所必需的消费品的欲求，如对书籍、仪器、药品以及滋补品等的需要。

3. 按照需要的性质，可以分为物质需要和精神需要。物质需要是指人们对物质对象的欲望和要求，如对衣、食、住、行等有关物品的需要，参加社会劳动对劳动工具、劳动对象的需要等。人的精神需要是指人们对社会精神生活和精神产品的需要，如对知识的、艺术的、道德的、宗教信仰的以及美的需要等。精神需要是人的高层次需要。

4. 按需要的社会属性，可分为权力需要、交际需要和成就需要。人的权力需要是指人们为了支配他人和各种物品的欲望和需要，如取得某种职务，对他人的指挥，对某种物品的支配控制等。权力需要与人的个体素质和所处的环境密切相关。人的交际需要是指人们对爱情、友谊、归属的欲望和要求。交际需要表现为愿意参加社会交往，寻找温暖或与他人保持良好关系，希望得到爱情，希望被某个团体所接纳，成为其中的一员并相互关心、相互照顾等。人的成就需要是指人们为了发挥自己的潜在能力、干一番事业、获得成就的欲望和要求。成就需要是一种高层次的需要。人们接受的教育层次越高，成就需要越强烈。具有成就需要的人把个人成功视为目的，他们接受每一项任务，干任何一种工作都会努力干好，并从中得到满足感、增强自尊心。

5. 按需要的觉醒状态，可分为现实需要和潜在需要。现实需要是人们眼前必需的、可以意识到的，并有货币支付能力作保障的需要。潜在需要则是人们还未完全意识到的、并不紧迫的，或是未来的，目前还无能力实现的需要。如对在校大学生来讲，学习知识、参加考试、购买书籍或谈恋爱是他们的现实需要，而购买房子、成家立业则是他们的潜在需要。

（五）需要与管理

从组织管理角度分析，了解和把握职工需要的内容、特点和方向，便可以掌握管理活动的主动性、准确性，才能有的放矢地开展管理工作、调动职工的工作积极性，从而提高管理的效能，具体表现在以下几方面：

1. 了解需要产生的起因，便于主动地、有目的地开展管理活动。比如，人类需要的产生除生理状态原因外，还有社会情景和思想认识方面的原因，我们就要关注社会发展的动态，积极开展广泛的、有益的宣传教育活动，来引导和激发员工的需要，为实现组织目标服务。

2. 了解需要的特点，可以有策略地、灵活机动地开展管理活动。比如，根据人们需要的多样性和差异性，可以开展多变的、有针对性的管理活动。如果我们以一成不变的管理方式来对待所有人，往往只能"隔靴搔痒"，起不到应有的效果，甚至会适得其反。要根据公众需要的发展性和可变性，加强管理活动的预见性。根据人的需要的竞争性，创造和保护健康的竞争环境，促使竞争心理的形成，并引导需求向企业的既定目标发展。

3. 了解需要的类别，可以有针对性地满足人的不同需要。比如，人的需要有生理性的、有社会性的，对生理性需要可注意功用的宣传和生理特征的满足，对社会性需要可注重从众、攀比、时尚等社会心理的满足。

4. 了解需要的层次，便于准确地满足人们不同层次的需要。需要有高低不等、缓急不同的层次之分，不同的个体和群体都通过一种或几种主导需要来反映出特定的需要层次上的倾向。管理人员应准确地判断不同群体和个体的需要层次，以便有针对性地满足其主导需要，使管理活动能真正对症下药，关心人们最关心的事，满足人们最迫切的愿望。这样，管理活动的效果必然大大增强。比如，对处于较高需要层次的员工（社交、尊重需要），加工资、发奖金的意义就不如提拔、晋升所提供的荣誉感更有激励作用，而对较低需要层次的员工（生理、安全需要），加工资、发奖金、买医疗保险的意义要大于表彰、荣誉或晋升。

二、动机与管理

在日常生活、学习及工作中，人们的行为在绝大多数情况下是有意识、有目的、有原因的。对于人行为动机的了解，是揭示人行为规律，引发、控制、调节、强化职工行为的关键，是使管理实现激励功能的基本保证。

（一）动机的概念

动机是推动人们去从事某种活动、指引活动去满足一定需要的愿望和意念。人们的一切活动总是从一定的动机出发，并且总是指向某一目标。动机就是活动的动力，是活动的直接原因。

动机是活动的动力，它有着三种特性：其一是行为的指向性，也就是说，一个人为什么选择做这件事而不做那件事。其二是行动的持续性，一个人为什么能坚持不懈地完成某项工作？他的动力来源是什么？这就是行为的持续性。其三是引导行动指向某一特定目标。

（二）动机的特点

个体的需要是动机形成的内因，而活动的对象是动机形成的外因。只有当个体的需要这种主观愿望或欲望与客观世界的具体对象建立了心理联系时，才变为真正的动机，并成为推动实践活动的巨大力量。动机形成的过程使动机具有下列特点：

1.动机的原发性

人的动机是一种主观状态，是人进行活动的原发推动力或内驱力。即人的某种动机一旦形成，心理上往往随之产生一种紧张性，这种紧张性推动主体围绕着实现这一动机进行活动，成为推动主体活动的动力。通过谋略上深思熟虑的筹划，主体可能选择或变换不同的方式，但最终目的都是实现动机。

2.动机的内隐性

个人的动机是一种主观状态并受主体意识的制约，复杂的动机具有内隐层、过渡层、表露层等多层次结构。所谓内隐层是指真正的内心起因；过渡层是指主体从事活动是为达到直接目的。真实动机隐藏在内心帷幕的最深处，这种现象在军事、政治、商业、情报等领域是不乏其例的。

3.动机的实践性

动机一旦形成必将付诸行动，所以它具有实践性。动机与行动是内与外、隐与显的对立统一，没有无动机的行为。因此，无论动机隐藏多么深，人们总可以听其言、观其行，并通过认真调查研究，由表及里、由现象到本质地辩证分析，发现和揭示行为的真正动机。

4.动机的复杂性

动机与行为不是简单的一一对应的关系。同一动机可以产生不同的行为，同一行为也可以由不同的动机所引起。个体的行为往往受多种动机的支配。个体口头表示的动机往往未必是真实的动机。个体真正起作用的动机与其本人所明确意识到的动机未必是一致的。

（三）动机的作用

1.激发功能

动机会推动人们产生某种活动，使个体由静止状态转化为活动状态。在动机的驱使下，个体会产生某种行为并维持一定的行为强度。例如，饥饿会促使个体做出觅食的活动。生理的需求产生的动机往往比较急迫，需要立即获得满足。

2.指向功能

动机使个体进入活动状态之后，指引个体的行为指向一定的方向。例如，在成就动机支配下的人会积极地学习，主动选择有挑战性的任务去做。动机不同，有机体行为的目标也不相同，这就是动机的方向性在起作用。例如，同样是努力学习，有些孩子是为了获得教师和家长的赞赏，并不十分在意是否真的掌握了知识。而有些孩子则是对所学的内容本身有浓厚的兴趣。动机的不同，导致了行为目标的差异性。

3.维持和调节功能

当活动产生以后，动机维持着这种活动，并调节着活动的强度和持续时间。动机也决定着个体行为的久暂性，在没有达到目标之前，行为会一直存在。有时行为看似不存在了，但只要动机仍然存在，行为就不会完全避免，它只不过是以别的形式存在，如由外显行为改为内潜行为。

（四）动机的种类

1. 生理性动机和社会性动机

根据动机的起源，可以把人类的动机划分为生理性动机和社会性动机。生理性动机起源于生理性需要，它是以有机体的生理需要为基础的。饥饿、干渴、性欲、睡眠、解除痛苦等动机都被认为是生理性动机。社会性（心理性）动机起源于社会性需要，它是和人的社会性需要相联系的。亲和、爱情、归属、成就等动机都被认为是社会性动机。其中，成就动机和亲合动机被认为是两种主要的社会性动机。

（1）成就动机。指个体追求自认为重要的有价值的工作，并使之达到完美状态的动机，即一种以高标准要求自己力求取得活动成功为目标的动机。研究表明，个人的成功和失败的经验，影响抱负水平的高低。一般来说，成功的经验会提高个人的抱负水平，失败的经验会降低个人的抱负水平。麦克利兰认为，成就动机是一个人人格中非常稳定的特质，每一个人的成就动机都是不相同的，他认为成就动机强的人对学习和工作都非常积极，能够控制和约束自己，不受环境的影响，并且善于利用时间。成就动机得分高的人比得分低的人更可能取得优良的成绩。

（2）亲和动机。心理学家认为，亲和需要是人类心理需要的一种。亲和动机强的人对于建立、保持和恢复友好关系是很关心的。人类的亲和动机反映了社会生活和劳动的要求。人类的亲和动机也是个体心理正常发展的必要条件，只有在社会生活中，通过与他人接近、交往，个体心理才能得到正常的发展。

2. 长远的、概括的动机和暂时的、具体的动机

根据动机的影响范围和持续作用的时间，可以把人类的动机划分为长远的、概括的动机和暂时的、具体的动机。长远的概括动机一般来自对活动意义的深刻认识。这种动机持续作用的时间长，比较稳定，影响的范围也广。暂时的具体动机常常由活动本身的兴趣所引起。这种动机只对个别的具体活动起作用，作用的时间较短，常受个人情绪的影响，不够稳定。

3. 高尚动机和低级动机

根据动机的性质和社会价值，可以把人类的动机划分为高尚动机和低级动机。高尚动机是符合社会发展规律和人民利益的，它能持久地调动人的积极性，促使人们为社会发展做出贡献。低级动机是违背社会发展规律与人民利益的，它不利于社会发展。

4. 主导动机和次要动机

根据动机在活动中作用的大小，可以把人类的动机划分为主导动机和次要动机。在人的活动中，特别是在复杂的活动中往往存在着多种动机，人的活动可能由几种动机来推动。主导动机通常是指对活动具有决定作用的动机，其他动机则是次要动机。

（五）影响动机的因素

1. 兴趣和爱好

兴趣和爱好是同人的愉快情绪相联系的认识与活动的倾向性。这种倾向性能推动人们对自然和社会生活进行深刻认识，使人积极地参加各种活动，从而满足人的求知与活动的欲望。这种认识、求知、活动欲望的满足又能使兴趣爱好得到丰富与深化。可见，兴趣与爱好是影响人的动机模式的重要因素。

2. 价值观

价值观，指人对社会生活方式与生活目标的社会意义和价值观念的看法和理解。人的价值观不同，对生活目标的追求和行为的动机也不同。有人以毕生追求真理为目标，有人以为社会做奉献为人生目的，也有人以追求物质享受为人生的最大乐趣。人的价值观与人生观是紧密联系的，是人生观的重要组成部分，受世界观的制约。研究表明，一个人的价值体系的形成，受家庭的影响、社会交往的影响和传统文化的影响。其中，人生观、世界观起主导作用。

3. 理想与信念

一个人有了理想和追求，前进就有了方向，行为就有了动力。当然，人各有志，理想、追求不同，其行为也有很大的差异。可见，理想和追求本身就是一种行为动机。信念是人的行为的主导动机。所谓信念，是坚信某种观点的正确性，并从感情上愉快接受，以此来支配自己行动的个性倾向性。一个人的信念一旦形成，就会对其动机和其他心理活动产生巨大影响。

4. 抱负水准

所谓抱负水准，是指一个人欲将自己的工作做到某种程度的心理需求。一个人的兴趣与价值观决定了其行为的方向，而抱负水准则决定了其行为达到什么程度。个人抱负水准的高低不同，受个人因素（个人成就动机的高低、过去经验、个体心理差异）和外部因素（他人的影响、地位和角色）的影响。

典型案例

大国工匠高凤林

高凤林是中国航天科技集团公司第一研究院211厂发动机车间班组长。30多年来，他几乎都在做着同样一件事，即为火箭焊"心脏"——发动机喷管。有的实验需要在高温下进行，焊件表面温度达几百摄氏度，高凤林却咬牙坚持，双手被烤得鼓起一串串水泡。

在这30多年中，曾有人开出高薪加两套北京住房的诱人条件给高凤林，高凤林却说："我们的成果打入太空，这样民族认可的满足感用金钱买不到。"

解析：正如高凤林说，他追求的是民族认可的自豪感和满足感，正是这样的追求，牵着他专注做一件事，把不可能变成可能，把艰辛劳动变成精彩创造，不仅成就了自我的人生价值，也为中国变成航天强国贡献了力量。

（六）动机与管理

动机对人的积极性和行为效果有着直接而又十分重要的影响，企业管理中的关键问题之一，就是如何激励员工的工作动机，以便充分而又有效地调动他们的积极性。因此，研究和了解如何形成正确有效的动机，使员工具有强烈而持久的工作动力，是管理工作中的一个重要问题。

1. 在企业管理工作中，要注意掌握员工的主导动机，有针对性地对其做思想政治工作，正确满足和引导员工的主导需要。动机能产生行为，是行为的内在动力。我们知道人的需要很多，动机也很多。所有的动机都竞争着引发行为，某一时刻内最强烈的动机（即主导动机）引发行为。因此，在实际工作中，企业的领导者和管理者要注意掌握员工一定时期内的主导动机，有的放矢地做好思想政治工作，使员工主导动机无论是否实现都不会挫伤其积极性。例如，可能每个员工的主导动机都是争取晋级，企业在调整工资时，其领导者和管理者在认识到这个主导动机后，要对广大员工进行教育，使员工认识到晋级是对那些工作成绩突出的员工的鼓励。这样，得到晋级的员工的积极性会提高。而没有晋级的员工也会充分认识到自己的差距，在一定程度上调动自己的积极性。因此，引导人们的行为、掌握人们的主导动机，对管理人员来说，是一件十分重要的工作。

2. 正确引导员工动机的指向和选择。动机可以使人们按照特定的方向，有选择地决定目标。人类行为的心理过程可以分为两个阶段，即采取决定阶段和执行决定阶段。采取决定阶段决定行为的方向，规定行为的轨道，是整个行为不可缺少的开端。执行决定阶段是行为的完成阶段，在这个阶段里，人们的主观愿望转化为客观结果，观念的东西转化为实践活动，实现对客观世界的改造。在实际工作中，管理者要通过思想政治工作等一系列行之有效的方法，引导员工选择正确的决定方向。当员工处在行为执行阶段时，对于正确的动机方向，要积极创造条件帮助满足，而对不正确的动机方向要坚决制止。

3. 科学有效地利用强化机能。强化是心理学上的一个术语，主要是指动机对行为的调节作用，它有加强和制止两个方面。前者在于推动人们去继续从事达到目标所需要的行为，后者在于制止不符合预定目标的行为。在实际工作中，企业领导者和管理者要注意应用强化理论，对职工正确动机要积极鼓励，并创造条件使其达到目标；对不正确的动机要坚决加以制止，并帮助职工树立正确的动机。

任务二　激励与管理

激励，简单地讲就是调动职工的积极性。激励是管理的一个重要功能，因而它也是管理心理学的核心内容和焦点。作为领导者，为实现组织的既定目标，必须通过有效的激励措施，激发全体成员的斗志，充分调动人的工作积极性，最大限度地利用人力资源，为管理工作服务。

一、激励的定义

激励是管理活动中常见的行为，它是指采取一定的措施，激发和培养人的动机，使人为了满足需要而积极行动，朝着目标前进的心理过程。通过激励，可以使人在某些内在或外在刺激的影响下，始终维持在一个兴奋状态。可见，激励是引起个体产生明确的目标，并指向目标行为的内在动力。

激励的过程，就是管理者运用特定的手段和策略，促进工作群体或个人自觉努力实现管理目标的过程。而有效的激励手段，必须符合人的心理和行为活动的规律。

▶【心理实验】

心理学家赫洛克曾做过一个实验，他把被试分成四组，在四个不同诱因的影响下分别完成任务。第一组为激励组，每次工作后予以鼓励和表扬；第二组为受训组，每次工作后对存在的每一点问题都要严加批评和训斥；第三组为被忽视组，每次工作后不给予任何评价，只让其静静地听其他两组受表扬和挨批评；第四组为控制组，让他们与前三组隔离，且每次工作后也不给予任何评价。

实验结果：前三组的工作成绩都比控制组优秀，表扬组与训斥组显然比忽视组优秀，而表扬组的成绩不断提高。

解析：对于工作结果及时地给予评价，能够强化工作动机，对工作起到促进作用。适当表扬的效果显然比批评要好，而批评的效果要优于不给予评价。

二、激励的作用

激励在组织管理中的作用是不言而喻的，它作为组织管理的重要职能之一，对于组织目标的实现、工作效率的提高、职工潜在能力的发挥都具有十分重要的作用。

组织管理就是要运用有效的方法和手段，以充分利用人力、财力、物力资源及科技力量，最大限度地创造和提高社会效益、经济效益。在人、财、物以及信息资源中，人力资源是最富有活力的资源，对于人力资源的管理在组织管理中具有举足轻重的地位。

1. 激励是管理的基本职能

以人为中心就是要了解职工的心理，关心职工的需要，运用有效的方法和手段，激发和调动职工的工作热情和积极性。以人为中心还要关心职工的疾苦，满足职工正当、合理的需要，使职工对组织产生归属感、主人翁意识和参与意识。以人为中心还要发现和利用职工的才能，让职工在工作中，使自己的才华得以展现、潜能得到挖掘、取得成就、获得发展。一句话，以人为中心就是要不断激励人，激发人工作的热情和创造性。激励是管理的基本职能，管理者的一个重要任务就是对不同的职工采用适当的手段和策略，以激励其工作的积极性、主动性和创造性。

2. 激励是实现组织目标的有效手段

激励是一种适宜的刺激，目的在于通过满足职工的需要，激发其工作的动机。激励的目的并非仅停留在单纯的满足需要上，而在于通过需要的满足，使职工对组织目标的实现维持高度的热情。衡量一项管理措施是否具有激励作用，不仅要看这种措施能否满足职工的需要，而且要看该措施能否激发职工实现组织目标的热情。

因此，激励是实现组织目标的有效手段，对于组织目标能否顺利达成具有重要意义。组织的各种有效的激励手段和策略，一方面可以把有才能、适应组织需要的人才吸引到组织中来，长期为本组织工作；另一方面可以使已有的人力资源得到充分利用，保持其工作的有效性和高效率。

3. 激励是提高职工工效的核心动力

研究表明，传统的管理方法仅能使职工发挥其能力的 20%～30%，而如果受到充分激励，职工的能力可以发挥到 80%～90%。这说明，激励是发挥职工潜能、提高职工工效的重要推动因素。人的潜能是可以挖掘的，潜能被挖掘出来了，工效自然会得到提高。激励的历程就是要激发人的潜能，激发人的创造欲和革新精神。

【案例分析】

"2011 至 2016 年，全国职工共提出合理化建议 6795.2 万件，实施 3802.8 万件，推广先进操作法 102 万项；完成技术攻关、技术革新项目 416.4 万项，发明创造 106.9 万项，获得国家专利 63.7 万项。"这是记者从 19 日闭幕的中国职工技术协会第七次会员代表大会上获悉的。在各级职工技协的帮助下，以广大技协会员为骨干的群众性技术创新已成为推动国家经济发展不可或缺的重要力量。

据了解，自中国职工技协六届一次理事会议以来，各级职工技协组织秉持"为国家分忧，为企业解难，为职工服务"的宗旨，引导职工积极参与合理化建议、技术开发、技术革新、技术攻关、发明创造等群众性技术创新活动，协助工会开展了职工创新成果评选、表彰、推荐、展示活动和劳模创新工作室创建工作。

（来源：中华全国总工会：《全国职工 6 年提合理化建议 6795 万件》，2017-07-20）

解析：职工的创造欲和革新精神一旦被激发起来，不仅会提高其工作士气，树立高尚的企业文化，而且能够极大地调动职工的生产热情，提高工作效率，为组织创造直接的经济效益。

三、激励的种类

不同的激励对行为过程会产生程度不同的影响，所以激励类型的选择是做好激励工作的先决条件。组织中经常采用的激励有以下几种：

1.根据激励的内容，分为物质激励与精神激励

所谓物质激励就是从满足人的物质需要出发，通过对物质利益关系进行调节，激发人的向上动机并控制其行为的趋向。物质激励多以加薪、减薪、奖金、罚款等形式出现，是激励不可或缺的重要手段，它对强化按劳取酬的分配原则和调动员工的劳动热情有很大的作用。

所谓精神激励就是从满足人的精神需要出发，对人的心理施加必要的影响，从而影响人的行为。精神激励多以表扬和批评等形式出现，是激励的一种重要手段，效果显著、持续时间长。

2.根据激励的性质，分为正激励和负激励

所谓正激励就是当一个人的行为符合组织需要时，通过奖赏的方式来鼓励这种行为，以达到保持和增加这种行为的目的。所谓负激励就是当一个人的行为不符合组织需要时，通过惩罚的方式来抑制这种行为，以达到减少或消除这种行为的目的。正激励起正强化的作用，是对行为的肯定；负激励起负强化的作用，是对行为的否定。在正激励与负激励之间还存在着一种零激励，有人也称之为衰退，即撤销对原来某种行为实施的正激励或负激励，使这种行为在一段时期内连续得不到任何强化，从而达到减少或增加这种行为反应频率的目的。这是一种不施以任何激励的激励，所以称为零激励。

3.根据激励的形式，分为内激励与外激励

所谓内激励是指由内酬引发的、源自工作任务本身的激励。所谓外激励是指由外酬引发的、与工作任务本身无直接关系的激励。内酬是指工作任务本身的刺激，即在工作进程中所获得的满足感，它与工作任务是同步的。内酬所引发的内激励会产生一种持久性的作用。外酬是指工作任务完成之后或在工作场所以外所获得的满足感，它与工作任务不是同步的。由外酬引发的外激励是难以持久的。

四、激励的原则

1.物质与精神同步激励原则

同步激励原则强调物质与精神激励，即人的自然与社会需要是统一的，互为前提和条件，不可对立、孤立地运用，应当统一、综合、同步运用。

2.引入竞争机制的原则

竞争机制的原则要求把竞争机制引入组织，使员工之间真正拉开档次和差距，并且要

使员工认识到高薪、高奖是对其贡献的奖赏。

3.公平、公正原则

公平理论为激励工作提供了应遵循的公平原则。公平理论着重研究的是协作劳动中的报酬公平问题或公平分配问题。然而,公平问题不仅表现在分配问题上,还表现在提拔重用、各种待遇等方面。

4.组织与社会相结合的原则

社会风气、道德风貌会潜移默化地影响组织的员工。为此,在激励过程中要注意把组织和社会联系起来、协调配合。组织要善于利用社会上的各种有利因素和时机,作为激发本企业、本单位员工积极性的力量,形成组织、家庭与社会相辅相成的激励网络。

五、激励理论

一般认为,激励理论可分为内容激励理论、过程激励理论、行为后果理论、综合激励理论。

(一)内容激励理论及其应用

1.需要层次理论

(1)需要层次理论的基本内容

①生理需要。生理需要是指人类为维持和延续个体生命所必需的一种最基本的需要。如满足解饥、御寒的睡眠等所需的吃、穿、住等需要;维持生命而对水、阳光、空气的需要;为延续种族而对性的需要等。生理需要是人类最低层次也是最重要最原始的需要。只有人的生理需要得到满足或基本满足时,较高层次的需要才会成为人的行为的驱动力。

②安全需要。安全需要是指人类在社会生活中希望保护自己的肉体和精神不受危险和威胁,确保安全的需要。安全需要是比生理需要较高级的需要,它包括安全操作、劳动保护、健康保障、有稳定的职业、财产受到保护、失业保险等内容。

③社交需要。社交需要是指人们希望给予和接受别人的爱与感情,得到某些社会团体的重视和容纳的需要。社交需要包括愿意参加社会交往,寻找温暖或与他人保持良好关系,彼此之间得到友谊、关怀与爱护;希望得到爱情,异性之间相互倾慕,亲密交往,坚贞相爱,满足结合;希望自己有所归属,即成为某个团体的被人承认的成员,参与其中的活动,得到互相关心、互相照顾等。

④尊重的需要。尊重的需要是指人类在社会生活中希望有一定的社会地位和自我表现的机会,获得相应的荣誉,受到别人尊重,享有较高的威望等需要。尊重需要一般来说是与人们接受教育的程度及经济、社会地位密切相关的。人们接受的教育程度和社会地位越高,尊重需要就越强烈。相反,尊重需要就相应减弱。尊重需要是人的高层次发展需要。

⑤自我实现的需要。自我实现的需要是指人们希望充分发挥自己的才能,干一番事

业，获得相应成就，实现理想目标，成为自己所期望的人。马斯洛指出：如果一个人要从根本上愉快的话，音乐家必须搞音乐，艺术家必须画画，诗人必须作诗，一个人能够成就他梦想的事业。它是人们在以上四种需要得到一定程度满足之后所追求的最高层次的发展需要。

（2）需要层次理论的基本观点

马斯洛认为，人类的五种基本需要是相互联系的。一个人生理上的迫切需要得到满足，就会去寻求保障安全，只有当基本的安全需要满足以后，社交需要才会成为主要推动力，以此类推，如图5-1所示。

图5-1　人类五种层次的需要

①五种需要按阶梯从低到高，按层次逐级上升，但是顺序并不是完全固定的，可以变化，也有种种例外情况。

②某一层次的需要相对满足了，追求更高一层次的需要就成为驱使行为的动力。相应地，获得基本满足的需要就不再起主要激励作用。

③五种需要可以分为高低两级，各层次的需要相互依赖和重叠，高层次的需要产生和发展后，低层次的需要仍然存在，只是对行为影响的程度大大降低。

④一个国家多数人的需要层次结构，是同这个国家的经济发展水平、科技发展水平、文化和受教育的程度直接相关的。

小思考

近日以来，全国已经有至少29个省或者地方发布了就地过年的倡议，如何让就地过年的务工人员过好年？

……

为了让员工就地过好年，一些企业还安排"夫妻岗"、配备"夫妻房"。比如宁波鄞州区一家企业配备了197间两室一厅的"夫妻房"，该市另一家企业对留企员工除了发放每人3000元至5000元留企奖励，还为员工家属提供了"夫妻岗位"。

（来源：《发消费券、入学积分奖励、配夫妻房，各地鼓励就地过年出大招》//《南方都市报》，2021-01-21）

问题：这个案例对现代企业管理有何启发？

分析启示：这是满足人的生理需要，遵循了"以人为本"的管理原理，是一种非常人性化的管理方式。

（3）对需要层次理论的评价

人的需要是由低级向高级不断发展的，这一趋势基本上符合需要发展规律。

（4）需要层次理论在管理中的运用

根据需要层次理论，管理者需要考虑员工不同层次的需要，并为每一层次的需要设计相应的激励措施。管理者也需要考虑每个员工的特殊需要，因为不同人的需要是不同的，需要层次理论表明组织用于满足低层次需要的投入效益是递减的。

当员工低层次的需要得到一定程度的满足后，公司仍以原来的方式来激励员工，效果会很小；但如果着眼于员工更高层次的需要，对员工的激励可以使组织绩效得到明显的提高。

2.双因素理论

双因素理论是由美国心理学家赫兹伯格提出的。他认为，影响人行为的因素可以按其作用分为保健因素和激励因素。保健因素，就是造成职工不满的因素，表现在企业的政策、行政管理、工资发放、劳动保护、工作监督以及各种人事关系处理等方面，这些方面的改善能够消除职工的不满，但不能使职工感到满意并激发起职工的积极性。

激励因素，就是使职工感到满意的因素，表现在工作表现机会、工作本身的乐趣、工作上的成就感、对未来发展的期望、职务上的责任感等方面，唯有改善这些方面才能让职工感到满意，给职工以较高的激励，调动积极性，提高劳动生产效率。

（1）双因素理论的基本内容

①保健因素与激励因素；

②对传统"满意-不满意"观点的挑战。

（2）双因素理论在管理中的应用

双因素理论强调，不是所有的需要得到满足都能激励起人的积极性。只有那些被称为激励因素的需要得到满足时，人的积极性才能最大限度地发挥出来。要正确处理激励因素和保健因素的关系，区别对待内在激励和外在激励。双因素理论促使企业管理人员注意到了工作内容方面因素的重要性，特别是它们同工作丰富化和工作满足的关系，因此是有积极意义的。

3.ERG 理论

ERG 理论是生存-相互关系-成长需要理论的简称。其提出者奥德弗认为，职工的需要有三类：生存（existence）需要、相互关系（relatedness）需要和成长（growth）需要。

该理论认为，各个层次的需要受到的满足越少，越为人们所渴望；较低层次的需要者越是能够得到较多的满足，则较高层次的需要就越渴望得到满足；如果较高层次的需要一再受挫，得不到满足，人们会重新追求较低层次需要的满足。这一理论不仅提出了需要层次上的满足到上升趋势，而且指出了挫折到倒退的趋势，这在管理工作中很有启发意义。

（1）理论的基本内容

①生存需要即最基本的生理需要；

②关系需要即人与人的社会关系的需要；

③成长需要指个人要求得到提高和发展。

ERG 理论揭示了以下规律：

①"愿望加强"律；

②"满足前进"律；

③"受挫回归"律。

（2）ERG 理论的应用

在管理工作中，ERG 理论要求管理者掌握需要的"满足前进"律和"受挫回归"律，以正确对待员工的个人需要，设法为员工提供能满足其高层次需要的环境和条件。如果忽视或压抑个体高层次的合理需要，其低层次需要的愿望会进一步加强。

4.成就需要理论

美国哈佛大学的心理学家戴维·麦克利兰集中研究了人在生理和安全需要得到满足后的需要状况，特别是对人的成就需要进行了大量的研究，提出了成就需要激励理论。他认为，在人的生存需要基本得到满足的前提下，成就需要、权利需要和合群需要是人的最主要的三种需要。

（1）成就需要理论的基本内容

①权力需要；

②亲和需要；

③成就需要。

（2）成就需要理论的应用

成就需要激励理论更侧重于对高层次管理中被管理者的研究，研究对象主要是生存、物质需要都得到相对满足的各级经理、政府职能部门的官员以及科学家、工程师等高级人才。因此，它对于企业管理以外的教育科研管理、干部管理等具有较大的实际意义。

（二）过程激励理论及其应用

过程型激励理论着重研究人从动机产生到采取行动的心理过程。这类理论表明，要使员工出现企业期望的行为，须在员工的行为与员工需要的满足之间建立起必要的联系。过程型激励理论主要有期望理论、目标设置理论、公平理论等。

1.期望理论

一种行为倾向的强度取决于个体对于这种行为可能带来的结果的期望，以及这种结果对行为者的吸引力。某一活动对某人的激励力量取决于他所能得到结果的全部预期价值乘以他认为达成该结果的期望概率，可以用公式表示为：

$$M=f(E \times V)$$

式中：M 即动机（motivation），E 即期望（expectancy），V 即效价（value）。

公式表明，激励力是期望值与效价的函数。按此理论，期望值与效价其中一个的值变小，激发的力量变相应减弱；一者为零，激发力量也为零。例如：完成某项任务可得到一大笔奖金，当不存在完成任务的可能性时，奖金再多，人们也不会去积极争取。另外，做一件事对个人与社会都没有意义，即无效价，这种事情再容易，也没有人去做。

对于目标的期望值有多大才算适合？有人把它形容为摘苹果。只有跳起来能摘到苹果时，人才会最用力地去摘。倘若跳起来也摘不到，人就不会跳了。如果坐着能摘到，无须去跳，便不会使人努力去做。

领导者给员工制定工作定额时，要让员工经过努力就能完成，再努力就能超额，这才有利于调动员工的积极性。定额太高使员工失去完成的信心，他就不会努力去做；太低，唾手可得，员工也不会努力去做。因为期望概率太高、太容易的工作会影响员工的成就感，失去目标的内在价值。所以领导者制定工作、生产定额时有个适度问题，只有适度才能让员工保持恰当的期望值。

（1）期望理论的基本内容

人们采取某项行动的动力或激励力取决于其对行动结果的价值评价和预期达成该结果可能性的估计。

（2）期望理论在管理中的应用

在管理工作中的应确定适宜的目标，提高员工的期望值，正确认识报酬在员工心中的效价。一定要选择员工感兴趣、评价高，即员工认为效价大的项目或手段。增强工作绩效与所得报酬之间的关联性，凡是想起广泛激励作用的工作项目，都应是大多数人经过努力可以实现的。

2. 公平理论

美国心理学家亚当斯于1963年提出了著名的公平理论。该理论研究报酬的公平性、合理性对员工积极性的影响，认为员工的工作积极性受到绝对报酬的影响和相对报酬的影响。

（1）基本内容

公平理论的基本内容包括三个方面：

①公平是激励的动力

公平理论认为，人能否受到激励，不但受到他们得到了什么的影响，还要受到他们所得与别人所得之间是否公平的影响。人的工作积极性不仅与个人的实际报酬多少有关，而且与人们对报酬的分配是否感到公平更为密切。

这种理论的心理学依据是人的知觉对于人的动机的影响很大。一个人不仅关心自己的所得所失，而且还关心与别人的所得所失的比较。他们以相对付出和相对报酬全面衡量自己的得失。如果得失比例和他人相比大致相当，就会心理平静，认为公平合理，心情舒畅。比别人高则令其兴奋，这是最有效的激励，但有时过高会带来心虚感觉，不安全感激增。低于别人时产生不安全感，心理不平静，甚至满腹怨气，工作不努力、消极怠工。因此，分配的合理性常是激发人在组织中工作动机的因素和动力。

②公平理论的模式

公平理论可以用公式表达：

$$Qp/Ip = Qo/Io$$

式中，Qp 代表一个人对他所获报酬的感觉；Ip 代表一个人对他所做投入的感觉；Qo 代表这个人对某比较对象所获报酬的感觉；Io 代表这个人对比较对象所做投入的感觉。对于这个公式，可以理解为：自身所得/自身投入＝可比他人的所得/可比他人的投入。

③不公平的心理行为

当人们感到不公平待遇时，在心里会产生苦恼，紧张不安，导致行为动机下降、工作效率下降，甚至出现逆反行为。个体为了消除不安，一般会表现出以下一些行为：改变工作投入，如减少努力；改变所获结果，如要求增加奖励；退出工作任务，如离职；进行心理调节，如认为不公平是暂时的，以后可以解决；改变比较的参照点，如把自己与不同的同事进行比较；设法改变他人的投入或奖励量。

（2）公平理论在管理中的应用

管理者在工作任务分配、工作绩效考核、工资奖金评定以及待人处事的过程中要公平合理；管理中应该采取一些方法，尽可能地做到公平。

3.目标设置理论

目标设置理论是爱德温·洛克于 20 世纪 60 年代末提出的，强调目标在行为中的作用，要明确目标，并科学地设置目标的难度和可接受度。在决定个体的行为方面起直接作用的是个人为自己设定的具体目标，即内因作用。有些行动的动机只有一个，而目标则可以有若干个局部或阶段性的具体目标。同样的动机可以表现在不同的行动中。

（1）目标设置理论的基本内容

目标设置理论的模式如图 5-2 所示：

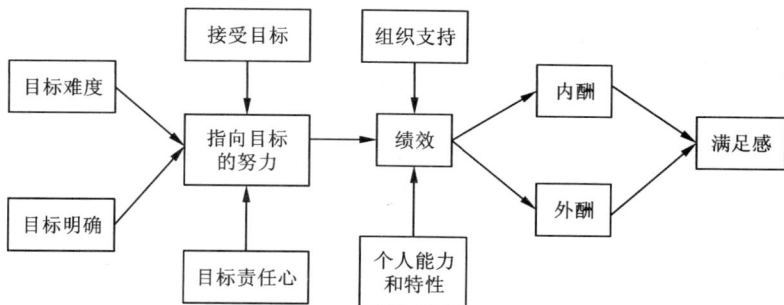

图 5-2　目标设置理论模式

（2）目标设置理论的应用

目标是一种强有力的激励，是完成工作的直接动机。对于难度较大的目标，可以将其分解为一个个具体的小目标。上级应该把组织目标与成员个人目标结合起来。管理人员要通过不断地设置组织目标，让员工明确组织目标与个人目标，并让员工积极参与目标的实现。

（三）行为后果理论及其应用

行为后果激励理论以行为后果为对象，研究如何对行为进行后续激励。这一理论包括强化理论和归因理论。

1. 强化激励理论

强化理论是以强化原则为基础的关于理解和修正人的行为的一种学说。所谓强化从其最基本的形式来讲，指对一种行为的肯定或否定的后果（报酬或惩罚），它至少在一定程度上会决定这种行为在今后是否会重复发生。根据强化的性质和目的，可把强化分为正强化和负强化。在管理工作中，正强化就是奖励那些组织上需要的行为，从而加强这种行为；负强化就是惩罚那些与组织不相容的行为，从而削弱这种行为。正强化的方法包括奖金、对成绩的认可、表扬、改善工作环境和人际关系、晋升、安排具有挑战性的工作、给予学习和成长的机会等。负强化的方法包括批评、处分、降级等，有时不给予奖励或少给奖励也是一种负强化。

（1）强化理论的基本内容

①强化的类型：正强化、负强化、惩罚、自然消退。

②强化的功效：强化的时间功效、强化的反馈功效。

③强化的原则：时效性原则、渐进性原则、整体一致性原则、公平原则、针对性原则。

（2）强化理论在管理中的应用

应以正强化方式为主；采用负强化（尤其是惩罚）手段时要慎重；注意强化的时效性；"因人制宜"，采用不同的强化方式；利用信息反馈增强强化的效果。

2. 归因理论

归因理论由社会心理学家海德于1958年提出。它是从关于社会知觉的人际关系认知理论发展而来的。归因理论把行为原因归为个人因素（内因）和环境因素（外因）两种。个人因素主要包括人格品质、个性特征、情绪、能力和智力、努力动机等；环境因素主要包括他人、奖惩、工作任务的难易程度和运气（机会）等。

在管理工作中，要识别不同人员的不同归因表现，从而找到事情的真正原因。归因理论告诉我们，领导行为的基础是对员工的行为做出归因，而领导行为则是对不同归因所做出的反应。因此，明晰地鉴别员工的行为原因对管理极为重要，有效的管理应正确地鉴别员工的行为原因，而后再采取相应的行动。

（四）综合激励理论及其应用

综合激励理论是波特和劳勒在吸收需要理论、期望理论、公平理论和强化理论的基础上提出的理论，主要观点是激励要注意内、外结合。一个人在做出了成绩后，会得到两类报酬。一是外在报酬，包括工资、地位、晋升、安全感等。二是内在报酬。即一个人由于工作成绩良好而给予自己的"报酬"，如感到自己对社会做出了贡献、对自我存在意义及能力的肯定等。它对应的是一些高层次的需要的满足。

综合激励理论在 20 世纪 60—70 年代是非常有影响的激励理论，在今天看来仍有相当的现实意义。它告诉我们，不要以为设置了激励目标、采取了激励手段，就一定能获得所需的行动和努力，并使员工满意。要形成"激励—努力—绩效—奖励—满足"并以满足回馈努力的良性循环，取决于奖励内容、奖惩制度、组织分工、目标导向行动的设置、管理水平、考核的公正性、领导作风及个人心理期望等多种因素。

1.综合型激励理论的内容

（1）努力程度综合地取决于奖酬（精神和物质的奖酬）对个人的价值以及个人对努力是否会得到这个奖酬的估计。

（2）工作绩效是工作表现和实际成果，取决于个人完成特定任务的能力与素质、个人努力程度以及自己对所需完成任务的了解程度。

（3）奖酬是工作绩效所带来的奖励和报酬，包括内在奖酬和外在奖酬。

（4）满足是个人完成某项特定任务或实现某个特定目标时所体验到的满足感觉。

（5）满足程度通过反馈影响下一次的努力程度。

2.分析与评价

（1）影响满足程度的因素；

（2）影响努力程度的因素；

（3）影响工作绩效的因素；

（4）工作绩效与满足的关系。

小思考

要关心关爱一线医务人员，落实防护物资、生活物资保障和防护措施，统筹安排轮休，加强心理疏导，落实工资待遇、临时性工作补助、卫生防疫津贴待遇，完善激励机制，帮助他们解除后顾之忧，使他们始终保持昂扬斗志、旺盛精力，持续健康投入抗疫斗争。

——2020 年 2 月 23 日，习近平总书记在统筹推进新冠肺炎疫情防控和经济社会发展工作部署会议上的讲话

> 思考：疫情发生后，习近平总书记多次强调，要高度重视对医务人员这支中坚力量的保护、关心、爱护。这运用了哪些激励方法？

六、激励的方法与策略

（一）激励的方法

管理心理学认为，重视激励行为的发挥，正确运用激励方式，对于领导者是极其重要的。根据激励理论和现代领导活动的特点及实践经验，比较常用的激励方式主要有以下几种：

1. 目标激励

目标激励就是把企业的需求转化为员工的需求。一个进步的、明确的、经过努力能够达到的目标，对员工有着相当大的激励作用。当员工，尤其是事业心很强的员工受到富有挑战性的目标刺激时，就会迸发出极大的工作热情。在员工取得阶段性成果的时候，管理者还应当把成果反馈给员工。反馈可以使员工知道自己的努力水平是否足够，是否需要更加努力，从而有助他们在完成阶段性目标之后进一步提高他们的目标。

2. 物质激励

物质激励就是从满足人的物质需要出发，对物质利益关系进行调节，从而激发人的向上动机并控制其行为的趋向。物质激励多以加薪、奖金等形式出现，在目前的社会经济条件下，物质激励是进行激励时不可或缺的重要手段，它对强化按劳取酬的分配原则和调动员工的劳动热情有很大的作用。

3. 奖惩激励

激励行为可以分为正激励与负激励，也就是我们通常所说的奖惩激励。正激励就是对个体的符合组织目标的期望行为进行奖励，以使这种行为更多地出现，提高个体的积极性。负激励就是对个体的违背组织目标的非期望行为进行惩罚，以使这种行为不再发生，使个体积极性朝正确的目标方向转移。

在组织工作中，正激励与负激励都是必要而有效的，因为这两种方式的激励效果不仅会直接作用于个人，而且会间接地影响周围的个体与群体。激励先进，鞭策后进，通过树立正面的榜样和反面的典型，扶正祛邪，形成争先恐后、你追我赶的良好社会效应，产生无形的正面行为规范，比枯燥的教条和规定更直观、更具体、更明确，能够使整个群体的行为导向更积极、更富有生气。

4. 信任激励

信任激励就是领导者要充分相信下属，放手让其在职权范围内独立地处理问题，使其有职有权，创造性地做好工作。俗话说："信任就是力量，信任是最高的奖赏。"在领导活动实践中，信任是一种巨大的精神力量。领导的信任能够使被领导者产生一种尊重感、亲密感、荣誉感和责任感，能使其将自己的个人目标与组织目标紧紧地联系在一起，将自己的前途、利益同组织的前途命运联系在一起，从而产生为群体、为组织努力工作的积极性。

5. 任务激励

所谓任务激励，就是让个人肩负起与其才能相适应的重任，即由社会或组织提供给个人成就和发展的机会，激发其献身精神，满足其事业心和成就感。任务激励应该把握两点：一是任务轻重适当。任务太轻，会给其"大材小用"之感，起不到应有的激励作用；任务太重，使其感到力不胜任，同样起不到应有的激励作用。二是任务出色完成时，则应给予及时的、应有的肯定和奖赏。逾期奖励会减弱激励力量。

6. 行为激励

"榜样的力量是无穷的。"领导者要用自己的模范行为和高尚风格去影响和感染下属和群众，成为下属和群众的表率，使人们从领导的行为中受到激励。

7. 参与激励

领导者让下属和群众参与决策、管理和监督，鼓励和支持组织成员提建议、出主意、想办法，并予以重视、积极采纳，使员工能够以不同的形式参与组织的管理活动，从而达到激励的目的。

参与激励的关键是领导者要开明，要允许、鼓励和支持下级提意见、提问题、提建议，尤其是鼓励和支持下级提不同意见和反对意见，尊重下级的首创精神和独特见解。对下级的合理意见和建议，要积极采纳，并给予及时的宣扬，从而激发人们的参与意识。否则，就会阻塞言路，挫伤下级和群众的积极性。

8. 情感激励

情感激励既不是以物质利益为诱导，也不是以精神理想为刺激，而是指领导者与被领导者之间的以感情联系为手段的激励方式。其方式有很多，如：沟通思想、排忧解难、慰问家访、交往娱乐、批评帮助、共同劳动、民主协商等。领导者通过关心下属和群众的切身利益，建立良好的情感关系，可以激发下属和群众的高度责任感和主动性，提高工作效率，实现预定目标。

9. 差别激励

人的需求包括生理需求、安全需求、社会需求、尊重需求和自我实现需求等若干层次。当一种需求得到满足之后，员工就会转向其他需求。由于每个员工的需求各不相同，对某个人有效的奖励措施可能对其他人就没有效果。管理者应当针对员工的差异，对他们进行个别化的奖励。如有的员工可能更希望得到更高的工资，而另一些人也许并不在乎工资，而希望有自由的休假时间。又如对一些工资高的员工，增加工资的吸引力可能不如授予他"A 级业务员"头衔的吸引力更大，因为这样可以使他觉得自己享有更高的地位和受到更多的尊重。员工的个性各不相同，他们从事的工作也应当有所区别。与员工个性相匹配的工作才能让员工感到满意、舒适。

10. 公平激励

公平激励理论认为：下属的工作动机和积极性不仅受绝对报酬的影响，还受相对报酬的影响。员工总会把自己的贡献和报酬与一个和自己相等条件的人的贡献和报酬相比较。比值相等时，会有公平感，心情舒畅，积极性高涨；反之，会导致不满，产生怨气和牢骚，甚至出现消极怠工的行为。运用公平激励，要做到努力满足激励对象的公平意识和公平要求。公平激励应积极减少和消除不公平现象，但正确的做法不是搞绝对平均主义，而是做到公平处事、公平待人，不以好恶论人，不亲者厚、疏者薄。如在分配、晋级、奖励、使用等方面，要力争做到公正合理，使得人人心情舒畅。

11. 晋升激励

人人都有上进心。在组织工作中，还应注意给员工晋升的空间，激发他们的工作进取心。

对不同的人的激励方法不同，对同一个人在不同时期的激励方法也不同。千万不能墨守成规，要学会"因人、因时、因事激励"。

（二）激励的策略

要实施有效的激励，必须掌握以下策略：

1. 创造有效奖励的心理气氛。奖励先进要特别注意环境的心理气氛。要创造受奖光荣的心理气氛，在这种气氛下，奖励对被奖励者与其他人都有极为强烈的激励作用。

2. 奖励对象要有真正的先进性。奖励先进是为了给人们树立一个学习的榜样和追赶的目标，激发人们的进取意识，使人产生向先进人物学习的积极、良好的心理倾向。为此，奖励对象要有真正的先进性，切忌弄虚作假。

3. 奖励要注意时效性。行为修正理论强调"即时反馈"，就是要让人们及时地知道自己行为活动的结果，只有这样才能给人以鼓励和信心，鞭策人们继续努力。相对而言，"延时反馈"的激励力量就会相应减弱，而且缺乏活力。因此，要强调奖励的实效性，赏罚都得及时。

4. 奖励的内容应该多样化。奖励内容与形式要真正符合人们的需求，并富有时代性、多样性，这样才能使更多的人受到真正的激励。20 世纪 50 年代，奖励的物质内容为毛巾、茶杯等。目前这些东西的激励作用已减弱了，人们需要住宅、奖金、旅游等更有价值的奖品。当然，奖励的作用并不是只与奖励物的价值有关，最能满足需要的奖励才能产生最大的激励。

心理测试

激励测试

以下测试可以使你了解激励方法在管理方面的运用情况。

下列 20 个选择题都有 4 个答案：完全同意（3 分）、有点同意（2 分）、有点不同意（1 分）、完全不同意（0 分）。哪一个答案最能表达你的看法，你就选择哪个答案。

1. 职工中工作做得非常好的，其工资应该增加。

2. 好的工作写实很有价值，它使职工知道该做什么工作。（工作写实：详细写明一个职工所承担的职务、责任及主要的工作方法。）

3. 要职工记住：他们是否继续工作下去，要看公司能否进行有效的竞争。

4. 管理人员应关心职工的工作条件。

5. 管理人员应在人们当中尽力形成友好的气氛。

6. 工作绩效高于标准的职工，应予以表扬。

7. 在管理上对人漠不关心，会伤害人的感情。

8. 要使职工感到，他们的技能和力量都可以在工作上发挥出来。

9. 公司的退休金、补贴和对职工子女的工作安排是使职工安心工作的重要因素。

10. 几乎每一种工作都可以具有激发性和挑战性。

11. 许多职工都想在工作上干得非常出色。

12. 管理者在业余时间安排社会活动，表明了管理者对职工的关怀。

13. 一个人在工作中感到自豪，这是一种重要的报酬。

14. 职工希望在工作上能称得上"佼佼者"。

15. 非正式群体中的良好关系是十分重要的。

16. 个人奖励会提高职工的工作绩效。

17. 职工应该可以和高层管理人员接触。

18. 职工一般喜欢自己安排工作、自做决定，不要太多的监督。

19. 职工的工作要有保障。

20. 职工要有良好的设备进行工作。

结果分析：

41~60分：您十分了解激励对于管理的重要性，并且运用得很好。

21~40分：您知道激励对于管理的重要性，但是做得还不够。

0~20分：十分遗憾。您不知道如何激励职工，这是十分危险的。

项目练习题

一、单选题

1. 按需要的社会属性，可分为(　　)、交际需要和成就需要。

A. 发展需要 　　　　　B. 享受需要 　　　　　C. 权力需要 　　　　　D. 精神需要

2. (　　)是人类最低层次，也是最重要最原始的需要。

A 社交需要 　　　　　B. 生理需要 　　　　　C. 安全需要 　　　　　D. 尊重需要

3. 个体的行为往往受多种动机支配，这是动机(　　)的表现。

A. 原发性 　　　　　B. 内隐性 　　　　　C. 实践性 　　　　　D. 复杂性

4. (　　)就是让个人肩负起与其才能相适应的重任，即由社会或组织提供给个人以成就和发展的机会，激发其献身精神，满足其事业心和成就感。

A. 任务激励 　　　　　B. 参与激励 　　　　　C. 行动激励 　　　　　D. 目标激励

5. 激励是采取一定的措施，激发和培养人的(　　)，使人为了满足需要而积极行动，朝着目标前进的心理过程。

A. 情绪 　　　　　B. 动机 　　　　　C. 干劲 　　　　　D. 情感

二、多选题

1. 按需要的作用，可分为(　　　)。

A. 物质需要 　　　　　B. 精神需要 　　　　　C. 生存需要 　　　　　D. 享受需要

E. 发展需要

2. 根据动机的起源，可以把人类的动机划分为(　　　)。

A. 生理性动机 　　　　　B. 社会性动机 　　　　　C. 心理性动机 　　　　　D. 主导动机

E. 次要动机

3. 根据激励的形式,分为(　　　)。

A. 物质激励　　　　　　B. 精神激励　　　　　　C. 发展激励　　　　　　D. 内激励

E. 外激励

4. 激励理论大致可以分为(　　　)。

A. 内容激励理论　　　　B. 过程激励理论　　　　C. 行为后果理论

D. 自我感知型激励理论　　　　E. 综合激励理论

5. 美国心理学家赫兹伯格提出的双因素理论,分为(　　　)。

A. 物质因素　　　　　　B. 激励因素　　　　　　C. 精神因素　　　　　　D. 心理因素

E. 保健因素

三、简述题

1. 简述马斯洛的需要层次理论。

2. 简述影响动机的因素。

3. 简述常用的激励方式。

四、案例分析

任正非:年终奖制度是最落后的制度,我坚决反对

做企业的人都知道,发钱是一个很难的事,发股票更难。在没办法的情况下,股票和奖金基本都发得很"和谐",拉不开差距,发成了福利。对这个问题,华为是怎么思考的?任正非曾经在内部专门组织了讨论会,立足于"以奋斗者为本"的思想,分级界定三个人员层次,并依此分别清晰了股票和奖金的分配关系。只有把这两个事做好了,才能有效激发组织的力量。

任正非:我们这次提高了饱和配股的上限,其目的是让优秀的奋斗者按他们的贡献获得更多的配股机会,这是一个大的战略,我非常担心这个战略落实不好。因为,有使命感、努力贡献的人不一定是乖孩子,华为的文件过去许多是管乖孩子的。

如果这些努力贡献者没有得到利益,这是我们的战略失败。并不是已达到上限的一般的贡献者,也要跟风。他们跟了风,获得了不该获得的配股,或者升职快了些,也是我们的战略失败。我担心有些优秀的贡献者由于我们这次的排他条件及其他东西使他们失去增股的机会。

而胡厚崑担心,由于总的可用额度增加了,管理团队手太松,机械地应用了条款,而没有对个人做认真分析,使一般的奋斗者超分配了,那也是战略性的失败。

思考:

1. 任正非认为年终奖制度是最落后的制度,你怎么看?

2. 如何才能调动每个人的积极性?

3. 管理者应如何制定激励政策?

4. 员工应如何用好企业的激励政策?

心理学与沟通

项目概述

学生通过本项目的学习，可以了解与沟通有关的知识，学会如何进行有效的沟通。通过多个小故事，使学生明白良好的沟通是成功的基础，增强学生的敬业精神，培养学生积极主动学习的态度。

教学目标

1. 了解沟通的定义和沟通的过程；

2. 了解和掌握沟通的类型，能够运用不同的信息选择合适的沟通类型；

3. 熟知影响沟通的主要因素；

4. 能够运用沟通技巧进行有效的沟通。

思政案例

"公共卫生安全是人类面临的共同挑战，需要各国携手应对。"在统筹推进新冠肺炎疫情防控和经济社会发展工作部署会议上，习近平总书记对扩大国际和地区合作提出明确要求，强调要继续同世界卫生组织保持良好沟通，同有关国家分享防疫经验，加强抗病毒药物及疫苗研发的国际合作。

在这场疫情防控阻击战中，中国怎么应对、应对效果如何，国际社会高度关注。疫情发生以来，中国用最全面、最严格、最彻底的举措，付出巨大牺牲，为全球抗疫争取窗口期。与此同时，第一时间向世卫组织通报，并邀请世卫组织专家前往武汉实地考察，加强同世卫组织和国际社会的沟通和交流，积极推进国际合作……中国的担当和作为，世界有目共睹。当前，国际疫情防控出现了一些新变化，唯有风雨同舟并肩战斗，才能共克时艰。面向未来，各方需要继续扩大国际合作，加强沟通，共享信息，建立协调机制，提供经验支持、技术支持等，以真诚坦荡、有为有效的行动，进一步推动凝聚起防控疫情的全球力量，同国际社会一道维护地区和全球公共卫生安全。

以共享和合作筑牢抗疫共同防线。疫情发生以来，世界各国政府和人民均以不同形式，为中国人民抗击疫情提供了宝贵支持和帮助，中国人民铭记在心。经过一个多月来的艰苦努力，中国在诊疗方法、药物疗效、社区防范、公共卫生教育等方面摸索出有效经验，许多做法得到世界卫生组织的赞赏和认可。这些宝贵的"中国经验"可以为有关国家提供借鉴。面对国际疫情防控出现的变化，要通过加强与各方的密切沟通协作，探讨加强联防联控，共同采取一切必要的措施，与各国一道增强疫情防控能力，有效阻止疫情跨国扩散。要继续同世卫组织保持良好沟通，同有关国家分享防疫经验，加强抗病毒药物及疫苗研发国际合作，向其他出现疫情扩散的国家和地区提供力所能及的援助。

"岂曰无衣，与子同袍。"面对疫情，中国不仅全力保障中国人民生命安全和身体健康，也积极争取国际社会支持，通过良好沟通共商应对之策。只要各国都担负起道义和责任，就一定能在全球范围内夺取抗疫斗争的最终胜利。

（材料来源：国际在线，https://baijiahao.baidu.com/s？id＝1659838391045070074&wfr＝spider&for＝pc，有改动）

思政导言

新型冠状病毒性肺炎疫情让全世界人民意识到"公共卫生安全是人类面临的共同挑战，需要各国携手应对"。各方需要继续扩大国际合作，加强沟通，共享信息，建立协调机制，提供经验支持、技术支持，才能共渡难关。

任务一 沟通概述

一、沟通的定义

沟通是管理工作中不可或缺的重要组成部分。杰克·韦尔奇说过："管理就是沟通、沟通再沟通。"从管理学的角度分析，沟通有助于实现企业的内部目标，使企业的行为协调一致，通过信息的彼此交流，可以实现企业高效率管理的目标。而从马斯洛的心理学角度考察，人的各种情绪需要沟通加以调节。

我们把沟通定义为将某一信息传递给对方，并期望对方做出预期效果的反应的过程。

小思考

你认为以下关于沟通的描述正确吗？

1. 信息只要发出了，不管对方有没有接收，都表示沟通完成。
2. 沟通只能通过语言方式进行。
3. 沟通不是太难的事，我们每天都在进行沟通。
4. 在沟通的定义中："树林中的一棵树倒下了，却无人听到，它是否发出了响声？"

小故事

土著人的最高礼节

有一天，哈佛商学院的一位教授接到非洲土著的请柬，邀请他到非洲讲授部落的竞争力。教授为了表示对土著人的尊敬，准备了好几套西服上路。土著人为了表示对知名教授的尊敬，准备按照部落至高礼节欢迎他的到来。在讲课的第一天，教授西装革履地出现在土著人面前，讲了一整天，一直在冒汗，为什么呢？原来土著人以最高礼节参加课程，男女全部都一丝不挂，只戴着项圈。

第二天，教授同样汗流不止——为了入乡随俗，教授也脱得一丝不挂，只戴个项圈。但是土著人为了照顾教授的感受，吸取了头一天的教训，于是全部西装革履地来上课。

第三天，双方做了很好的沟通，台上台下全部穿着西装，课程才顺利地上了下去。

（材料来源：高琳. 人际沟通与礼仪. 人民邮电出版社，2017，有改动）

思考：本案例对你有何启示？

沟通是一个双向、动态的反馈过程。这种反馈并非一定要通过语言表现出来，接收者也可以通过其表情、眼神、姿势等形式将信息反馈给传递者，从而使发送者得知自己是否接受与理解了其所发出的信息，并了解自己的感受。

二、沟通的过程

沟通的过程就是信息发送者将信息通过一定的渠道传递给接收者的过程。该过程包括了信息发送者、编码、渠道、信息接收者、解码、理解、反馈、噪声等基本要素。沟通的过程如图 6-1 所示。

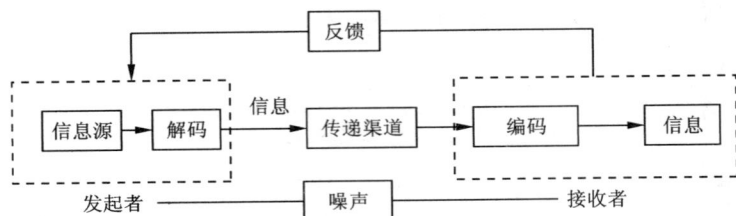

图 6-1　沟通的过程

要想取得沟通的最佳效果，必须把握沟通过程中的要求，主要包括以下几个方面：

（一）发送者

信息源经过编码而生成了信息，由发送者发送出去，发送者是沟通的初始者，处于主动地位。因此，信息首先受到发送者自身技能、态度、知识和社会文化观念的影响。

（二）编码

编码是发送者将信息转换成可以传输的信号的过程。这些信号可以是文字、数字、图画、声音或身体语言。编码是信息交流过程中极其关键的一环。若此环节出现问题，那么整个信息交流的过程就会变得混乱不堪。人们所拥有的语言水平、表达能力和知识结构，对将自己的思想、观点、感情等进行编码的能力起着至关重要的作用。如一个尚不会说话的婴儿，无法用语言来清晰地表达自己的需求，只能通过哭来表达，这就可能引起家长错误的理解。

（三）传递渠道

传递渠道是发送者把信息传递到接收者那里所借助的媒介或方式。信息传递渠道有很多，其中最常见的渠道主要有四种：口头沟通、非语言文字沟通、书面沟通和电子媒介沟通。在沟通过程中，选择传递渠道时必须尽可能地符合信息的性质。如传达政府的工作报告应用书面沟通的形式，远方朋友的沟通就可以采用电子媒介沟通的形式，表达某种情绪时就可以采用非语言文字沟通的形式。

（四）解码

解码就是接收者将获得的信息翻译、还原为接收者所认为正确的含义的过程。解码信息的正确与否与接收者具备的知识、经验及文化背景有关。

小故事

秀才买柴

有一个秀才去买柴，他对卖柴的人说："荷薪者过来！"卖柴的人听不懂"荷薪者"（担柴的人）三个字，但是听得懂"过来"两个字，于是把柴担到秀才前面。秀才问他："其价如何？"卖柴的人听不太懂这句话，但是听得懂"价"这个字，于是就告诉了秀才价钱。秀才接着说："外实而内虚，烟多而焰少，请损之。"（"你的木材外表是干的，里头却是湿的，燃烧起来，会浓烟多而火焰小，请减些价钱吧。"）卖柴的人听不懂秀才的话，于是担着柴就走了。

（材料来源：杨凤敏. 管理学基础. 中国农业出版社，2013，有改动）

（五）接收者

接收者会被告知事实、观点或被迫改变自己的立场、行为等，所以处于被动地位。在沟通的过程中，信息接收者也可能成为信息发送者。

（六）噪声

通常可以把沟通过程中的"噪声"定义为妨碍沟通的任何因素。它存在于沟通过程的各个环节，并有可能造成信息的损耗或失真，如难以辨认的字迹、谈话过程中其他声音的干扰、偏见、模棱两可的语言、身体的不适等。

（七）反馈

反馈是将信息返回给发送者，并对信息是否被接受和理解进行核实。它是沟通过程的最后一个环节，通过反馈，信息交流变成一种双向的动态过程，双方这样才能真正把握沟通的有效性。

三、沟通的方式

沟通的形式多种多样，可以从不同角度进行分类，常见的沟通方法有如下几类：

（一）按照沟通的组织系统，可以将沟通分为正式沟通和非正式沟通

1.正式沟通

正式沟通是指组织中依据规章制度明文规定的原则进行的沟通，有组织与组织之间的

信函来往，组织内部的文件传达、召开会议，上下级之间的定期信息交换以及组织正式颁布的法令、规章、公告等。

2.非正式沟通

非正式沟通是一种通过正式的规章制度和正式的组织程序以外的其他渠道进行的沟通。非正式沟通的最大特点是具有偶发性和随机性。它的不可预知性很强，因此会给管理者造成很多困难。传闻和小道消息是非正式沟通的两种主要形式。所谓传闻和小道消息，是指不按组织结构中正式的沟通系统传达信息，而让信息在组织结构中任意流动。这些信息的传递通常是单向的，容易失真。

小故事

三人成虎

古时候，有一个人说街市上出现了一只老虎，国王表示不相信。过了一会儿，又有一个人说街市上出现了老虎，国王表示将信将疑。最后，第三个人对国王说，街市上出现了一只老虎，国王表示深信不疑。其实国王再清楚不过，街市上不可能出现老虎，但由于三个人都说有老虎，国王就深信街市出现老虎了。

（二）按沟通的方式，可以分为口头沟通、书面沟通、非语言沟通、电子媒介、手机媒体等

1.口头沟通

口头沟通包括交谈、讲座、讨论会、电话等，是我们日常生活中最常用也最方便的一种沟通方式。它的优点是能够快速地传递信息，并且快速地得到反馈信息，信息量非常大。但是在传递的过程中可能会因为经过层次多，出现信息失真严重、核实困难等问题。

2.书面沟通

书面沟通包括报告、备忘录、信件、文件、内部期刊、布告等。它具有持久、有形、可以核实的优点，但是效率相对比较低、缺乏反馈。

3.非语言沟通

非语言文字沟通包括声光信号（红绿灯、警铃、旗语、图形、服饰标志）、体态手势、肢体动作、表情、语调。它具有信息意义十分明确、内涵丰富、含义隐含灵活的特点，但是它其信息传送的距离有限，界限含糊，只可意会，不可言传。

4.电子媒介

电子媒介沟通包括传真、闭路电视、计算机网络、电子邮件等。它的优点是能快速地传递信息，信息量非常大，一份信息可以同时传递给多人，成本廉价。但是它只能够单向传递，可以交流，却看不到表情。

5.手机媒体

手机媒体包括微信、QQ等。它具有体积小巧、便于携带、隐蔽性好、普及率高、覆盖面广、功能强大、传播迅速等优点。但是通过手机传播的信息可能更容易存在虚假、诈骗、色情、暴力等问题，要进行辨别，并且手机用户的结构相对复杂。

（三）按沟通是否进行反馈分类，可分单向沟通与双向沟通

1.单向沟通

单向沟通是指在信息沟通时，一方只发送信息，另一方只接收信息，接收信息者不再向发送者反馈信息，如电话通知、做报告、演讲、书面指示等。单向沟通的优点是传递信息的速度快，发送信息者不会受到另一方的挑战，能保持发送信息者的尊严。但缺点是有时难辨是非，准确性差，信息接收者易产生挫折感与抗拒心理。

2.双向沟通

双向沟通是指在信息沟通时，发送信息者不仅要发出信息，而且还要听取信息接收者对信息的反馈。发送与反馈可进行多次，直到双方达成共识，如讨论、谈判等。双向沟通的优点是准确性高，接收者有反馈的机会，接收者对自己的判断比较有信心，并有参与感。但缺点是信息接收者有心理压力，传递信息的速度慢，易受干扰，缺乏条理性。

案例

IBM 绩效管理过程中的双向沟通

IBM 的企业文化中特别强调双向沟通，不存在单向的命令和无所申诉的情况。如果员工自我感觉非常良好，但其绩效考核结果并不理想，IBM 提供了四条制度化的通道，为员工提供申诉的机会。

第一条通道是与高层管理人员面谈，员工可以与高层经理进行正式的谈话。

第二条通道是员工意见调查。IBM 通过对员工进行征询，可以了解员工对公司的管理阶层、工资待遇等方面的意见，协助公司营造一个更加完美的工作环境。

第三条通道是 Speak up，即直言通道。员工可以在不牵涉其直属经理的情况下，获得高层领导的答复。没有经过员工的同意，其在 Speak up 中的身份只有一个人知道，那就是负责整个 speak up 的协调员，所以员工不会担心畅所欲言会带来的风险。

第四条通道是申诉。员工如果有意见，应该首先与自己的直属经理面谈，这是解决问题的捷径。如果还有解决不了的问题，或者不便于和直属经理讨论，员工可以通过申诉，向公司的人事经理、总经理或总部代表申诉，申诉会得到上级的调查。

（材料来源：应届毕业生网，http://mip.yjbys.com/hr/qiyewenhua/552854_2.html，有改动）

任务二 沟通中的人性障碍

一、影响沟通的主要因素

1.沟通双方对信息的接受和理解

人际交流的过程不仅是信息的流动过程，而且是双方对自己需要的信息进行编码、储存、加工、提取的思维活动过程。如果双方的行为动机、活动目标、社会文化观念存在冲突，就会阻碍信息传递的畅通，甚至中断沟通。只有双方都能彼此接受和理解信息时，才能沟通意见，保持信息的畅通。

2.信息的性质和作用

沟通是以共同的语言、共同的思想感情为基础的，但是人们的年龄、性别、职业等不同，由此产生的处世态度、世界观、价值观等也不同，它们深刻地影响着交往的性质和作用。

3.沟通的情境与个性特点

在顺境还是在逆境中进行沟通，其效果是大不相同的。个体的个性特征也足以影响信息交流、沟通的效果。例如，领导作风不正、独断专行、动辄训人、以势压人，或遇事不冷静、不善社交、顽固保守、自以为是、夜郎自大等，都是阻碍沟通的重要因素。

二、造成沟通障碍的因素

造成沟通障碍的因素很多，主要有以下几种：

（一）人为障碍

人为障碍包括情绪障碍、个性障碍、态度障碍。

1.情绪障碍

研究表明，两个人的信息沟通中有70%是情绪，有30%是内容。情绪镇定者对信息的理解比较正确，情绪急躁者对于信息的理解可能发生偏差。双方如果都处在激情状态之中，就难以沟通意见，甚至会对立起来，进而歪曲对方的意思。愤怒、焦虑、苦闷、怨恨、悲伤，都可能导致对信息的曲解。即使是同一个人，由于其接收信息时的情绪不同，也可能对同一信息做出不同的解释和反应。

🌀 小故事

小王想改变加班多、压力大的工作状况，经过思考，他决定跟他的直接上司进行沟通。

想好了自己的沟通方案和措辞之后，他兴奋得一夜未眠。他第二天一大早就去办公室等待领导，却发现领导外出开会了。虽然领导不在，但是各种工作不停，小王连午饭都没吃，匆匆喝了一杯牛奶，下午又开始工作了。

快下班时，领导回来了，小王终于找到了沟通的机会。于是赶紧复习了一下沟通思路，去找领导沟通。领导虽着急离开，但还是愿意给他十分钟时间。受空腹喝牛奶和紧张情绪的双重刺激，小王语无伦次地开始表达诉求。领导并没有理解小王的意思，他看着表说："上次我们不是讨论过这事吗？为什么要重提？"

"他一定是看不起我，他根本没有在听我在说什么，他就是故意的，伪君子！"小王完全无法控制自己的情绪，眼泪奔涌而出。老板看他突然哭了，赶紧结束了对话："你冷静一下，我们下次再说，我还有事，赶紧下班吧。"面对领导匆匆离去的背影，小王哭得更厉害了，明明谋划了具体而清晰的目标，明明选择了正确的沟通对象，沟通为什么还会失败呢？

2. 个性障碍

个性障碍是因为双方在兴趣、习惯、信念、性格等方面存在的差异引起的。在信息交流的过程中，个性障碍时有发生，并导致信息失真或交往中断。特别是性格上的障碍对沟通的影响更大，其中包括自卑、自傲、羞怯、孤僻、嫉妒等。例如，一个诚实、高尚、正直的人发出的信息，即使有一些失真也能为人们所认同；而一个虚伪、卑劣、不正直的人发出的信息，虽千真万确，也不能为人们所认同。

3. 态度障碍

由于人们的态度、观点、立场不同，亦常常造成沟通中的障碍。例如，下级向上级反映情况时往往"报喜不报忧"，夸大成绩，掩盖缺点；上级对下级传达指示时，下级往往要猜测指示的"言外之意""弦外之音"等。如果沟通的双方态度不端正，存在阶级偏见、民族偏见、派别偏见等，势必造成更大的障碍。

🌀 小故事

日本公司的偏见

一家日本公司从美国进口了一台工业机床。一个月后，美国工厂收到日本公司发来的电报："机床无法使用，请速派一位调试员协助调试。"美国厂商马上派一位专家去日本帮助调试，但日本公司很快又发来一封电报："贵方派来的调试人员太年轻，请重新派遣一位有丰富经验的调试人员。"美国厂商的回复出人意料："请贵公司放心接受该调试人员的服务，该调试人员是贵公司所购机床的发明人。"

（材料来源：高琳. 人际沟通与礼仪. 人民邮电出版社，2017，有改动）

（二）语言障碍

语言是表达思想和感情的工具，语言使用不当可引起沟通障碍。例如，文字不通、错字连篇，或使用的文字模棱两可、含义模糊，或讲话口齿不清、发音不准等，都会造成交流障碍。

（三）文化障碍

如果沟通双方的教育程度、文化素质差距过大，也会造成沟通障碍。"对牛弹琴""如听天书"等，都是对这种现象的描述。

🌀 小故事

海员们为何大怒？

一天，几位外国海员去某饭店用餐。海员们胃口很好，豪饮之际，一盘盘端上来的菜肴很快就被一扫而空，唯有那条鱼只吃了上面一半，下面一半却没有动。服务员见状，便好心地拿起公筷，把鱼翻了过来。没想到，海员们勃然大怒，把筷子一摔，离席而去。服务员一片好心，为何反而激怒了海员呢？原来海员们长期在海上工作，最担心的就是翻船，而"翻"这个动作是他们最忌讳的。

（材料来源：高琳. 人际沟通与礼仪. 人民邮电出版社，2017，有改动）

（四）认识障碍

认识障碍是由沟通双方认识失调而引起的。双方在信息的交流过程中，看问题的角度不同，各有自己的思维定式，所以对同一个问题可以有不同的理解。

认识偏差也容易导致沟通障碍，其中包括刻板印象、知觉的选择性、过早下结论。

1. 刻板印象

人们对于自己没有经验的事物容易形成具有偏见色彩的刻板印象。所谓刻板印象就是我们对具有某种特点的一类事物的看法。刻板印象一旦形成，不但影响沟通时的诚意与信心，而且会加深彼此的怀疑与猜测，进而使有效的沟通成为不可能。

2. 知觉的选择性

人们的自觉具有选择性，对信息的重视程度不同。自觉认为价值大的信息会引起重视、认真接受；反之，自觉认为价值不大的或没有价值的信息就会不重视，甚至不予理睬。有人曾做过一个试验，请一家公司所有部门的主管回答"你认为哪个部门最重要"这一问题，结果每个主管都认为自己负责的部门最重要。

小故事

孔子的慨叹

孔子携众弟子到处讲学，但迟迟得不到报酬。当时孔子生活拮据，当地村民给了他们一些米粮。孔子想，这个米饭让谁来煮我才放心呢？他想到了大弟子颜回，他忠厚老实，不贪图小便宜，于是就把煮米饭的任务交给颜回，颜回欣然接受。

过了一会儿，孔子忍受不了米饭香味的诱惑，便到了厨房。刚到厨房门口，孔子看到颜回正手抓着米饭大口地吃着呢。孔子十分生气，自己最喜爱的好弟子怎么会这样呢？孔子回到了书房，此时颜回把米饭也将米饭端进了书房。孔子心想，我要考验他一下，看看他是否真的不懂得尊师重道。于是孔子说："我们难得吃一回米饭，先祭祖吧。"祭祖必须使用干净的食物，如果食物被沾染了，那就是对祖先的大不敬。颜回一听要祭祖，扑通一声给孔子跪了下来："师父，不能祭祖，因为这些米饭已经被我抓过了，也吃过了。"孔子心里暗喜，觉得颜回还算可教。接着，颜回说了一句让孔子十分感慨的话："因为厨房年久失修，又没有清理过，所以当我打开锅盖时，热气使屋顶的灰掉到了锅里。我本想扔掉脏了的米饭，但是太可惜了，我就把脏的部分吃掉了。这样我既吃饱了，您也可以吃到干净的米饭了。"孔子心里深深感叹，原来亲眼看到的也不一定是真的。

（材料来源：高琳. 人际沟通与礼仪. 人民邮电出版社，2017，有改动）

（五）组织结构的障碍

在组织内部，组织结构设计上的不合理，会造成沟通渠道不通畅，信息经过层层传递，形成信息的大量流失。信息从最高领导层发出，经过层层下达，到了员工那里往往只剩下五分之一左右，甚至更少。机构臃肿，层次过多，人浮于事，不负责任，互相扯皮，必然会出现左右不合作、上下不通畅、通道受阻、问题成堆、信息失真等现象。

（六）物理障碍

发送者与接收者空间距离远，中间传播环节多，就有可能使信息失真或被歪曲；传递工具不灵，通信设备落后，就会造成接收者接收、了解信息上的困难；信息传递过程会受到自然界各种物理噪声的影响，当物理噪声的强度超过人际通信的强度时，噪声就会对人际通信产生掩蔽效应。当信息损失无法弥补时，沟通就会中断。

任务三　如何进行有效的沟通

一、把握沟通的基本原则

人际沟通除信息的传递外，还包括情感、思想、知识和经验等多方面的交流。它对于改善人际关系、转变人的行为都具有十分重要的意义和作用。我们进行沟通时，不仅要有良好的、正当的动机，而且必须采取正当的方法，并遵循一定的原则。

（一）尊重原则

任何人都不喜欢别人用命令的口吻和自己说话，即使有些时候迫于身份和情况不得不接受，也会心生反感。所以在交流的过程中，尽量不要用生硬的语气、命令的口吻，而应该用商量的语气、客气的口吻来说话。既要善于运用相应的礼貌用语，如称呼语、迎候语、致谢语、致歉语、告别语、介绍语等，也要得体地遣词造句，如多用婉转的语言，平易近人、亲切自然的态度。

（二）宽容原则

沟通时难免有不当或错误的地方，特别是口头沟通时。沟通的双方要心胸开阔、宽宏大量，把原则性和灵活性结合起来，只要不是原则性的重大问题，应力求以谦恭容忍、豁达超然的风度来对待各种分歧、误会和矛盾，以诙谐幽默、委婉劝导等方式，来缓解紧张气氛、消除隔阂。事实证明，沟通时心胸开阔、态度宽容、谦让得体、诱导得法，会让沟通更加顺畅，并赢得对方的配合与尊重。

小故事

六尺巷的故事

清朝时，在安徽桐城有个一个著名的家族，父子两代为相，权势显赫，这就是张英、张廷玉一家。康熙年间，张英在朝廷中当文华殿大学士兼礼部尚书。老家桐城的老宅与吴家为邻，两家府邸之间有块空地，供双方来往交通使用。后来邻居吴家建房，要占用这个通道，张家不同意，双方将官司打到了县衙门。县官考虑纠纷双方都是官位显赫的名门望族，不敢轻易了断。

在这期间，张家人写了一封信，给在京城当大官的张英，要求张英出面，干涉此事。张英收到信件后，认为应该谦让邻里，在给家里的回信中写了四句话：

"千里来书只为墙，让他三尺又何妨？万里长城今犹在，不见当年秦始皇。"

家人阅罢，明白了其中的意思，主动让出三尺空地。吴家见状，深受感动，也出动让出三尺，这样就形成了一个六尺的巷子。两家的礼让之举和张家不仗势欺人的做法被传为美谈。

（材料来源：360 百科，https://baike.so.com/doc/5346687-5582134.html，有改动）

（三）准确原则

沟通就是信息的传递过程，而信息的准确性是做好一切沟通的基础。所谓准确，是指沟通所用的符号和传递方式能被接收者正确地理解。沟通中典型的不准确信息包括数据不足、资料理解错误、对关键因素无知、存在没有意识到的偏见以及对信息的夸张等。信息的不准确、不真实，不仅会给沟通造成极大的障碍，而且会失去对方的信任和理解。因此，为了保证沟通的准确性，在信息收集过程中，应注意选择可靠的信息来源，用准确的语言或精确的数字客观地记录原始信息，在信息加工过程中应采用科学的方法，尽可能地排除人为因素对信息内容及其价值的干扰。

（四）及时原则

坚持沟通的及时性原则就是要在信息传递和交流的过程中，注意信息的时效性。既要注重信息的内容，又要注意信息产生和发生作用的时间及条件，做到信息及时传递、及时反馈，这样才能使信息不因时间问题而失真。

（五）坦诚原则

日本松下公司的创始人松下幸之助有句名言：伟大的事业需要一颗真诚的心与人沟通。松下幸之助正是凭借着这种真诚的人际沟通艺术，赢得了他人的信赖、尊重和敬仰，使松下电器成为全球电气行业中的巨人。沟通最基本也最重要的心理基础就是安全感，没有安全感的沟通往往是难以实现的，只有抱着真诚的态度与人沟通，才会得到意想不到的效果。

（六）互动原则

沟通是互动的，不是一方的事，需要双方共同参与。沟通要从"你"开始，不要光谈论自己。最糟糕的沟通莫过于将所有话题集中在自己身上，要尽可能地用"你"作为每个句子的开头。这样会立即抓住听者的注意力，同时能得到其正面的回应。

二、沟通过程中所需的心理素质

（一）自我审视和自我评价

在沟通过程中，要想养成良好的心理素质，就得学会对自我进行客观的评价。既要学会对自我进行嘉奖，也要学会对自我进行批评。

（二）换位思考

换位思考是沟通双方共同的情感体验过程。在沟通的过程中，双方在倾听对方时，要学会潜入对方的内心世界，站在对方的立场上思考，了解和理解对方的观点及其成因，感同身受地体验对方的情感世界。

案例

世界著名的成功学家卡耐基有一次在纽约的一家饭店租了宴会厅，准备为来自全世界各地的企业家进行短期培训。但在开课前几天，他突然接到饭店通知，租金暴涨了三倍。卡耐基不想增加费用，特别是这时开课的相关事宜都已确定并通知了培训者。经过慎重的考虑，他找到饭店经理，说："获知涨租金的通知，我很遗憾，但我觉得涨租金这事并不是完全只有好处。如果您不介意，我想和您一起分析下利弊。"

接着卡耐基先分析了利：租金增多，可以获取更高的收益。即便不出租也可以空出来作为他用，在租给自己的时间里可能错过其他条件更好的客户。

弊：如果自己付不起昂贵的租金，不得不另找培训的地点，饭店也会因此失去原来就要到手的租金和餐饮生意。自己的学员多是来自世界各地的成功企业家，饭店可以获得一个免费的宣传机会，且效果会比花钱做广告还要好。

完成分析后，卡耐基对饭店经理说："我希望您能认真考虑下，我愿意多付 30% 的租金，继续我们的合作。"次日，卡耐基收到了租金只上涨 30% 的通知。

（材料来源：马甲. 交际心理学. 天津科学技术出版社，2017，有改动）

> **思考：**卡耐基与酒店经理沟通的结果说明了一个什么道理？

（三）重视非语言式的情感沟通

在情感沟通中，既要重视语言式的情感沟通，更要关注非语言式的情感沟通，两者缺一不可，非语言信息能够起到强化语言信息的作用。非语言式的情感沟通是一种情感表露，能够较为准确地反映当时的真实想法。非语言式的情感沟通主要包括手势、表情、动作等。例如，在沟通过程中，当谈到伤心之处时，可用手在肩上轻拍两下，或是给一个温馨的拥抱以示安慰。当沟通到开心的事时，可面带微笑或点头。

三、提高沟通的能力

（一）提高自我沟通能力

自我沟通能力的培养主要是对自我审视、自我评价、自我反省和自我预测等能力的培养。当遇到困难或失败时，不要灰心，要学会培养和运用自我审视、自我评价和自我反省等能力来对自身进行客观的分析，分析这件事情的难处或其失败的根源，而不是对自身一味地自责。成功之时，喜悦之情是短时期的，喜悦之后要学会运用自我评价的能力对成功进行一分为二的客观分析，既要对成功进行嘉奖，也要对成功进行分析和总结。当为自己制定理想目标时，要学会培养和运用自我预测能力对这个理想目标进行全面的分析和预测。长此以往，自我沟通的能力将会得到意想不到的提升。

（二）学会倾听

1.对沟通的主题或说话者产生兴趣

这样做有助于倾听者以积极的态度进行倾听。倾听时，我们的目标应当是从每个说话者那里获取信息。但如果你对他们不感兴趣，就很难集中注意力，因此应当消除自己对沟通主题或说话者的偏见，使自己对其产生兴趣。倾听时应该关注说话者提供的信息，而不是他们的外表、性格或说话方式，不要因为这些因素而对他们加以评判。应该根据他们提供的论据来判断信息的价值。另外，也不要仅仅因为说话者的出色表达就立即对他们做出肯定的判断，出色的表达并不意味着说话者传递的信息有价值，应该等到说话者完整地传递了信息之后再做出判断。

2.复述说话者所传递的信息

通过复述，倾听者可以确定自己是否完全理解了该信息。复述时，倾听者可以用自己的话向说话者概述信息的主要内容，这样能减少对信息的误解和错误的推断。

3.不到必要时不打断他人说话

善于听别人说话的人，不会因为自己想强调一些细枝末节、想修正别人话中一些无关紧要的部分、想突然转变话题，就随便打断别人，经常打断别人说话。除了不得不说的情况，是不应改打断别人说话的。

4.给予积极的反馈

要善于通过体态语言或其他方式给予必要的反馈，做一个积极的倾听者。例如，赞成对方说话时，可以轻轻地点一下头，对对方所说的话感兴趣时展露一下笑容，用"嗯""哦"等表示自己确实在听，并鼓励对方说下去。

（三）学会说话

1.表达清楚

表达清楚是指能把信息准确、简单地表述出来，使接收方能清晰地明白你的意思。在多数情况下，如果你希望得到理解，就必须尽可能清楚地说话。例如，如果你在说一些非常重要的事，或者在进行一次正式的演讲，或者接受媒体采访，那么表达清楚是必须的，因为你或许没有第二次机会澄清你的观点。

2.说话得体

说话得体是语言表达的最高原则，因为只有话语得体才能实现沟通的目的，才能取好的效果。表达者应把握好自己的身份和合适的语境。例如：面对位高年长者，表达者必须使用敬语；面对小孩时，应尽量使用简洁明了的语言。在正式场合和非正式场合，表达方式又有所不同。

小故事

总统说话不得体

有一次，在国会开会前，美国前总统里根为了试一下麦克风是否好用，张口便说："先生们，请注意，五分钟之后我将对苏联进行轰炸。"此语一出，满堂哗然，但里根只是随口开了一个玩笑。为此，苏联政府提出了强烈抗议。

（四）选择合适的沟通方式

选择恰当的沟通方式对增强沟通的效果十分有用。沟通的内容千差万别，针对不同的沟通需要，应该采取不同的沟通方式。例如，向多人传递重要信息时，可选择发放书面通知的方式；如要及时了解对方的反馈信息，应选择双向沟通的方式。

（五）营造良好的沟通氛围

在沟通的主客体在参与沟通活动之前，首要的任务是保持良好的心理状态，切忌把消极或低落的情绪带到沟通过程中来。要积极搭建各种沟通的平台，如演讲比赛、辩论赛等，让大家有表达自我和展现自我的机会，享受沟通的乐趣。在一个陌生的环境中，人们容易产生紧张的心理，不利于沟通的进行，可以在进行沟通前进行一些"破冰"活动，营造良好的沟通氛围。

项目练习题

一、单选题

1. 过马路所看的红绿灯属于（　　）沟通。

A. 口头　　　　　　　B. 书面　　　　　　　C. 非语言　　　　　　D. 电子媒介

2. 一个不会普通话的人在大城市里无法交流，这属于（　　）沟通障碍。

A. 人为　　　　　　　B. 文化差异　　　　　C. 认识　　　　　　　D. 语言

3. "秀才遇到兵，有理说不清。"这是（　　）沟通障碍。

A. 人为　　　　　　　B. 文化差异　　　　　C. 认识　　　　　　　D. 语言

4. 沟通的第一原则是（　　）。

A. 尊重　　　　　　　B. 宽容　　　　　　　C. 准确　　　　　　　D. 及时

5. 下面不属于非语言沟通的是（　　）。

A. 手势　　　　　　　B. 面部表情　　　　　C. 行为动作　　　　　D. 会议

二、多选题

1. 影响沟通障碍的人为障碍包括（　　）。

A. 情绪障碍　　　　　　　B. 个性障碍　　　　　　C. 态度障碍　　　　　　D. 物理障碍

2. 沟通的原则有(　　)。

A. 尊重　　　　　　　　　B. 宽容　　　　　　　　C. 准确　　　　　　　　D. 及时

3. 如何才算是会说话?(　　)

A. 表达清楚　　　　　　　B. 说话得体　　　　　　C. 有文学修养　　　　　D. 态度良好

4. 有效沟通的方法有(　　)。

A. 把握沟通的基本原则　　　　　　　　　　B. 提高沟通能力

C. 选择合适的沟通方法　　　　　　　　　　D. 营造良好的沟通氛围

E. 有良好的沟通心理素质

5. 按沟通的方式,可以把沟通分为(　　)。

A. 口头沟通　　　　　　　B. 书面沟通　　　　　　C. 非语言沟通　　　　　D. 电子媒介

E. 手机媒体

三、问答题

1. 如何在正式场合中选择合适的沟通方式?

2. 如何进行有效的沟通?

四、实操题

如何与资格较老的同事进行配合?

在这个部门里,我与老王做着相同的工作。老王资格较老,一直没有得到提升,心态不太好,工作积极性始终不高,有任务下来,他总是推给我做,还美其名曰"给你的后续工作把关"。老王从事本专业的时间较长,有一定的经验,当我向领导反映由于工作任务分配不均导致工作效率不高时,领导说,他是老同志,年轻人应该多做点、多学点,有些工作可以让老王事先指导一下,免得走弯路。这完全违背了我原来想与领导沟通工作量分配不均问题的初衷。

问题:根据以上描述,即兴组织一次模拟沟通,解决上面的问题。

【沟通能力测试题】

下面是 20 个测试题,如果做肯定回答,请选择 A,反之请选择 B。

1. 你在工作中,是否喜欢结识新同事?

2. 你是否喜欢举行朋友聚会?

3. 你是否喜欢团体旅行?

4. 你在火车上会主动与陌生人攀谈吗?

5. 你高兴见到多年没见的朋友吗?

6. 你会不会和一个你不喜欢的人来往?

7. 你喜欢热闹的地方而不是冷清的地方,对吗?

8. 你是否记得大部分老朋友的名字?

9. 你周末不喜欢独自在家,而喜欢和朋友到热闹的地方去,是吗?

10. 你是否喜欢热闹的娱乐场所？

11. 集体出去玩时，你会成为活跃气氛的人吗？

12. 你很喜欢参加游戏，而不在乎输赢吗？

13. 你喜欢和不同的人接触吗？

14. 你家经常有很多的朋友来吗？

15. 你用书信联系多于打电话联系，对吗？

16. 你并不喜欢某些人，但你还是会寄祝福卡片给他们，对吗？

17. 你比较喜欢交朋友吗？

18. 你喜欢和不熟悉的人来往吗？

19. 如果一个房间里全是你不认识的人，你在里面会觉得无聊吗？

20. 你喜欢和小朋友玩吗？

评分标准：回答 A 每题 1 分，回答 B 不得分。

得分情况	测评结果
12~20 分	说明你是个标准的社交专家
6~11 分	说明你交际能力一般，你能够与人交往，而独处也不会感到寂寞。
5 分以下	说明你的交往能力较差

群体心理与工作团队

项目概述

学生通过本项目的学习，可以了解群体与工作团队的相关知识，还可以学会如何塑造高绩效团队、不断激发团队的活力。本项目通过多个小故事，告诉学生如何实现1+1>2，增强学生的团队意识，培养他们积极合作的态度。

教学目标

1. 了解群体的概念、类型；

2. 了解团队的特征和类型；

3. 熟知群体心理现象；

4. 熟知群体对个体行为的影响；

5. 掌握高效群体的特征；

6. 掌握如何塑造高绩效团队、如何不断地激发团队活力。

思政案例

2021 年 7 月 1 日，中国共产党成立 100 周年。1921 年 7 月 23 日—31 日，在上海召开了中国共产党的第一次全国代表大会。这次大会，宣告了中国共产党的成立。历经百年风雨，中国共产党从小到大、由弱到强，从建党时 50 多名党员，发展成为今天已经拥有 9500 多万名党员、在 14 亿多人口的大国长期执政的党。100 年来，中国共产党坚持围绕不同历史时期的中心任务，加强组织建设、发挥组织优势，确保党的事业发展到哪里、组织建设就跟进到哪里、党组织和党员作用就发挥到哪里。党的十八大以来，全国累计选派 25.5 万个驻村工作队、300 多万名第一书记和驻村干部，助力打赢脱贫攻坚战；组织动员 330.6 万个基层党组织、3914.4 万名党员干部投身新型冠状病毒性肺炎疫情防控。在抗震救灾、防汛抗洪、维稳处突、应对突发公共事件等急难险重任务中，鲜红的党旗始终在重大斗争主阵地和基层一线高高飘扬。

思政导言

中国共产党作为拥有 9500 多万党员、在 14 亿多人口的大国长期执政的党，用事实向我们证明了这个团队强大的凝聚力，始终不变、一心为民的初心，在任何艰苦困苦的时候，这个团队都会和群众一起团结起来，战胜一切。

任务一 群体及群体绩效

一、群体及其分类

（一）群体的概念

群体是管理心理学的重要研究对象。当一个人与其他人发生社会联系、组成群体的时候，可以通过团结协作征服自然、上天入地、创造历史，同时在相互之间的接触和交往中出现许多独特的心理现象，并对个体的行为产生一系列的影响。群体并不是个体的简单集合。几个人偶然坐在火车上的邻近的座位上，几十个人在海滨游泳戏水，都不能称为群体。群体是指在共同目标的基础上，由两个以上的人所组成的相互依存、相互作用的有机结合体。

（二）群体的类型

根据群体组成的结构和具有的功能，群体可分为正式群体和非正式群体两大类型。

1. 正式群体。

正式群体是组织结构确定、职务分配明确的群体。在正式群体中，人们的行为由组织目标规定，并要求行为指向组织目标。正式群体包括命令型群体和任务型群体两种。

命令型群体由组织结构规定，由直接向某个主管人员报告工作的下属组成。比如，一个餐厅经理与他的 15 个伙计就组成一个命令型群体，伙计们必须服从经理下达的指令。

任务型群体是由组织结构决定的正式群体，即为完成一项工作任务而在一起工作的人组成的群体。任务型群体不仅仅局限于直接的上下级关系，还可能跨越直接的命令关系。比如，某地举行一场运动会，来自体委、高等院校、运动场馆等单位的代表组成的组委会就是一个任务型群体。

所有命令行群体都是任务型群体，但任务型群体不一定是命令型群体。

2. 非正式群体

非正式群体，指人们在活动中自发形成的，未经任何权力机构承认或批准而形成的群体。非正式群体可以分为利益型群体和友谊型群体两种。

利益型群体是人们为了某个共同关心的特定目标，或具有某种共同利益而组织来的。在人生地不熟的异国他乡遇到同胞或同乡，原本素不相识的人会一见如故，为了维护共同的利益而经常交往。为了支持被解雇的同事，一些具有相似背景的员工会自发组成一个群体，以实现其共同利益。

二、群体心理现象

在群体中工作或生活的个体，无时无刻不意识到周围人们的存在，受到所在组织的规范、群体中其他人的言论和行为的影响。这些客观存在的规范和言行，对人们的心理起着经常性的、潜移默化的作用，形成了一系列受群体影响而产生的独有的心理现象。

（一）从众心理

从众心理是指一个人在实际存在的或想象存在的群体压力下，放弃自己独立的见解，在意见和行为上跟随大多数人的心理现象。人们在琳琅满目的商场里购物时，如果品种太多而没有选择定向，往往会随大流，购买多数人选购的品牌。在研讨会上，当某一权威人士发表某种倾向性意见以后，其他人往往避其锋芒，不再提出相反的意见。

▶ 【心理实验】

阿希实验

美国社会心理学家所罗门·阿希在1951年进行了著名的"阿希实验"。他把一批学生组成一个群体，让他们坐在教室里面，要求他们比较实验者手中两张卡片上的线段的长短：一张卡片上画有一条线段，另一张上有三条长度不等的线段。三条线段中有一条的长度与另一张卡片上的那条线段相等，如图7-1所示。三条画在同一张卡片上的线段的长度有明显的不同，人们在进行独立判断时，判断失误的概率通常不会大于1%。

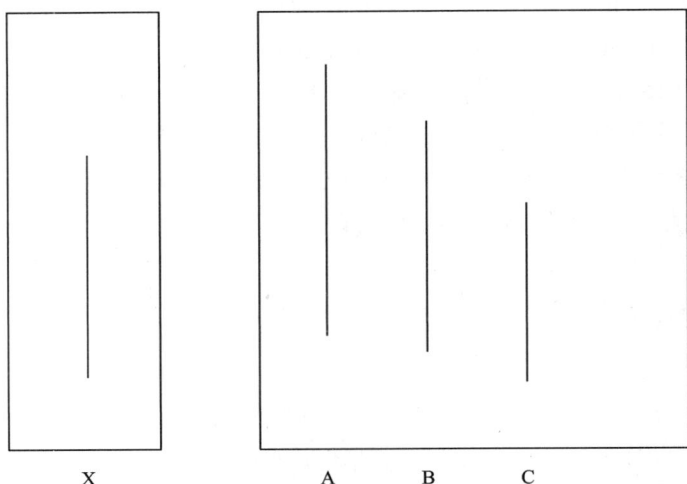

图7-1　阿希实验所用卡片示意图

但是，如果群体中的成员在开始的时候判断错误，会出现什么情况呢？阿希有意让参与测试的不知情者坐在后排，最后回答，而让五个知情者坐在较前面的位置，先做出错误的回答。实验开始的时候，先做了两次类似的练习，所有的被测试者都做了正确的回答。但是在做正式的实验时，前面五个人都说 *C* 线段与 *X* 线段一样长。轮到不知情者回答了，虽然他感觉与 *X* 线段一样长的线段是 *B* 线段，但他面临的选择是：或是坚定地相信自己的眼力，公开说出与群体中其他成员不同的答案；或是为了与群体中其他成员保持一致，选择一个自己认为是错误的答案。在 18 次实验中，平均有 33% 的被测试者选择了与群体中其他成员一致的答案，有 76% 的人至少做了一次从众的判断，只有 24% 的人一直没有从众，按照自己的判断回答。

生活中有不少从众的人，也有一些专门利用从众心理来达到某种目的的人。某些商业广告就是利用人们的从众心理，把自己的商品炒热，从而达到商业目的。

（二）逆反心理

逆反心理是指当人们在群体或某一权威的意见影响下，意识到个人选择的自由受到压抑，为显示个人的存在而形成的反抗外界压力的一种心理反应。这是与从众心理相反的一种心理现象。

处在青春期的子女会对家长产生逆反心理，放大到社会大家庭中，员工也会对上司产生逆反心理。在人际交往的过程中，也有可能出现逆反的现象。如果一个公司的总经理经常面容冷峻，摆出居高临下之势，对员工来说，要看他的脸色，那么在一定的时候，就容易激发出员工的逆反心理。

小故事

欣赏火山的壮观景色

位于印度尼西亚首都雅加达以东约 400 公里处的默拉皮火山在 2001 年初开始频繁活动，喷发出大量的熔岩火山灰和水蒸气。当地政府劝告附近居民，这座曾于 1994 年喷发，造成 60 人死亡的火山有可能再度剧烈喷发，要紧急撤离疏散。使当局意想不到的是，劝告发出以后，不但当地居民不愿撤离，还引来了比平时更多的旅游者，这里反而成了旅游热点。旅游者驻足在火山附近，表示要欣赏火山喷发的壮观景色。

（材料来源：马甲. 交际心理学. 天津科学技术出版社，2017，有改动）

（三）模仿心理

人与人在接触的过程中，具有相互作用、相互影响的效应。在群体中的人，会有意无意地把某个自己所崇敬或喜欢的人作为参照物，进行模拟和仿效，并在有意识的情况下认为这样会使自己更好地适应社会、顺应时尚、表现前卫。这就是模仿心理。模仿是指个人受非控制的社会刺激引起的一种行为，其行为以自觉或不自觉地模拟他人行为为特征。比如：婴幼儿对父母言行的先天的、本能的模仿；青年人出于对明星、偶像的崇拜，常常会模仿他们的穿着打扮等。人们对佩服、崇敬的人物，也会模仿他们的待人接物的方式和处事态度。

模仿具有较为明显的情感特性。人们对于羡慕、赞美、认同的对象，容易产生共鸣，激发模仿心理；反之，对于那些厌恶、反对、不屑一顾的事物，则会置之不理。利用模仿心理，有助于实现群体目标，需要注意以下几个方面。

1. 青少年的模仿心理强，在家庭教育中，家长要从孩子小的时候就开始注意自己的一言一行，为孩子塑造一个良好的模仿对象。

2. 在学校教育中，老师应该为人正派正直，追求真善美，在工作中爱岗敬业、追求卓越，以渊博的学识和教书育人的人格魅力去感染学生。从这样的老师身上，学生能受到各方面的良好影响，受益终身。

3. 在群体中，要善于利用模仿心理，形成良好的学习氛围。人类有趋同心理，也有叛逆心理。叛逆期通常很短，而趋同心理却是保持一生的。管理者需要防止"上行下效""上梁不正下梁歪"等不良模仿行为的发生。

4. 在利用模仿心理作为一种社会影响的手段时，在采用树立典型、宣传经验的方式时，必须注重对可能产生的效果的预测，以追求良好的社会效应。

三、群体对个体行为的影响

群体对人们的行为具有重要的影响。当个体在群体中活动时，会产生仅有个体参加活动时不会出现的一系列社会现象。

（一）社会助长或社会至弱现象

社会助长或社会至弱是指在没有任何相互作用的情况下，只是由于他人在场而使个体活动受到影响的状况。社会助长是指由于他人在场，个体的活动效率会得到提高。社会至弱是指由于他人在场，个体的活动效率会出现减弱。比如在大型的体育运动会上，一些名不见经传的年轻运动员会一鸣惊人、脱颖而出，而久负盛名的体坛名宿则有可能马失前蹄、名落孙山。

为什么会出现社会助长或社会至弱呢？人是社会的人，总要受到周围环境的影响。他人在场时，个体的活动动力增加了，会使一个人的内心产生比较、竞争和被评价的感觉，出现某种情绪上的焦虑。人们希望在这一过程中使原有的水平、技能得到进一步的发挥，获得别人的赞扬，得到一定程度的自我实现。歌唱家在舞台上面对众多观众的掌声和喝彩声，可以表现得比个人独自练习时更加声情并茂。初次参加辩论会的辩手虽经平时的认真准备，感觉已胸有成竹，但上台后看到众多观众凝视的目光，突然会忘记事先的准备，变得语无伦次、无以答对。

小故事

社会助长实验

1897年，法国社会心理学家特瑞普里特做了一个非常著名的实验。特瑞普里特发现，个体在独自骑单车的情况下，其速度是每小时24英里；在旁边有人跑步伴随的情况下，其速度是每小时31英里；而在与他人骑单车竞赛的情况下，其速度是每小时32.5英里。因此，特瑞普里特认为个体在进行活动时，如果有他人在场，或是与他人一起从事同一项活动，那么个体的行为效率就会提高。他把这个现象叫作"社会助长"。

（二）社会惰化现象

1.定义

社会惰化是指一个人在群体工作中不如单独一人工作时那样努力的一种倾向。一般人认为，在群体中人会更努力地工作，群体的生产力会高于个体生产力之和。但是，"一个和尚挑水吃，两个和尚抬水吃，三个和尚没水吃"的寓言说明当多人在场时，会出现互相依赖的现象。

2.产生社会惰化的原因

心理学家认为，出现社会惰化是因为个人的评价焦虑减弱，从而使个人在群体中的行为责任意识下降，行为动力也相应降低。

（1）没有体现公平。群体成员把别人看作是懒惰的、无能的，认为其他人没有尽到应尽的职责。在此情况下，他认为群体中没有体现公平原则，就可能降低自己的努力程度。

（2）职责不清。由于群体活动的结果不能归结为具体的个人的作用，个人的投入与群体的产出之间的关系不明，个人便会降低自己在群体中的努力程度。

3.如何减少社会惰化现象

前期的士气磨砺和后期的绩效考核相互配合，可以减少社会惰化现象。人们在以下几种情境下，倾向于较少地出现社会惰化现象：

（1）群体成员之间关系密切，形成了一个相互具有依赖需要的利益共同体，愿意为他人做出自己的贡献，相互之间没有不信任感和相互猜疑的情况。

（2）工作具有挑战性、号召性或能有效地激发人们的热情，人们能够保持较强的个体积极性。

（3）在工作开展之前或在工作过程中通过制度保证、成员间相互作用以及管理者的情感暗示等鼓励每个成员积极作为，并以群体绩效和个体荣誉的积极评价进行信息反馈，以群体整体的成功为目标进行奖励引导。

（4）群体有鼓励个人投入的团队精神。鼓励每一个成员积极工作，让他们正视自身的努力，承担起自己的责任，并切实关注群体绩效。

（5）使个人相信群体其他成员也像自己一样努力。管理者应提供衡量个人努力程度的标准，并使个人确信自己的努力或贡献得到了别人的注意和肯定。

小故事

拉绳实验

20世纪20年代末，德国心理学家瑞格尔曼在拉绳实验中发现，3人群体的拉力并不是人们想象中的个人拉力的3倍，而只是一个人单独拉绳时的2.5倍；8人群体的拉力不是人们想象中个人拉力的8倍，而仅为一个人单独拉绳时的4倍还不到。这种共同完成一项任务时，群体人数越多个人出力越少的现象，后来在其他的实验中也得到了证实。这些现象不仅在实验室里可以看到，在日常生活中也很普遍。根据有关研究和统计，在苏联，私有土地占总农用地的1%，但产量却是农业总产量的27%；在匈牙利，农民则曾在13%的自有耕地上生产出了全国三分之一的农产品。

（三）社会标准化倾向

群体成员在相互作用的条件下，由于模仿心理的影响和作用，会形成相似、趋同的状况，表现出群体情绪、行为的一致性，并产生群体共同遵循的行为标准和行为准则。这个过程就是社会标准化倾向过程。

个人在与多数人或群体一道工作时，其行为标准或工作成绩总是趋向于群体均数，很少偏离这个标准。社会标准化倾向就是一种居中倾向。我们通常讲的甘居中游和中庸态度，都是这种心理效应的表现。这种倾向是以多数人的行为为常模，或以集体的劳动定额要求为标准，快慢两极向中间靠拢的倾向。当集体发展水平较低、个体成熟度不高时，这样的群体心理现象普遍存在。它既有使效率较低者基于自尊心或害怕惩罚而不甘落后，去提高效率的积极作用，也有使先进者担心"枪打出头鸟"，于是退缩的消极作用。但从总的趋势上看，它是一种保持常态、趋于保守、阻碍前进的消极的社会心理现象。在管理工作中，可以通过鼓励先进、开展竞争和竞赛等手段，来克服这种社会标准化的倾向和由此造成的某种保守的消极平衡。

模仿是个体主动趋同于群体的心理和行为。模仿使群体成员之间表现出从外表到内在诸多方面的一致性。一个供职于小城市内一般企业、习惯于衣着简便的职员，来到大城市的一家外资公司就职不久，就会被公司内其他职员的穿着打扮所同化，西装革履成为每天其基本的着装。

产生社会标准化倾向的因素还有暗示的影响。暗示是群体中的人要求某一个体或某些个体被动地趋同于群体的心理和行为。暗示是指在无对抗的条件下，用含蓄、抽象诱导的间接方法对人们的心理和行为产生影响，从而诱导人们按照一定的方式去行动或接受一定的意见，使其思想、行为与暗示者期望的目标相符合。暗示是一种刺激，它以引起接收者反应为目的。暗示是一种提示，它不是说服，不需要讲道理。暗示常常是一种委婉的方式,它一般可以使接受者避免产生心理抗拒或逆反心理。

大张旗鼓地表彰先进,实际上是要求人们努力工作、做出成绩的一种暗示。张榜公布违反纪律者,即所谓的"杀鸡给猴看",就是对群体中其他人的一种极端的、警告性的暗示方法。通过模仿、暗示,可以从主动和被动两个角度实现群体情绪和行为的一致性,建立和巩固群体共有的行为标准,实现社会标准化。

四、群体绩效

(一)群体绩效的定义

群体绩效是指群体成员的工作效能和工作成果,这些工作效能或工作成果可以用生产效率、工作效率的高低来衡量,也可以用经营业绩、产品的数量或质量来衡量。群体绩效建立在群体结构的基础之上,与群体的凝聚力、群体的有效性有密切的关系。

(二)高效群体的特征

在生产或工作中能够获得较高效率的群体是高效群体,高效群体通常具有的特征如下。

1.目标清晰,精神振作

成员间有一个共同的目标,这个目标为大家所赞成和了解,大家相信这一目标对群体成员具有明确的意义和价值。同时,这一目标能够激励成员精神振作、为之努力,把个人目标与群体的目标有机地融合为一体。

2.技能互补,沟通良好

高效群体的成员具有实现群体目标所必需的技能,这并不要求每个人都具备所有的技能。但每个成员所具备技能的集合,必须能够覆盖工作任务对各类技能的要求,并能较好地挖掘个人的潜力。成员与成员之间、成员与管理者之间具有良好的沟通渠道,有助于及时交换群体所需要的信息。

3.相互信任,相互支持

群体的管理者要用人不疑,信任和关心群体中的成员,并注重参与性管理。群体成员对管理者要有信赖感,自觉主动地支持管理者开展工作。群体成员之间要相互信任,具有认同感,相互之间从内心深处形成较为稳固的团结协作关系。

4.拥戴领导,内外和谐

高效群体有一个受到群体成员拥护和爱戴的领导者,这个领导者能把握大局、工作勤勉、尊重群众、办事公正,并能引导成员建设良好的群体外部环境,形成群体自身与外部群体以及社会公众之间的和谐关系。

任务二　工作团队

案例引入

作为中国本土民营企业中的佼佼者，华为是一个创造奇迹的企业。从 1987 年的 6 名员工、2 万元资产发展为年销售额近千亿、全球员工总数超过 6 万、全球排名第三的电信设备商，是谁在 20 年间创造了华为的神话？是高素质的战斗团队。华为的团队精神可以概括为"家一般的团队文化"。任正非认为，企业只有固化了员工的团队合作精神，才能获得生存发展的机会。华为成功的关键是把高素质的人员团结在一起，通过企业文化这个转换器，让每个人在充分发挥自己能力的同时，发挥了巨大的团队战斗力。

一、团队的特征和类型

（一）团队的特征

团队是由不同技能、能够互补、相互信任、相互负责，为了实现某一共同目标的一群人组成的正式群体。它是由目标、人、定位、权限、计划等五个要素构成的，工作团队是团队的重要组成类型。

工作团队中的每一个成员都能很好地理解组织中的目标、人、定位、权限、计划等要素。通过成员的共同努力，能够产生积极的协同作用，就像大雁飞行时排成"一"字或"人"字队形，为后面的队友提供了向上之风，减少了前进的阻力。工作团队成员努力的结果也会使团队的绩效水平远大于个体成员绩效之和。

相对于工作团队，工作群体中的成员不一定要参与到需要共同努力的工作集体中，他们也不一定有机会这样做。因此，工作群体的绩效一般仅仅是每个群体成员个人贡献的总和。在工作群体中不存在一种积极的协调作用，使群体的总体绩效水平大于个体绩效之和。

所以现在许多企业都会积极采用工作团队这种形式。其目标很明确，那就是通过工作团队的积极协作作用，提高组织绩效。

（二）团队的类型

根据团队存在的不同目的，组织中的团队可以分为三种类型。

1.问题解决型团队

这类团队一般由来自同一个部门的 5~12 个员工组成，他们每周用几个小时来碰头，讨论如何提高产品质量、生产效率和改善工作环境。在问题解决型团队中，成员会就如何改进工作程序和工作方法互相交换看法或提供建议。但这些团队几乎没有权限根据这些建议单方面采取行动。问题解决型团队的做法行之有效，但不能很好地调动员工参与决策过程的积极性。

2. 自我管理型团队

自我管理型团队是真正独立自主的团队，他们不仅注意解决问题，而且执行解决问题的方案，并对工作结果承担全部责任。自我管理型团队通常由 10~15 人组成，他们承担着以前自己的上司所承担的一些责任。彻底的自我管理型团队甚至可以挑选自己的成员，并让成员相互进行绩效评估。这样，管理人员的重要性就下降了，甚至可以被取消。

3. 多功能型团队

多功能型团队由来自同一个等级、不同工作领域的员工组成，他们来到一起的目的是完成一项任务。许多组织采取跨越横向部门界限的形式为开发一个项目而组成任务攻坚队，这就是一种多功能团队。

多功能团队是一种有效的方式，它能使组织内，甚至组织之间的不同领域的员工交换信息、激发出新的观点、解决面临的问题、协调复杂的项目。

但是，多功能团队在形成的早期阶段往往要消耗大量的时间，因为团队成员要学会处理复杂多样的工作任务。在成员之间，尤其是那些背景不同、经历和观点不同的成员之间，建立起信任并能真正合作也需要一定的时间。

二、怎么塑造高绩效团队

（一）合适的规模

好的工作团队的规模一般比较小，最多 12 人。如果团队成员多于 12 人，就难以使讨论深入，也难以在讨论问题时达成一致。同时也难以形成凝聚力、忠诚感和互相信任感，而这些都是高绩效团队所不可缺少的。

（二）对共同目标的认同

有效的团队要有两个层次的目标：要有一个团队成员都渴望实现的、有意义的目的；要建立具体的目标。成功的团队在接受任务后，通常会组织成员用大量的时间和精力来讨论、修改和完善这个目标，使之在集体层次上和个人层次上都被大家接受。这种共同的目标一旦为团队所接受，在任何情况下都能起到指引方向的作用。同时，成功的团队善于把他们共同追求的目标转化成具体的、可以衡量的、现实可行的绩效目标，这样的目标会使团队中的个体提高绩效水平。具体、明确的目标可以强化对团队成员的激励作用，促进团队成员间的相互沟通。这有利于团队检查进度，及时向高层管理部门报告团队的工作进度情况。

（三）建立规范

规范是指团队成员共同接受的一些行为标准，团队要把规范作为一种准绳，让自己的成员知道应该做什么、不应该做什么。

（四）配备不同能力类型的人

一个团队要有效运作，必须具备三种不同能力类型的人：具有相关技术专长的成员；具有解决问题和决策技能的成员；具有善于聆听团队成员意见、向团队成员反馈信息、解决冲突和协调其他人际关系、提高士气、使团队成员保持情绪高涨技能的成员。

在一个团队内，具有不同技能的人要有合理的比例，并对他们进行科学的搭配。在一个团队内，一个类型的人过多，另两个类型的人就少，这样团队仍然达不到预定的绩效。

案例

在深山里，有三个和尚不约而同地到了同一间破旧的庙宇里。庙里的佛像都已倾圮，柱梁也遭白蚁侵蚀，香炉已见底。想必这座庙宇已经荒废多时，连和尚也不见踪迹。

丙和尚先叹了口气："这座庙宇的所在之地还挺清幽的，的确是不应该荒废的呀。"甲和尚分析："这一定是和尚不虔诚，所以菩萨不显灵。"乙和尚认为："一定是和尚对人不恭敬，所以香客不愿上门。"这三个和尚经过商议做出决定，留在寺庙里亲身力行，繁荣寺庙。

甲和尚虔诚念佛，从不延迟；乙和尚勤勉打扫，让小庙焕然一新；丙和尚逢人便和气应对，不时对香客讲解生活中的佛法。三个和尚每天都和着悠扬的梵乐吟经诵佛。结果庙里的香火逐渐旺盛，远在十里八乡的信徒都不辞车马劳顿地来到寺庙。

面对日益兴旺的局面，三个和尚开始重新思考自己的作用与影响。甲和尚认为，这种兴盛局面是因为自己虔诚念佛，从不延迟；乙和尚认为，这种兴盛局面是因为自己勤勉打扫，让小庙焕然一新；丙和尚认为，这种兴盛局面是因为自己逢人便和气应对，不时对香客讲解生活中的佛法。就这样，三人整天争执不休，放弃了自己应做的事情。没过多久，这种兴旺的局面便日渐消失了。

思考：这个故事说明了什么道理？

（五）合理分配多种角色

人们有不同的气质、性格、兴趣、爱好。如果工作团队在按照工作任务的不同需求挑选团队成员、分配团队内工作位置时，能够充分考虑员工的气质、性格、兴趣、爱好，最大限度地使员工在团队内的工作性质、特点和他本人的气质、性格、兴趣、爱好相一致，让他们担任最合适的角色，团队就容易创造出较高的工作绩效。

（六）领导与结构

目标决定了团队最终要产生的结果，但高绩效团队还需要领导和结构来保证。例如，需要在团队中建立具体的目标；确定一种大家都认同的方式，保证团队在达到目标的方法、手段方面团结一致。所有这些都需要团队的领导和团队结构发挥作用。

团队领导，可以由团队之上的管理层代表担任，也可以由团队成员通过扮演探索倡导者、推动组织者、总结生产者、支持维护者、联络者等角色来自己担任。团队领导要精于沟通协调、善于统一认识、明确分工职责、按时督促检查、勇于承担过失、敏于应变调整。

团队结构，既需要优秀的个体，更需要优秀个体的最佳结构组合。在团队核心价值观一致、团队领导能发挥核心作用、团队成员以德为先的前提下，要年龄、知识、智能、专业结构搭配合理，性格、气质、经历各种因素平衡，使团队成员各负其责、各尽其能，发挥1+1>2的效能。

（七）消除社会惰化现象和激发责任心

社会惰化现象导致个人在团队中工作努力的程度降低，进而影响团队的绩效。工作团队要取得高绩效，要同时从两方面进行努力：一方面要在团队成员中大力宣传和树立集体主义精神，用团队目标激励团队成员，增强团队成员实现团队目标的责任感；一方面必须提供足以衡量个体努力程度和成绩的标准和手段，准确评价个人对团队绩效所做出的贡献。

（八）建立正确的绩效评估和奖酬体系

要使团队成员在集体和个人两个层次上都具有责任心，仅有衡量个体努力程度和成绩的标准是远远不够的，或者说不是主要的。从某种意义上讲，传统的以个人导向为基础的绩效评估与奖酬激励体系是一柄双刃剑，它既有积极作用，但若使用不当，又有不利于创造高绩效团队的消极作用，因此必须有所变革。除了根据个体的贡献进行评估和奖励之外，管理人员更应该注重以群体为基础进行绩效评估。要以群体为基础，从精神和物质两方面建立奖酬体系，进行利润分配、小群体激励及其他方面的变革，以此为导向强化团队的奋进精神，使团队成员从为团队绩效做出贡献中获得相应报酬，并从中得到最大的激励和满足。

（九）培养团队成员间的信任感

高绩效团队的一个特点是团队成员之间有着高度信任，团队成员彼此相信各自的人品、特长、能力。但是，信任不会自然形成，需要很长时间才能建立起来，要花很大努力才能维持下去。因此，管理人员和团队领导要努力培养团队成员相互信任的精神。

国外的研究认为"信任"概念有五个维度：

1. 正直。指诚实、可信赖。
2. 能力。指具有技术技能与人际交往知识。

3. 一贯。指可靠，行为可以预测；在处理问题时，具有较强的判断力。

4. 忠实。指愿意为别人维护和保全面子。

5. 开放。指愿意与别人自由地分享观点和信息。

研究发现，就团队成员之间的信任关系而言，这五个维度的重要程度是相对稳定的，其通常的顺序是正直>能力>忠实>一贯>开放。而且，正直程度和能力水平是一个人判断另一个人是否值得信赖的两个最关键的特征。一般人把正直看得很重要，因为没有正直，信任的其他维度就没有了意义。能力水平也被看得很重要，因为能力是团队顺利完成任务的重要条件。

（十）增强团队的凝聚力

凝聚力对团队极为重要。管理学中的"木桶原理"强调，木桶的容量取决于最短的那块板。其实，木桶的容量还有一个前提，那就是每块板之间必须紧密无缝，否则一滴水也盛不了。团队的凝聚力决定了木桶板块之间的缝隙。

凝聚力是团队对其成员的吸引力，是团队成员间的相互吸引力和对团队目标的认同程度。在凝聚力高的团队里，团队成员必定互相团结、友好相处，能够经常交流，愿意留在团队里为实现团队目标而贡献自己的力量，并对团队里的工作和人际关系感到满意。凝聚力对团队取得高绩效十分重要。许多实例也表明，凝聚力高且规范，有助于团队取得高绩效。

三、如何不断激发团队的活力

（一）打造团队精神

团队要有自己特有的团队精神。像电视剧《亮剑》中的"亮剑精神"、《士兵突击》中的"不放弃、不抛弃"精神一样，团队精神使不同个性的团队成员对团队共同的理想信念坚定不移，始终保持高涨的热情、开拓的激情、不竭的动力，在遇到困境时坚韧不拔、表现卓越，共享团队的成长经历、成功快乐，在实现一个目标后共同奔向新的目标。

（二）培育团队气质

要以人为本，建设具有创新气质的团队。创新气质的团队要有一种朝气蓬勃的面貌，敢于思考、敢于探索、敢于突破；要有一种孜孜求学的面貌，建设学习型团队，工作学习化、学习工作化；要有一种宽松融洽的面貌，既能拥抱成功，更能包容失败，在坚持正确价值观的前提下，拥有开放心态，承认尊重个性，坚持"和而不同"。

（三）做好思想准备

团队成员要时刻做好解决新问题的思想准备，能正确对待团队已取得的成绩，懂得"成绩只能表明过去""一切从零开始"的道理，正确对待遇到的困难。所有团队都会遇到成熟所带来的问题，在发生冲突、遇到难题时，不应失去信心。

（四）进行新的培训

要把团队建设成学习型组织。团队要把自己的发展看作是一个不断学习的过程、不断求得完善的过程，积极寻求提高自己的办法；帮助团队成员提高解决冲突的技能、人际交往和沟通的能力、解决业务问题的能力，使团队成员获得自信，增强彼此间的信任。

群体凝聚力量表

你对你的合作伙伴在大部分时间内的感觉如何？请用以下九对形容词来形容。请选取一个最适当的形容词做个记号，以说明你对合作伙伴的感觉。

	非常	十分	有点儿	说不好	有点儿	十分	非常	
合作								不合作
愉快								不愉快
吵架								情投意合
自私								不自私
爱挑衅								和蔼可亲
精力充沛								无能为力
效率高								效率低
聪明								笨拙
不帮助人								能帮助人

人际关系建立能力测验

下列的表述是否符合你的情况？请按很符合、符合、不符合、很不符合进行评价，分别在 A、B、C、D 上划√。选 A 得 4 分，选 B 得 3 分，选 C 得 2 分，选 D 得 1 分。

1. 我很容易交上朋友。　　　　　　　　　　　　　　A　B　C　D

2. 我在与陌生人交谈时，常不知如何开头。　　　　A　B　C　D

3. 我交朋友时常常由别人引见。　　　　　　　　　A　B　C　D

4. 我喜欢参加群体活动。　　　　　　　　　　　　A　B　C　D

5. 我能很好地体会别人的心情。　　　　　　　　　A　B　C　D

6. 我常能准确猜出别人为什么高兴或不高兴。　　　A　B　C　D

7. 我不轻易评论别人。　　　　　　　　　　　　　A　B　C　D

8. 好多人都不讨人喜欢。　　　　　　　　　　　　A　B　C　D

9. 初次打交道时不应信任别人。　　　　　　　　　A　B　C　D

10. 人只应与自己有利的人交友。　　　　　　　　A　B　C　D

11. 我很容易同别人见面就熟。　　　　　　　　　A　B　C　D

12. 在社交场合，我可以很投入地与大家一起快乐。　A　B　C　D

13. 一个人外出时，我常不知如何排解孤独。　　　A　B　C　D

14. 我不喜欢常有人打扰。　　　　　　　　　　　A　B　C　D

15. 我常忘记答应别人要做的事情。　　　　　　　A　B　C　D

测验得分分析：

总分大于60分，你的社交状态存在很大的问题。

总分为45~60分，你的社交能力还有待进一步提高。

总分为30~45分，你的社交能力尚可。

总分在30分以下，你是一个善于社交的人。

项目练习题

一、单选题

1.人云亦云是群体心理现象中的哪一种？（　　　　）

A.从众心理　　　　　B.逆反心理　　　　　C.模仿心理　　　　　D.惰化心理

2.当人们在群体或某一权威的意见影响下，意识到个人选择的自由受到压抑，为显示个人的存在而形成的反抗外界压力的一种心理反应。这是什么心理现象？（　　　　）

A.从众心理　　　　　B.逆反心理　　　　　C.模仿心理　　　　　D.惰化心理

3.群体成员在相互作用的条件下，由于模仿等心理的影响和作用，会形成相似、趋同的状况，表现出群体情绪、行为的一致性，并产生群体共同遵循的行为标准和行为准则。这是什么心理现象？（　　　　）

A.从众心理　　　　　B.逆反心理　　　　　C.模仿心理　　　　　D.惰化心理

4.阿希实验体现的是什么心理？（　　　　）

A.从众心理　　　　　B.逆反心理　　　　　C.模仿心理　　　　　D.惰化心理

5.青年人出于对明星、偶像的崇拜，常常会模仿他们的穿着打扮等生活方式，这是什么心理现象？（　　　　）

A.从众心理　　　　　B.逆反心理　　　　　C.模仿心理　　　　　D.惰化心理

二、多选题

1.群体分为几种类型？（　　）

A.命令型　　　　　B.任务型　　　　　C.利益型　　　　　D.友谊型

2.团队有哪几种类型？（　　）

A.问题解决型　　　　　B.自我管理型　　　　　C.多功能型　　　　　D.组合型

3.群体对个体行为的影响有哪些？（　　）

A.社会助长　　　　　B.社会至弱　　　　　C.社会惰化　　　　　D.社会标准化倾向

4."信任"这个概念有哪几个维度（　　）

A.正直　　　　　B.能力　　　　　C.一贯　　　　　D.忠实

E.开放　　　　　E.良好的沟通心理素质

5.如何不断地激发团队的活力？（　　）

A.打造团队精神　　　　　B.培育团队气质　　　　　C.做好思想准备　　　　　D.进行新的培训

三、问答题

1.高效群体的特征是什么？

2.如何塑造高绩效团队？

四、实训题

实训1：请利用模仿心理，设计一个针对先进典型的宣传方案。在设计的同时，要注意防止产生逆反心理。

实训 2：

（1）以小组为单位，了解各位同学的想法，是愿意独自工作，还是在团队中工作？为什么？思考大家的想法对团队建设有什么启发。

（2）你参加过什么样的团队？分析团队的成功之处在哪里，失败之处在哪里，为什么？

项目概述

学生通过本项目的学习，可以了解积极组织在日常学习、生活及工作中的重要性。本项目将典型案例及典型人物引入书本，让学生通过典型人物得到启发和鼓励，增强学生的使命感，促使学生践行社会主义核心价值观，增强学生的民族自豪感和自信心。

教学目标

1. 了解组织的概念、特征、类型和作用；
2. 掌握组织结构的类型；
3. 重点掌握组织的变革与发展。

思政案例

中国为什么能实现7.7亿人脱贫

2021年4月4日，驻多米尼克使馆临时代办罗松涛在多米尼克新闻在线等主流媒体发表文章《中国为什么能实现7.7亿人脱贫》，宣介习近平主席在全国脱贫攻坚总结表彰大会上的重要讲话精神，强调中国愿与拉美国家分享脱贫经验，共同战胜贫困这一人类共同挑战。

中国为什么能在这么短的时间内创造奇迹？

一是中国共产党的领导为脱贫攻坚提供了坚强的政治和组织保证，大量党员在其中发挥了带头作用。

二是坚持以人民为中心的发展思想，把消除贫困作为政府的重大责任，投入了大量真金白银。

三是发挥社会主义制度集中力量办大事的政治优势，广泛动员全党全国各族人民以及社会各方面力量共同向贫困宣战。

四是坚持精准扶贫方略，用发展的办法消除贫困根源。五是坚持调动广大贫困群众积极性、主动性、创造性，激发脱贫内生动力。

（材料来源：https://baijiahao.baidu.com/s? id=16962948633137111136&wfr=spider&for=pc，有改动）

思政导言

中国共产党的组织优势主要是中国共产党集中了中国工人阶级和中国人民、中华民族数量众多的先进分子，集中了全国各个领域德才兼备的优秀人才，建立了科学严密的组织体系，具有强大的组织动员力。中国共产党是世界上最大的政党，2019年底统计的中国共产党党员总数为9191.4万名，党的基层组织468.1万个。我国越来越重视提高中国共产党员的质量，不仅加强对已有党员的培训、监督，同时对想要加入中国共产党的人进行严格把关、审核和考察。要保持中国共产党的先进性和纯洁性，提升中国共产党的凝聚力和战斗力。要提升中国共产党党员的思想境界，提高他们为人民服务的能力，增强他们的责任感和使命感。

脱贫攻坚是一场大战，不是靠一个人或者几个人就能打赢的，需要全体共产党员心往一处想，劲往一处使。中国共产党是一个光荣的组织、优秀的组织、积极的组织，脱贫攻坚取得举世瞩目的成就，靠的是党组织的坚强领导，在解决困扰中华民族几千年的绝对贫困问题上取得了伟大历史性成就，创造了人类减贫史上的奇迹。

展望未来，我们正在为全面建设社会主义现代化国家的历史宏愿而奋斗。征途漫漫，唯有奋斗。全党全国各族人民要更加紧密地团结在党中央周围，坚定信心决心，以永不懈怠的精神状态、一往无前的奋斗姿态，真抓实干、埋头苦干，向着实现第二个百年奋斗目标奋勇前进！

任务一　组织概述

一、组织的含义

组织就是在一定的环境中，为实现某种共同的目标，按照一定的结构形式、活动规律结合起来的，具有特定功能的开放系统。美国管理学家切斯特·巴纳德认为，组织就是有意识地协调两个或者两个以上的人的活动力量的协作系统。管理学家哈罗德·孔茨和海因茨·韦里克把组织定义为"一个正式的有意形成的职务结构或职位结构"。总体而言，"组织"包含几个方面的含义：组织有一个共同的目标；组织是实现目标的工具；组织包括不同层次的分工协作。

二、组织的特征

1. 人本性

独自一人工作是不能构成组织的，必须由两个或两个以上的人组成组织，这些人为了共同的目标走到了一起。人是管理的主体和对象，人的积极性和创造性的充分发挥是管理活动成功与否的关键。管理活动必须以人为本，必须把人的能动性作为管理活动的内在动力，通过建立和谐的人际关系来提升管理绩效。人是组织结构中最基本的要素，也是唯一具有主观能动性的要素。

2. 目标性

组织之所以存在，是因为它是按照一定的特定目标而设定的。没有目的就不是一个组织，而仅是一个人群。每个组织都有明确的目的，通常是由一个或者多个层次的目标来构成的。有了目标后，组织的所有活动都会围绕目标而展开，在共同目标的感召下，组织成为一支队伍。所以，共同目标是组织的前提要素，也是组织建立的根本所在。共同目标可以引导组织成员的行为，使他们协作一致，通过运用组织内的各种资源，共同努力完成组织任务和组织目标。

比如，一个房地产开发公司在开发房地产项目的时候，公司整体的目标就是实现项目利润的最大化。公司采购部的目标是尽可能地采购到性价比高的产品；工程部的目标是为项目产品的质量把关，在用材用料上都希望比竞争对手强；营销部为了完成销售业绩，要利用各种营销手段进行销售，最终实现回款；各部门都要围绕整体目标工作。

3. 整体性

一个完整的组织是由多个成员或部门组成的，为了完成组织的目标，则需要各成员或部门之间的相互协作，明确成员或部门的权责，保证组织成员或部门之间可以进行沟通、互动，并交流工作。对于一个组织而言，要整体统筹、各方协调。

比如，抖音短视频的火爆及其商业价值，引起了 A 公司的注意。A 公司成立了专门的企宣部，组建自己的抖音短视频团队。当人员配备完成后，下一步要进行合理的分工。需要有负责抖音短视频内容的编剧，负责规划短视频的内容、风格；视频拍摄、剪辑人员，要在硬件和软件方面不断学习和探究新技术。另外，要想把宣传做成功，还需要有专门的运营人员。部门之间的相互协调是一种合作，只有统一协作，才能产生较高的效率。如果重局部、轻全局，就会导致局部利益之间无法协调，最终影响全局利益。

4.资源性

组织要建立起相应的结构，要实现其目标，就必须拥有自己的资源，资源是生存和发展的基础。组织与社会环境之间不断地进行着人才、资金、技术、材料、能源、信息和文化等的交换，从而不断进行着变革和发展。

比如，要建立一个企业，就需要资金、人才、设备、技术等资源。没有设备，无法生产产品。没有会操作设备的工人，设备也不能保持正常运转。没有销售渠道的支持，组织就无法完成回款，无法正常运作。

因此，任何一种资源的缺乏都可能导致组织无法达到目标，从而影响组织的生存与发展。

🌀 小思考

中国女排 3∶0 战胜塞尔维亚女排之后，提前一轮夺得了 2019 年女排世界杯冠军。更加让人不可思议的是中国女排十战全胜，无一落败。这也给中华人民共和国成立 70 周年献了一份大礼，让国人为之振奋和自豪。

排球是一个团队项目，主攻、副攻、接应、二传各司其职，分工明确，每个成员各有特点、不可或缺，在场上充分发挥着自己的特长。比赛中的每一次主动得分都需要多名队员的团结协作，没有人可以以一己之力带领团队获得胜利，每个人都在尽自己的努力去拼搏。即便是其中一环出现了问题，大家也都会为其加油鼓劲，并分担一部分工作，一起渡过难关，取得最后的胜利。

女排姑娘们的目标只有一个——"升国旗、奏国歌"。强烈的目标感让她们忘记了身上的伤痛和过往的成绩。只要站在赛场上，她们的目标就是一致的，无论付出多少代价，战胜对手是她们唯一的信念。

问题：女排团队体现了组织的什么特征？

三、组织的作用

川藏铁路、港珠澳大桥、南水北调工程、西电东送工程、"天眼"工程等工程闻名世界。这些伟大的工程不是一个人可以完成的，它们是人类组织的巨大杰作。组织的功能体现在以下几个方面。

1. 确定责权、分配关系, 促进成员之间的沟通与协调

组织可以把企业的总体目标分解、落实、分配到每位组织成员身上, 转化成每位组织成员的任务。组织可以确定责权关系, 使每位组织成员都明确其具体的责任, 清楚他们对谁负责, 是谁向他们分配工作并对他们进行管理, 进而使全体成员对组织的权力结构和权力关系有清楚的了解。

2. 构建分工协作体系, 提高效率和工作质量

组织的分工协作, 有助于预定目标的实现, 成员之间得以相互配合, 把不同的任务有机地协调起来, 实现"协同效应"。一个有效群体的共同努力往往要大于群体成员单独努力效果的总和。

3. 使资源增效, 产生新的合力

有效的组织能充分利用人、财、物等资源, 进行有效整合, 使各种分散的力量形成合力, 从而产生大于这些资源和力量机械总和的效能。千百年来, 人类管理实践无数次证实了组织的作用。

4. 目标实现的保障

单个人的力量是有限的, 要想实现伟大的目标, 就需要将无数个单人的力量合理地组织起来, 充分利用组织的协调作用, 充分发挥个人的主观能动性, 实现互补, 产生新的力量。所以, 只有依靠组织, 才能更好地决策和有效地实现目标。

典型案例

历时 9 年建设时间的港珠澳大桥于 2018 年 9 月 24 日正式通车。它是连接香港、珠海和澳门的超大型跨海通道, 是一座长达 55 公里的超级海上工程。这一项中国创造不仅打破了中国海上桥梁的记录, 更超越了世界海上桥梁工程的极限。

港珠澳大桥不仅是世界上最长的桥梁, 而且其保质期需要达到 120 年。这无疑是对港珠澳大桥设计团队极大的挑战。中国科学院金属研究所耐久性防护与工程化课题组研制出了新一代的高性能环氧涂层钢筋, 并参与了大桥基础的防腐涂装施工, 保障了港珠澳大桥 120 年耐久性的设计要求。

为了保障港珠澳大桥香港口岸及香港连接路的治安管理和通车顺畅, 香港警方成立了一支 112 人、24 小时驻守的专门队伍, 负责维持口岸治安、执行巡逻, 以及处理市民及旅客的报案求助。

(材料来源: 搜狐网, https://www.sohu.com/a/270924703_670911, 有改动)

解析: 港珠澳大桥被英国《卫报》誉为"新世界七大奇迹"之一。有人评价, 它是交通工程界的"珠穆朗玛峰"。是我国各个部门、单位分工协作, 在各自领域内发挥主观能动性, 多股力量拧成一股绳, 才实现了港珠澳大桥顺利通车的目标。

四、组织的类型

组织的类型多种多样，根据不同的分类标准，可以对组织进行不同的分类。

（一）按照组织的性质分类

按照组织的性质，可以把组织分为经济组织、政治组织、文化组织、群众组织和宗教组织。

1.经济组织

经济组织是人类社会最基本、最普遍的社会组织。它担负着为人们提供衣食住行和文化娱乐等物质生活资料的任务，履行着社会的经济职能，如生产组织、商业组织、运输组织和服务性组织等。

2.政治组织

政治组织是在阶级出现之后形成的带有政治纲领与目的的组织，包括党和国家政权组织。

3.文化组织

文化组织是以满足人们的文化需求为目的，以文化活动为基本内容的社会团体，如学校、电影院、艺术团体、科学研究机构等。

4.群众组织

群众组织是群众自发形成的，具有某种共同爱好、共同愿望的组织，如工会、妇女联合会、科学技术协会等。

5.宗教组织

宗教组织是以某种宗教信仰为宗旨而形成的组织，代表宗教界的合法利益，开展正常的宗教活动、如佛教协会、基督教协会等。

（二）按照组织的形成方式分类

按照组织的形成方式，可以把组织分为正式组织和非正式组织。

1.正式组织

正式组织是具有一定结构、同一目标和特定功能的行为系统，为了有效地实现组织目标而明确规定组织成员的职责范围和相互关系的一种结构，它具有目的性、规范性、稳定性、强制性、权威性等特点。

2.非正式组织

非正式组织是人们在共同的工作或生活中，由于具有共同的兴趣爱好或以共同的利益和需要为基础而自发形成的经常往来的群体，如车友会、球友会、棋迷协会、书法协会等。非正式组织的基本特征是自发性、非强制性和不稳定性。非正式组织是人们在共同的兴趣爱好、社会情感或共同利益的基础上自发形成的，环境一旦发生变化，非正式组织就会发生变动。

正式组织和非正式组织的区别突出表现在是否程序化上，即是否程序化设立、是否程序化运行等方面。显然，正式组织更多地体现出程序化特征，非正式组织更多地体现出非程序化特征。

（三）按照组织存在的形式分类

按照组织存在的形式，可以把组织分为实体组织和虚拟组织。

1. 实体组织

组织的最初形态就是一种有形的实体组织，即一般意义上的传统组织。实体组织是为了实现某一共同目标，经由分工与合作，及不同层次的权利和责任制度而构成的人群集合系统。

2. 虚拟组织

虚拟组织是区别于传统组织的一种以信息技术为支撑的人机一体化组织。虚拟组织是社会及组织发展到一定阶段出现的产物，其特征是以现代通信技术、信息存储技术、机器智能产品为依托，实现传统组织的结构、职能及目标。在形式上，它没有固定的地理空间，也没有时间限制，组织成员通过高度自律和高度的价值取向共同实现团队目标。

典型案例

美特斯邦威于 1994 年进入休闲装市场，在组织资源有限的情况下，面临着如何发展的问题。当时美特斯邦威资金实力不足，而市场规模在急剧扩大，美特斯邦威孤注一掷，提出了以创新求发展、借助外部力量求发展的思路，从而在国内服装业率先开创了虚拟经营的模式。

生产外包。美特斯邦威迫切需要扩大生产规模，但却缺乏资金实力，于是采用定牌生产的方式，将生产业务外包给实力雄厚的协作厂家，从而把握了生产的主动权。

特许经营。美特斯邦威欲扩大销售网络，但资金实力又显不足，公司决定采取特许经营策略开设连锁店，利用社会闲散资金来扩张销售网络。

课堂讨论：你所在的学校有没有非正式组织？你参加了哪些非正式组织？这些非正式组织给你带来了哪些好处？

任务二　组织结构设计

典型案例

　　华为是中国第一民营企业、中国第一高科技企业、中国研发能力最强的企业、中国最具国际化的企业，是世界500百强中唯一没有上市的公司。

　　华为技术有限公司（以下简称"华为"）创业于1987年，成立之初主营交换、传输、无线和数据通信类电信产品。经过30多年的不断调整、发展与壮大，经历了多次的战略和组织结构的变革，如今已成为以通信业为主的大型综合性现代化企业。

　　华为从最初的被动地进行组织结构的变革发展到为强化竞争力而主动地、有意识地去让组织结构适应环境的发展，是其不断发展壮大的动力之一。

　　公司刚成立时，员工数量较少（仅有6人），产品的研发种类也比较集中，组织结构比较简单，因此采取直线式的管理结构。

　　发展数年后，华为的员工总数也从最初的6个人发展到800人，产品领域也从单一的交换机向其他数据通信产品及移动通信产品扩张，市场范围遍及全国各地，直线管理的缺点日益突出：没有专门的职能机构，管理者负担过重，难以满足多种能力要求；一旦"全能的"管理者离职，一时很难找到替代者；部门之间的协调性差。

　　到了2003年，公司发展中期，华为对组织结构进行了重大调整，由以往集权式的结构向产品线型结构改变，以应对快速变化的市场。

　　2007年，华为再次进行变革，将地区部升级为片区总部，成立了七大片区，将各大片区拆分成20多个地区部，使指挥作战中心进一步向一线转移。

　　2010年，华为重新梳理业务部门，原来按照业务类型划分出来的设备、终端、软件服务等，按照客户类型划分为面向企业、运营商、消费者及其他业务。

　　华为公司在2011年划分了三大运营中心（BG，business group），包括运营商网络BG、企业业务BG、消费者业务BG，还有其他业务。各BG是面向客户的端到端的运营责任中心，对公司的有效增长和效益提升承担责任，对经营目标的达成和本BG的客户满意度负责。华为公司各BG分别设置了EMT负责本BG业务的管理，BG EMT主任由BG CEO担任。

　　解析：通过案例，我们不难看出，随着公司的发展，加上外部环境的影响，组织结构也在发生变化。华为公司的每一次组织结构变化都带来了生产力的一次解放，正是这一次次的自我反省、自我提升的组织结构变化使华为一步步发展壮大，成为世界一流的企业。

一、组织结构

（一）组织结构的定义

组织结构是组织的全体成员为实现组织目标，在管理工作中进行分工协作，在职务范围、责任、权利方面所形成的结构体系。组织结构是组织在职、责、权方面的动态结构体系，其本质是为实现组织战略目标而采取的一种分工协作体系。

组织结构是表明组织各部分排列顺序、空间位置、聚散状态、联系方式以及各要素之间相互关系的一种模式，是整个管理系统的"框架"。

我们在总结一些成功及失败的企业案例时，不难发现，所有组织在管理方面出现的问题绝大多数都是组织结构不合理造成的，这些问题轻则使组织效率降低，重则使组织解体。可以说，组织结构是否合理对于组织能否取得成功具有举足轻重的作用。

（二）组织结构的基本特征

1.复杂性

组织的复杂性指的组织的分化程度。管理层次制的层数（纵向复杂性）及部门和工种的数量（横向复杂性）越多，分工越细，复杂性就越高，协调也就越难。

2.规范性

组织的规范性是指组织依靠规则、程序来引导和控制员工行为的程度。规范的内容既包括规章制度、工作程序等以文字形式来表达的，也包括以非文字形式表达的组织文化、行为准则等。这些东西越多，组织结构也就越正式化。

3.集权性

组织的集权性描述了决策制定权在组织内的分布情况。在一些组织中，决策权在组织系统中较高层次上一定程度地集中，叫作集权。而在另外一些组织中，其决策制定权则授予下层人员，这就被称为分权。

二、组织结构设计

（一）组织结构设计的概念

组织设计指为有效地实现组织目标而对组织活动、组织结构和组织岗位进行调整和设计，把任务、权力和责任进行有效组合和协调的活动过程。

组织设计的实质是对组织管理人员的工作进行横向和纵向分工。组织设计的直接表现就是组织结构图。

(二)组织结构设计的主要内容

随着时代的发展，组织结构演变日益复杂，结构类型化也越来越多。但任何一个组织结构都是围绕明确管理层次、各部门岗位之间职责的划分以及相互之间协作关系等方面来进行设计的。因此，要进行组织结构的设计，需要围绕以下几个方面展开。

1.管理幅度与管理层次

管理幅度与管理层次是进行组织设计的关键内容，组织结构设计包括纵向结构设计和横向结构设计两个方面。纵向结构设计即管理层次设计，即确定从企业最高一级到最低一级管理组织之间应设置多少等级，每一个组织等级即为一个管理层次。

一个组织的规模决定了管理的幅度和管理层次，在规模限定的条件下，管理层次和管理幅度成反比，每个主管所能直接管控的下属越多，则所需要的层级越少。每个组织需要根据自身的特点，来确定适当的管理幅度及管理层次。

2.部门设计

对组织内各种职能进行分类后所组成的专业化的亚单位称为部门，它是承担一定管理职能的组织管理单位。部门设计就是在工作分工和职能分解的基础上，把整个组织划分成若干个相互依存的基本管理单位。部门设计的任务，一是确定组织应该设置哪些部门；二是规定这些部门之间的相互关系，使之成为一个有机的整体。

3.职能设计

职能设计是指对组织的经营职能和管理职能的设计。进行组织结构设计首先要将组织的任务目标层层分解，分析并确定完成组织任务需要哪些基本的职能和职务。根据分解结果设计和确定组织内从事具体管理工作所需的各类职能的类别和数量，明确各职能之间的关系，分析各岗位工作人员应具备的资格条件、应有的权力范围和应负担的责任。

(三)组织结构设计的原则

1.专业化分工协作的原则

专业化分工就是要把企业活动的特点和参与企业活动的员工的特点结合起来，把每位员工都安排在适当的领域中积累知识、发现技能从而不断地提高工作效率。分工只强调了各部门的工作和要求，但组织是一个整体。

组织活动的完成不是组织内部各部门、各成员自己开展活动，而是整体性的活动。因此在分工的基础上，还需要加强组织内部各部门、各成员的协作，分工和协作二者是相辅相成的。

(二)统一指挥原则

统一指挥原则也称统一与垂直性原则，它是最经典的也是最基本的原则，指组织的各级机构及个人必须服从一个上级的命令和指挥，只有这样才能保证政令统一、行动一致。如果两个领导人同时对同一个人或同一件事行使他们的权力，就会出现混乱。在任何情况下，都不会有适应双重组织的社会组织。在组织结构设计和管理权限划分上都要遵循统一指挥原则。

（三）控制幅度原则

管理幅度又称管理跨度，是指在一个组织结构中，管理人员所能直接管理或控制的下属人员数量。有效管理幅度不是一个固定值，它受职务的性质、管理水平、人员的素质、职能机构健全与否、信息化水平等条件的影响。这一原则要求在进行组织设计时，领导人的管理幅度应控制在一定水平上，以保证管理工作的有效性。

（四）权责对等原则

在进行组织结构设计时，既要明确每一部门或职务的职责范围，又要赋予其完成职责所必需的权力，使职权和职责两者保持一致。这是组织有效运行的前提，也是组织结构设计必须遵循的基本原则。管理者拥有的权力与其承担的责任应该对等，不能拥有权力而不履行职责；也不能只要求管理者承担责任而不予以权力。向管理者授权是为其履行职责所提供的必要条件，合理授权是贯彻权责对等原则的一个重要方面，必须根据管理者所承担的责任大小授予其相应的权力。管理者完成任务的质量，不仅取决于其主观努力和具有的素质，而且与上级的合理授权有密切的关系。另外，在选人、用人方面，上级必须委派恰当的人去负责某项工作，人和职位一定要相称。应根据管理者的素质和过去的表现，尤其是责任感的强弱，授予他适合的某个职位和权力。

（五）集权与分权相结合的原则

集权和分权是指职权在不同管理层之间的分配和授予。所谓集权，是指较多的权力和较重要的权力集中在组织的高层管理者手中。所谓分权，是指较多的权力和较重要的权力分授给组织的低层管理者。

集权与分权相结合是保证二者互相取长补短的基本结构形式。企业的集权与分权各有利弊，只有结合起来，才能以己之长补彼之短。就集权而言，它有利于统一领导和指挥，加强对中下层组织的控制，这对于贯彻落实企业经营战略，合理利用企业经营资源，提高企业整体效益，具有重要意义。但是，集权也会限制中下层管理人员的主动性和创造性，加重高层领导的工作负荷，还会影响管理人才的培养。实行分权，好处是能够克服集权的上述缺点。然而，这又容易产生偏离企业整体目标的本位主义倾向，使各分权单位之间的协调发生困难，结果有损于企业整体效益的提高。因此，企业只有建立集权与分权相结合的权力结构，才能使二者扬长补短，获得相辅相成的良好效果。

（六）柔性经济原则

究其本质，柔性管理是一种"以人为中心"的"人性化管理"。它在研究人的心理和行为规律的基础上，采用非强制性的方式，在员工心中产生一种潜在的说服力，从而把组织意志变为个人的自觉行动。

柔性管理的最大特点是它主要不是依靠权力的影响力(如上级的发号施令),而是依赖员工的心理过程,依赖从每个员工内心深处发出的主动性、内在潜力和创造精神,因此具有明显的内在驱动性。而只有当组织规范内化为员工的自觉认识,组织目标转变为员工的自发行动,这种内在驱动力、自我约束力才会产生。

柔性管理要求员工把外在的规定转变为内心的承诺,并最终转变为自觉的行动,这一转化过程是需要时间的。加之员工个体差异、组织历史文化传统及周围环境等多种因素的影响,组织目标与个人目标之间往往难以协调。然而一旦协调一致,便可以获得相对独立性,对员工具有强大而持久的影响力。

一般说来,柔性管理主要满足员工的高层次需求,因而具有有效的激励作用。

三、组织结构的类型

常见的组织结构形式有直线式、职能式、直线职能式、事业部式、矩阵式等。

(一)直线式组织结构

直线式组织结构是最简单和最基础的组织形式,也是最古老的组织结构形式。所谓的"直线"是指在这种组织结构下,不设立专门的职能机构,职权直接从高层开始向下"流动"(传递、分解),呈金字塔结构,经过若干个管理层次达到组织最低层,如图8-1所示。

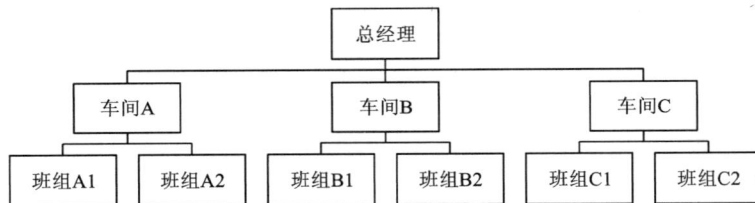

图8-1　直线式组织结构

直线式组织结构的优点:权责明确、命令统一、决策迅速、反应灵敏和管理机构简单。

直线式组织结构的缺点:权限高度集中,易于造成家长式、一言堂管理作风,形成独断专行、长官意志的现象,组织发展受到管理者个人能力的限制,组织成员只注意上下沟通,而忽视横向联系。

直线式结构使用范围:小规模组织,或者是组织规模较大但活动内容比较单纯的组织,如华为公司刚成立时,由于员工数量较少,产品的研发种类也比较集中,组织结构比较简单,因此采取直线式管理结构。

需要指出的是,采用直线式结构,必然要求组织领导者具备较高的素质和能力。

(二)职能式组织结构

职能式组织结构亦称 U 型组织,是指在最高主管下面设置职能部门,各职能部门在其专项业务分工范围内都有权向下级下达命令和指示，直接指挥下属单位，如图 8-2 所示。下级行政负责人除了接受上级行政主管人指挥外，还必须接受上级各职能机构的领导。如在厂长下面设立职能机构和人员，协助厂长从事职能管理工作。这种结构要求行政主管把相应的管理职责和权力交给相关的职能机构，各职能机构就有权在自己业务范围内向下级行政单位发号施令。

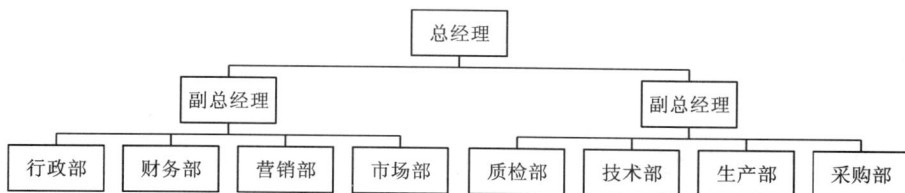

图 8-2　职能式组织结构

职能式结构的优点：专业化分工，职责明确，适应生产技术比较复杂、管理工作比较精细的企业。另外，能充分发挥职能机构的专业管理作用，减轻直线领导人员的工作负担。

职能式结构的缺点：违背了组织结构统一指挥的原则，妨碍了必要的集中领导，容易形成多头指挥，相互沟通不灵，对环境适应的能力较差。员工长期待在一个部门，眼光容易变得狭窄，只看重本部门目标，二降低总体目标。另外，过度专业化，不利于企业培养全面的管理人才。

职能式结构管理使用范围：主要适用于中小型的、产品品种比较单一、生产技术发展变化较慢、外部环境比较稳定的企业。

任何一个高等学校都是纯粹的职能型组织，在学校里的学生属于不同的系和行政机关。

（三）直线职能式结构

直线职能式组织结构是现代工业中最常见的一种结构形式，而且在大中型组织中尤为普遍。直线职能式取直线式及职能式两种形式之所长，舍两者之所短。它在设置横向职能机构的同时又设置了垂直领导的机构，垂直机构直接从最高层接受命令，完成直线领导下达的任务。职能机构不能直接向垂直机构发布命令。设置的职能机构作为总经理的助手，仅起到参谋作用，更多的是在业务上给予指导、提出建议及提供服务，如图 8-3 所示。

直线职能式组织结构的优点：既保证了企业管理体系的集中统一，又可以在各级行政负责人的领导下，充分发挥各专业管理机构的作用。

直线职能式组织结构的缺点：职能部门之间的协作和配合性较差，职能部门的许多工作要直接向上层领导报告请示才能处理，一方面加重了上层领导的工作负担，另一方面也造成了办事效率低下。该组织结构建立在高度的"职权分裂"基础上，各职能部门与直线部门之间如果目标不统一，则容易产生矛盾，工作容易重复，增加工作成本。为了克服这

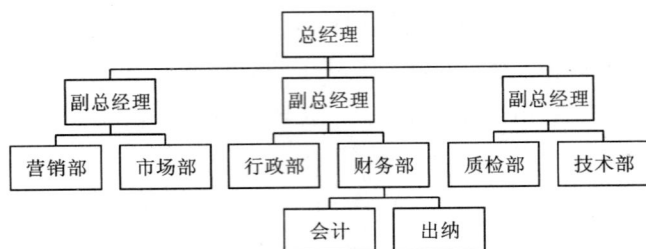

图8-3　直线职能式组织结构

些缺点，可以设立各种综合委员会，或建立各种会议制度，以协调各方面的工作，起到沟通作用，帮助高层领导出谋划策。

　　直线职能式组织结构管理使用范围：规模中等的企业随着规模的进一步扩大，将倾向于更多的分权。华为公司在发展中期，对组织结构进行了重大调整，由直线式结构向直线职能式结构改变，以应对快速变化的市场。

　　我国大部分机关、学校、医院等都采用这种结构形式。

（四）事业部式

　　事业部式又称分权式，是指在集权的直线职能式中通过分权管理而形成的大型现代企业组织结构形式，如图8-4所示。事业部大多并不是按职能划分的，而是按企业所经营的事业项目划分的，是具有经营自主权的专业化生产经营单位。如在总公司的统一领导下，按产品、地区或市场划分成几个经营单位（即事业部），各事业部相对独立经营，实行独立核算，自负盈亏，具有从生产到销售的全部职能。这是在总公司控制下的各个利润分中心，以各事业部为单位分别制定利润计划。其主要特点是集中政策、分散管理、集中决策、分散经营。

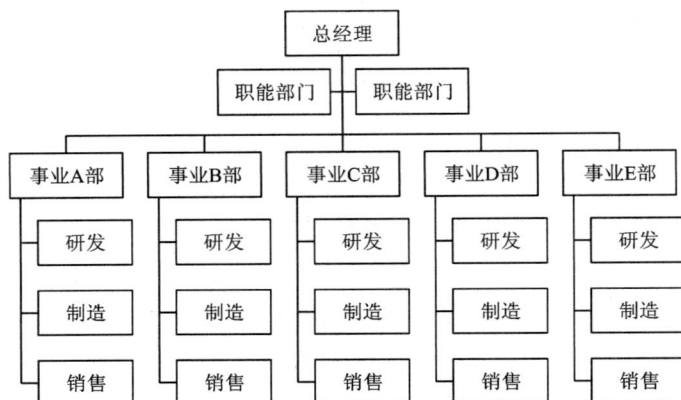

图8-4　事业部式组织结构

事业部式是现代企业组织规模不断扩大的产物，是发达国家大型企业和跨国公司普遍采取的一种企业组织结构形式。

事业部式组织结构的优点：统一管理、多种经营和专业分工的良好结合；责、权、利分明，易调动员工的积极性；能保证公司获得稳定的利润；能培养全面的高级管理人才。

事业部式组织结构的缺点：需要许多高素质的专业人员；管理机构和人员较多，管理费用多；对事业部经理的要求高；分权易产生架空公司领导的现象产生；各事业部争夺资源，易发生内耗，协调困难。

事业部式组织结构使用范围：适用于产业多元化、品种多样化、有独立的市场部门且市场环境变化较快的大型企业。如华为公司在2011年划分为三大运营中心进行运作。

典型案例

2021年2月，比亚迪公司结合品牌及业务发展需要，对汽车业务做出如下调整：

成立王朝网销售事业部，路天任总经理；成立e网销售事业部，张卓任总经理；成立品牌及公关事业部，李云飞任总经理；成立售后服务事业部，高子开任总经理；原汽车销售总经理赵长江将调任到高端品牌，负责筹建工作。

此次调整将更有利于比亚迪汽车在品牌建设、产品规划及营销、客户体验等方面的全方位提升，与伙伴和用户共建更具价值的汽车品牌，匹配未来3~5年的发展需要。

解析：继2021年1月1号发布新logo之后，比亚迪又祭出大手笔的机构改革，成立了四大事业部，打破了原来的垂直体系，改为扁平化管理，资深元老纷纷从幕后走到台前。从简历中可以看出，四大事业部的总经理都在比亚迪工作了十七八年，对比亚迪品牌有着根深蒂固的认可，可以说是比亚迪创立以来的根基。他们对比亚迪的产品体系非常熟悉，都有销售和售后的工作经验，执行力非常强。这种设置也符合比亚迪现在的分网销售模式，可以让品牌总经理因地制宜地调配资源和任务。尤其是现在的e网车型少、实力弱，原来合并在大区内，得不到充分的资源。从目前来看，绝大多数汽车厂家还是以销售公司为主导，销售、售后、品牌公关都属于公司二级部门，内部以销售区域进行划分，大区经理掌管全区域的车辆、售后和宣传以及人事资源工作。这种销售集权模式的好处是政出一门、可以集中资源办大事。

（材料来源：搜狐网，https://www.sohu.com/a/448465920_404371，有改动）

（五）矩阵式

矩阵式组织是在直线职能式组织系统的基础上，再增加一种横向的领导系统，它由职能部门系列和完成某一临时任务而组建的项目小组系列组成，从而同时具有了事业部式与职能式的组织结构特征，如图8-5所示。例如组成一个专门的产品（项目）小组去从事新产品的开发工作，在研究、设计、试验、制造等不同阶段，由有关部门派人参加，力图做到条块结合，以协调有关部门的活动，保证任务的完成。矩阵式组织结构也可以称为非长期固定性组织结构。

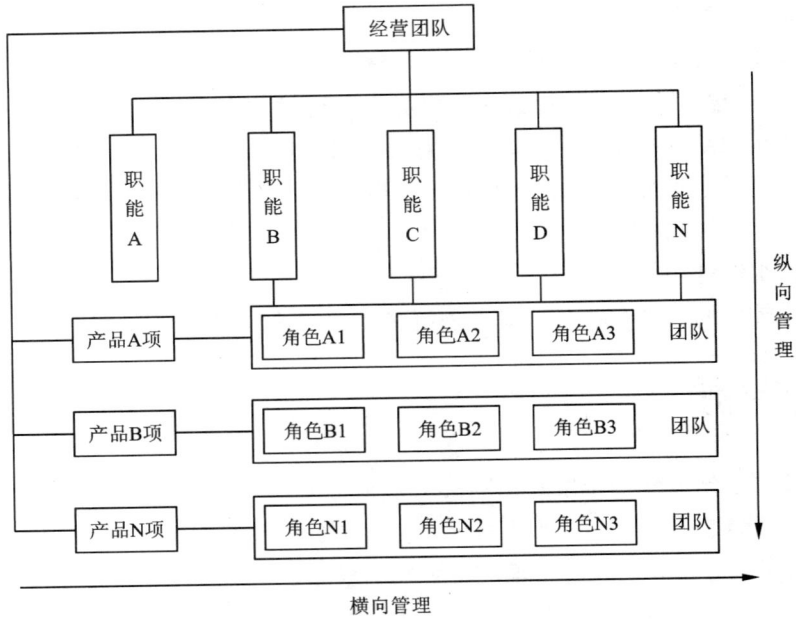

图 8-5 矩阵式组织结构

这种组织结构形式是固定的，人员却是变动的，需要谁，谁就来，任务完成后就可以离开。项目小组和负责人也是临时组织和委任的。任务完成后就解散，有关人员回原部门工作。因此，这种组织结构非常适用于横向协作和攻关项目。

矩阵式组织结构的优点：同时具备事业部式与职能式组织结构的优点，加强了横向联系，可以克服职能部门相互脱节、各自为政的现象；专业人员和专用设备得到充分的利用，实现了人力资源的弹性共享；具有较大的机动性，资源利用率高；各专业人员互相帮助，相得益彰。

矩阵式组织结构的缺点：成员有临时观念，责任性不够强；双重领导，有问题难以分清责任，需要花费很多时间用于协调，从而降低人员的积极性；需要有善于调解人事关系的管理人员。

矩阵式组织结构的使用范围：适用于突击性、临时性的工作以及大型组织。国际商业机器公司（IBM）、福特（Ford）汽车等公司都曾成功地运用过这种组织结构形式。经过不断的变革，华为现已形成比较完善的矩阵式结构，实现了全方位的信息沟通。

任务二 组织的变革与发展

典型案例

任正非在华为公司组织变革思路讨论会上的讲话

一、为什么要变革？公司组织变革的主要目的是避免官僚主义产生，增强作战能力。

随着公司规模的扩大，高级干部越来越集中在后方，前方面向客户的就剩下低职级人员。如果权力审批集中在上层，带来的后果是什么？官僚主义产生。我曾去过土库曼斯坦，当年它们纯利几千万，办事处主任只有14级。我去拉萨办事处，西藏通信设施少，座谈时下面黑压压坐了一大片人，办事处主任只有17级，我对徐直军说，能不能对拉萨办事处试行改革，拉萨办事处没有必要对齐每个专业。我去蒙古国代表处，这么小的国家市场，有线、无线分工太细，后来我们强调系统部要围绕作战实现端到端全流程打通。约旦代表处连续三年亏损，当时我去座谈，下面也是黑压压一大片，有位HR来了三年，居然没有一天下过基层。有个代表处的一位员工热情奔放、谦虚可人，16年工龄，16级，而且跨几个地区部工作过。这个人内部公关能力强，就是没有作战成绩，各级领导又喜马屁，人用错了地方。如果选择到国际会议中心做接待经理，也许不至于被淘汰，选错了岗位难免被淘汰。现在实行代表处改革，内部公关作用不大了……

如果华为公司按照这个体制运作下去，前途堪忧，我才有了改革动机，希望能调整过来。我们不能一直躺在胜利的功劳簿上，否则有可能就会输掉。今年外部的打压把大家敲醒了，我们正在被激活，借这股东风对作战组织和机制进行调整。

第一，希望做强作战"弹头部"，要选拔一批在前线作战有成功经验的人，提拔起来，让他们担负授权的指挥责任。这样的将军多了，后方流程就不要这么长；高职级的机关干部要敢于下"连队"当兵，在战火中检验，重新争取自己的职位。当然，并不是说现前线岗位人员原地涨级，而是提高了岗位任职标准，按照新的标准去选拔能担负职责的人，现岗位人员要多努力，你们有优先被选拔权。优秀"弹头"，不只是指最尖上的系统部的铁三角，还包括"弹药"在内的客户黏性和网络黏性岗位。当一大批"将军"、优秀专家在前线作战的时候，后方很多流程实际上都不需要这么复杂，这样可以倒逼机关大幅度精简。

第二，目前AT管理团队是高层任命，基层员工没有制约措施。将来能否改革试点，高层有提名权，按岗位数量差额提名150%，由各相关部门打分，由下面员工评议再产生？老百姓有发言权，可能会让管理者有所畏惧。同理，地区部投票，代表处要参加；对机关投票，前线要参加。

第三，我曾听到有人远程电话指挥合同签署，结果发现他连合同原本都没有看过，如何能正确指挥？不在前线看过地形，如何能打胜仗呢？所以，机关高级干部三年中必须要有一年在基层，如果无法一整年都待在基层，至少每年要去一两个月。总体来说，我们尽可能地不要产生官僚主义，要有作战能力，就是这个原则。我们要允许不能流动的干部逐渐转向职员岗位。

二、如何变革？优化作战队形，优化作战序列，加快组织新陈代谢。

1. 组织：从代表处和代表处 CNBG 系统部基层变革先启动，第二层到地区部有关能力中心、资源中心的建设，第三层到机关 CNBG，用三至五年时间逐步完成整个公司的组织变革。

我们现在没有条件全面改革，因为有的"树"没有长大，长大的"树"在灾难时期也不敢改革。目前只有 CNBG 基本稳定了，可以改革，焕发能量。

我认为，改革应该需要三至五年才能完成：代表处组织结构改革可能需要两三年，地区部组织改革再往后也要两三年。当它们运作有序后，就可以推动后方改革了。

第一，CNBG 的改革预计明年底会有些眉目。今年完成第二批 16 个中小代表处改革试点的展开和三个大代表处的试点方案提出，明年上半年完成从小代表处到中代表处、大代表处的改革模型，明年底再对试点地区部改革模板给出结论意见，接下来改革 CNBG 机关。CNBG 改革成熟以后，再改其他几块业务，但是 CNBG 的改革现在可以广而告之，让大家知道 CNBG 在做什么，以此借鉴思考自己的管理模式。地区部只改革了 CNBG 这部分，其他部分先按原来方式操作，新办法管新的，旧办法管旧的，下次改到其他模块时，再并进改革模块。

第二，研发组织还没有进行改革，因为他们正在紧张补洞攻关中。一是，我们强调研发要增强活力，也是一种改革。研发每年必须输出几千人到市场、供应、生产及其他体系等，才能补充相应的新生力量。这样其他体系的大部分补充人员无须在大学里招聘，可以直接在研发人员中招聘，研发基础还更好。二是，研发要聚焦，不要乱扩展项目。

2. 干部与人才：坚持对管理者的末位淘汰制，建议增加员工对干部的评议约束机制；专家通过考核与循环考试进行筛选，以考促训，以贡献结果评价员工；建立清晰、稳定的专业岗位队伍；精简的编余人员撤退到地区部、公司机关的战略预备队，培训考试合格后再上战场。

如何划分专业类岗位？长期做确定性工作可以先列为专业类岗位，逐步覆盖。我们强调的专业类岗位（的特点）是高稳定、岗位责任制、无年龄限制、不需要循环流动，待遇也能有稳定的生活保障。当然，如果想挣钱多，上战场冲锋去，英勇冲锋才有破格提拔的机会。而且有些岗位不需要本科生，大专生也能胜任。这样专业队列就逐步清晰了，当然，对于不好划分的岗位也别硬划分。

为什么先从代表处改起？代表处的富余人员可以向地区部或公司预备队输送，经过训练以后，还有可能重返作战岗位。接着改地区部，最后改革机关。将来机关一定会定岗、定编、定员，随着我们经验越来越丰富，管理工具越来越强，机关的作用越来越小，不需要聚集这么多"将军"。所以，对一线的人员首先是（要）关怀，敞开战略预备队的门，欢迎精简下来的努力员工再训后，再选择岗位。

我暂时还没有思考如何选拔领袖型人才，当前考虑的是，组织改革最后精简出来的编余人员如何给他们妥善安置。不是清理以后就"草菅人命"，也要有人情，还是要为员工曾经做出的历史贡献和他们的生存环境考虑，努力工作的编余人员向地区部、公司机关战略预备队撤退，输血培训再上战场，做出成绩再定级。当然，不努力工作、吊儿郎当的干部可以直接在当地裁撤。

以后我们再讲组织性（比如 AT 团队）的考核应该怎么做，一步步来。这样整改下来，可能十年以后公司的组织结构和人才结构就逐渐走向稳定状态。

三、组织变革管理如何运作？

第一，公司正在进行三个变革项目：合同在代表处审结、人才差异化管理、干部管理，特别是流程和边界性问题。丁耘对 CNBG 以及代表处改革已有深入认识，可以继续抓下去。等代表处展开多 BG 后，胡总主要从行政角度看问题，考虑 CBG 的改革并加进来。

你们的"火"从阿根廷合同审结和莫斯科的专业岗位改革开始燃烧起来，燃到泰国代表处模型的变革、拉美地区部的中台变革，逐渐扩大卷进去改革的队伍，火越烧越大，最后是行政改革（组织结构、管理方法）。与代表处有关的会战，如合同在代表处审结、人才差异化管理、地区部平台变革，现在这三块是各自为战，到一定程度以后要进行会战。变革打通以后，从下慢慢往上走，中间基层还有哪些变革，新的开发起来，一层层往外走。

第二，在 CNBG 的改革过程中，会产生一批改革人才。大国代表处改革工作组由吴伟涛担任组长，当他把泰国代表处改明白以后，允许全球代表处 PK，改革要与当地实践结合起来。

地区部中台的改革由邹志磊担任组长，把地区部改革的意见综合起来，形成模型，然后试点。

（材料来源：搜狐网，https://www.sohu.com/a/365456142_783555）

解析：从 2009 年起，华为也在不断地进行组织架构的变革，说明任何组织经过合理的组织结构设计及实践后，都不是一成不变的。随着时代的发展，组织内部及外部的变化都会给组织带来机遇与挑战，这就要求组织进行变革与创新。

一、组织变革

（一）组织变革的含义

组织变革是指组织根据内外环境变化发展，为了适应组织未来发展的要求，主动地对组织中的权利结构、组织规模、工作方式、组织结构、组织文化等方面进行调整、改进和革新的过程。

每个组织都有一个多层次、多因素、复杂多变的背景，组织想要维持和发展，必须不断调整、完善自身的结构和功能，提高在变化的背景下生存、维持和发展的灵活性和适应能力，即不断地对组织进行变革。

(二)组织变革的原因

组织变革的原因来自多个方面,不仅有来自组织外部环境因素的影响,也有来自组织内部环境因素的影响。

1.外部环境影响因素

(1)社会经济环境的变化。社会经济不断发展,人民生活水平不断提高,使得市场更为广阔,产品更新换代速度加快,再加上工作自动化程度的提高等,均会迫使组织进行变革。社会经济环境还包括国家的经济政策、法规以及环境保护等。

(2)科学技术的发展。科学技术的迅速发展及其在组织中的应用,如新发明、新产品、自动化、信息化、互联网信息化等,使得组织的结构、组织的运行要素等都产生了巨大变化,这些变化也会推动组织不断地进行变革。

(3)管理理论与实践的发展。管理的现代化,新的管理理论和管理实践,都要求组织变革过去的旧模式,对组织要素和组织运行过程的各个环节进行合理的协调和组织,从而对组织提出变革的要求。

(4)市场竞争。全球化经济形成新的合作伙伴关系、战略联盟和竞争格局,迫使不少组织改变原有的经营与竞争方式。"互联网+"模式的提出与应用,使得各种新型营销模式如雨后春笋般兴起。各类社交应用平台及短视频等App的出现更是促进了新媒体营销方式的发展,"网红"经济与"直播带货"成为近几年各大企业最为追捧的销售模式。如果一些传统企业不及时调整,则将面临被市场淘汰的风险。

2.组织内部环境影响因素

(1)组织目标的选择与修正。组织的目标并不是一成不变的,当组织目标在实施过程中与环境不协调时,需要对目标进行修正。

(2)组织结构与职能的调整和改变。组织会根据内、外环境的要求对自身的结构进行适时的调整与改变,如管理幅度和层次的重新划分、部门的重新组合、各部门工作的重新分配等。同时,组织在发展的过程中,亦会不断抛弃旧的不适用的职能,并不断担负新的职能。这些均会促使组织进行不断的变革。

(3)组织员工的变化。随着组织的不断发展,组织内部员工的知识结构、心理需要及价值观等都会发生相应的变化。现代组织中的员工更注重个人的职业发展和管理工作中的平等自主。组织成员的这些变化必将带动组织的变革。

小思考

腾讯企业多次组织变革,始终保持进化基因

腾讯成立至今,始终保持着自我进化的基因,先后经历了三次重大战略升级和架构调整。

2005 年，腾讯升级为 BU(business unit)事业部制，从而使腾讯转向了规模化的生态协同，使其单一的社交产品变为一站式的生活平台。

2012 年升级为 BG(business group)事业群制，确保了腾讯从 PC 互联网向移动互联网升级，并通过科技"连接一切"，在为亿万用户提供优质服务的同时建立起了开放生态。

2018 年底，第三次战略升级。这是腾讯由消费互联网向产业互联网升级的前瞻思考和主动进化，也是对自身"连接"使命和价值观的传承。

2021 年 4 月，腾讯迎来近两年来最大的组织调整。根据腾讯平台与内容事业群(PCG)的发文，腾讯将整合腾讯视频、微视、应用宝业务，组建"在线视频 BU"。与此同时，"在线视频 BU"、QQ 社交业务、音乐、资讯等各部门的人事均有调动。

此次调整后，腾讯将长短视频、音乐、社交、资讯等各大用户端的板块聚集在一起，这意味着它们未来将共享资源、互补短板、合力作战。很明显，这是腾讯对 2018 年"930"变革后搭建的"大内容体系"的进一步调整。

腾讯公司董事会主席兼首席执行官马化腾表示，我们不只是要专注眼前的业务，更要立足于长远发展。在战略升级的同时，腾讯将继续加强前沿科技的研发。

（材料来源：搜狐网，https://www.sohu.com/a/257271820_152615）

> **小思考：** 腾讯企业组织变革的原因及变革的意义是什么？

世界著名未来学家阿尔文·托夫勒在《未来的冲击》一书中直言，"变革速度的意义就其重要性而言，有时甚至超过了变革方向"。这说明在当今的时代，一个敏捷的组织必须有能够不断适应环境的能力，这种越来越强的适应性是变革速度带来的最直接的要求。

（三）组织变革的征兆

组织变革往往在面对危机的时候才变得分外重要，危机会通过各种各样的形式表现出来，成为组织变革的先兆。一般说来，一个组织在下列情况下应考虑进行变革：

1.决策效率低或经常出现决策失误。这种情况说明组织结构有缺陷。

2.组织沟通渠道阻塞、信息不灵、人际关系混乱、部门协调不力。

3.组织职能难以正常发挥，目标不能如期实现，人员素质低下，产品产量及质量下降等。

4.缺乏创新性。不能顺应时代的发展，适应不了新形势，组织发展停滞不前。

当一个企业或组织出现以上征兆时，应及时地对组织进行诊断，判断组织结构是否有变革的必要。一般来说，组织变革是一项"软任务"，即有时候组织不改变仿佛也能运转下去，但如果等到组织无法运转时再进行变革就为时已晚。因此，管理者必须尽快识别组织变革的征兆，及时进行变革。

（四）组织变革的内容

1.对人员的变革

人员的变革是指员工在态度、技能、期望、认知和行为上的改变。人是活动中最重要的因素，任何变革最终都得通过人来完成。因此，人员的变革是组织变革中最根本也最重要的变革。

2.对结构的变革

结构的变革包括权力关系、协调机制、集权程度、职务与工作再设计等其他结构参数的变化。这种变革方法见效快，常常可以使组织发生根本性的变化。

3.对技术与任务的变革

技术与任务的改变包括对作业流程与方法的重新设计、修正和组合，例如更换机器设备，引进新工艺、新技术，采用科学管理的方法，都有助于实现组织变革的目标。

4.组织文化的变革

公司成长得很快，那么组织文化也需要进行相应的变革。因为适应小规模组织的文化不一定适合扩张以后的组织。当前的组织文化与以前的组织文化之间有差距，或者生产技术和环境发生变化时，组织文化也会受到影响。因此，文化的变革已成为组织管理中一个经常发生的现象。

5.物理环境的变革

组织框架发生变革后，各部门的工作岗位都会有所调整，因为我们需要对企业的工作场所、内部设计、设备布局等做出调整。

（五）组织变革的程序

1.诊断组织结构现状，发现变革征兆

可以从以下方面进行诊断：

（1）组织结构调查。例如检查岗位分析书是否恰当、管理业务流程是否存在弊端。

（2）组织结构分析。例如企业的经营战略和目标是否需要变动。

（3）组织决策分析。例如决策是否明智、执行力是否适合要求。

（4）组织关系分析。例如公司内部人员与其他单位有何联系。

2.分析变革因素，制定改革方案

可以从以下方面分析变革因素：

（1）职能设置是否合理；

（2）决策过程中的分权程度如何；

（3）员工参与改革的积极性如何；

（4）改革流程衔接得是否紧密；

（5）各层级或职能机构关系是否易于协调；

（6）确定变革的方式。

3.选择正确的方案，实施变革计划

在实施变革计划前要考虑以下几个方面的因素：

（1）变革的深度和广度；

（2）变革的速度；

（3）员工可接受的变革程度及参与程度；

（4）做到有计划、有步骤、有执行、有控制地变革；

（5）若执行中有偏差，要有备选变革方案。

4.评价变革效果，及时进行反馈

对于企业组织变革的评价实际上就是对通过新构建的组织的有效性进行评价。这个评价过程实际上包括两个方面：

（1）变革后的组织和变革前相比在机能上有多大的改变；

（2）变后组织的运行状况如何。

典型案例

比亚迪是如何变革的

2003年，做电池的王传福还不会开车，却看到了中国汽车行业的未来，毅然决然地投入汽车制造行业，而且新能源汽车被他确定为最重要的战略。十几年过去了，比亚迪成为全球新能源汽车的龙头，足见王传福的战略远见。

比亚迪于1995年成立，到今天已成为拥有22万名员工的庞大企业，创始人王传福关键时刻的战略决策发挥了重要作用。

2018年，比亚迪又一次到了关键时刻，比亚迪虽然连续三年都是全球新能源汽车的老大。但市场竞争的加剧、后来者的不断追赶，都是比亚迪前进道路上的隐忧。一方面，汽车行业的传统巨头依托品牌优势不断建立技术、品牌的"护城河"，大众、丰田、本田、日产等国际车企巨头陆续公布了它们在华的新能源汽车发展战略；另一方面，谷歌、苹果、BAT等互联网巨头纷纷杀入汽车领域。对专注于汽车垂直技术的比亚迪来说，这是机遇，但更是挑战。

王传福对此很清醒，诺基亚轰然倒下给他的印象太深了："诺基亚技术出问题了吗？没有！管理出问题了吗？没有！那为什么倒下了？"他认为是诺基亚的战略出了问题，是封闭型战略将它带入了死胡同。王传福认为："我们看重的是汽车行业的大趋势是开放的。汽车基本上是集成的，各种零部件都是国际配套是，大家都要站在巨人的肩上，才能够成长起来。"

为了配合开放平台战略，比亚迪计划举行一个全球汽车开发者大会，让全球各路精英参与到汽车的控制、汽车的软件、汽车的生态中来。也就是说比亚迪将为全球汽车开发者提供智能开放平台。

无疑，这是很大的战略转变，从垂直封闭到平台开放，不仅是策略的转变，更是观念思想的革命，如果能够成功，比亚迪将脱胎换骨。

（材料来源：搜狐网，https://www.sohu.com/a/345088944_263887，有改动）

问题：比亚迪是如何变革的？

二、组织发展

（一）组织发展的定义

组织发展是一个通过利用行为科学的技术和理论，在组织中进行有计划的变革的过程。组织发展致力于增进组织的有效性和员工的主观幸福感，可以将其看成是实现有效组织变革的手段。

（二）组织发展的特点

组织发展是提高全体员工积极性和自觉性的手段，也是提高组织效率的有效途径。组织发展有几个显著的基本特征。

1. 深层次的变革，高度的价值导向

组织发展意味着需要深层次和长期性的组织变革。例如，许多企业为了获取新的竞争优势，计划在组织文化的层次实施新的组织变革，这就需要采用组织发展的模型与方法。组织发展涉及人员、群体和组织文化，包含着明显的价值导向，特别注重合作协调而不是冲突对抗，强调自我监控而不是规章控制，鼓励民主参与管理而不是集权管理。

2. 组织发展是一个诊断—改进的周期

组织发展可以对企业进行"多层诊断""全面配方""行动干预"和"监控评价"，从而形成积极健康的诊断—改进周期。因此，组织发展要基于研究与实践的结合。

3. 组织发展是一个动态系统

组织发展既有一定的目标，又是一个连贯的、不断变化的动态过程。组织发展强调各部分的相互联系和相互依存。

在组织发展中，企业组织中的各种管理与经营事件不是孤立的，而是相互关联的。一个部门或一方面所进行的组织发展，必然影响其他部门或方面的进程。因此，既要考虑各部门的工作，又要从整个系统出发协调各部分的活动，调节其与外界的关系。

4. 组织发展是以有计划的再教育手段实现变革的策略

组织发展不只是知识和信息等方面的变革，更重要的是态度、价值观念、技能、人际关系和文化气氛等管理心理方面的更新。组织发展理论认为，通过组织发展的再教育，可以使干部、员工抛弃不适应形势发展的旧规范，建立新的行为规范。

5. 组织发展具有明确的目标性与计划性

组织发展是订立和实施发展目标与计划的过程。大量的研究表明，明确、具体、中等难度的目标能够激发人们的工作动机、提高工作效能。目标的订立与目标管理活动，不但能够最大限度地利用组织的各种资源，发挥人和技术等方面的潜力；而且能形成高质量的发展计划，提高员工长期的责任感和义务感。

知识拓展

从目前组织发展的趋势看，未来的组织将具有如下特征。

（1）高速度。随着信息化和网络经济的发展，规模经济时代正在向"速度经济"时代转变，正如美国思科公司总裁钱伯斯所言："新经济规则不是大鱼吃小鱼，而是快的吃慢的。"因此，未来的竞争在很大程度上依赖于速度，未来的社会是"快者生存"的时代。

（2）组织扁平化。由于计算机和互联网在组织中的应用，组织的信息收集、整理、传递和控制手段的现代化，"金字塔"式的传统层级结构正在向层次少、扁平式的组织结构演进。在当今组织结构的变革中，减少中间层次、加快信息传递速度、直接控制是一个基本趋势。

（3）组织运行柔性化。柔性是指组织结构的可调整性，即对环境变化、战略调整的适应能力。在知识经济时代，外部环境变化以大大高于工业经济时代的速度在发生着变化，因此，组织的战略调整和组织结构调整必须及时，应运而生的柔性组织结构使得组织结构运作带有柔性的特征。

（4）组织协作团队化。这里的团队是指在组织内部形成的具有自觉的团结协作精神、能够独立完成任务的集体。团队组织与传统的部门不一样，它是自觉形成的，是为完成共同的任务而建立在自觉的信息共享、横向协调的基础上的。在团队中，没有拥有制度化权力的管理者，只有组织者。团队中的成员不是专业化的，而是多面手，分工的界限不像传统的分工那么明确，相互协作是其最重要的特征。

（5）组织管理人本化。在知识经济时代，组织中最重要的资源是人，特别是具有特殊才能的人才。组织的高效率和高效益，依赖于组织成员的积极性和创造性。因此，组织要尊重每个成员的合理需要，建立科学有效的激励制度，为员工创造充分发展的机会和环境，使员工得到全面、自由的发展。

（6）学习型组织。知识经济时代的组织必须不断地学习。阿里·德·格斯曾说过："比你的竞争对手更快学习的能力可能是唯一的持久性竞争优势。"可见，组织要保持领先的唯一办法就是比对手更快、更好地学习。

（三）组织发展的原则

（1）组织发展要通过组织中的成员来直接、明确地认识并解决问题；
（2）组织发展应致力于组织的全面变革与发展；
（3）组织发展既要解决当前的问题，又要采取长期的组织发展战略；
（4）组织发展强调收集资料、进行诊断以及解决问题时的循序渐进；
（5）组织发展往往要冲破传统的等级制形式，形成新的组织安排与相互关系。

（四）组织发展的目标

（1）快速实现员工能力的提高

（2）使组织更好地适应内外部环境

（3）提高组织的创新能力

项目练习题

一、单选题

1. 在组织的特征中，（   ）是在组织结构中最基本的要素，也是唯一具有主观能动性的要素。

A. 技术 　　　　　　B. 资源 　　　　　　C. 人 　　　　　　D. 目标

2. 根据目标的不同，组织可以分为营利性组织非与营利性组织，下列机构中不属于非营利性组织的是（   ）

A. 壹基金慈善基金会 　　　　　　　　B. 中国红十字会

C. 国际环境保护组织协会 　　　　　　D. 银行

3. （   ）是最简单和最基础的组织形式。

A. 直线式 　　　　B. 职能式 　　　　C. 直线职能式 　　　　D. 事业部式

4. （   ）组织结构可以称为非长期固定性组织结构。

A. 直线式 　　　　B. 职能式 　　　　C. 矩阵式 　　　　D. 事业部式

5. 在组织变革中，组织变革中最根本也最重要的变革是对（   ）的变革。

A. 结构 　　　　B. 人员 　　　　C. 文化 　　　　D. 技术及任务

二、多选题

1. 组织的作用包括（   ）。

A. 确定责权、分配关系 　　　　　　B. 构建分工协作体系

C. 使资源增效 　　　　　　　　　　D. 目标实现基本保障

2. 按照组织的性质，可以把组织分为（   ）。

A. 经济组织 　　　B. 政治组织 　　　C. 虚拟组织 　　　D. 文化组织

E. 群众组织 　　　F. 宗教组织

3. 事业部式组织结构的优点包含（   ）。

A. 统一管理、多种经营和专业分工的良好结合

B. 责、权、利分明，易调动员工的积极性

C. 能保证公司获得稳定的利润

D. 能培养全面的高级管理人才

4. 适合使用直线式结构的组织有（   ）。

A. 小规模组织 　　　　　　　　B. 组织规模较大但活动内容比较单纯的组织

C. 结构比较简单的组织 　　　　D. 有独立的市场部门的企业

5. 组织变革的程序包括（   ）。

A. 诊断组织结构现状，发现变革征兆 　　　B. 分析变革因素，制定改革方案

C. 选择正确方案，实施变革计划。 　　　　D. 评价变革效果，及时进行反馈

三、问答题

1. 一个组织在什么情况下应考虑进行变革？
2. 从目前组织发展的趋势看，未来的组织将具有哪些特征？

四、思考题

上海汽车工业销售总公司组织结构的变革

上海汽车工业销售总公司(原名为上海汽车工业供销公司)是上海汽车工业(集团)总公司下属生产企业的物资供应和产品销售的专业公司，是国家计委和国家工商行政管理局核准的全国小轿车经营单位，它主要承担上海大众汽车有限公司生产的桑塔纳的国内总经销工作。

随着上海汽车工业的迅速发展，上海汽车工业销售总公司已从原来的只从事供销工作的公司，逐渐转变为一个集整车销售、配件经营、储运分流、材料供应、组织串换、采购协调、库存管理、财务核算及汽车租赁等为一体的大型综合性物资流通公司。

随着公司的快速发展，原来的组织结构暴露了许多弊端与不足，如不对原来的组织结构进行变革，则将严重影响公司的有效运转和进一步发展。为此，公司领导组织各部门的管理人员和有关专家，根据公司的现状和未来的发展情况，对组织结构的变革与创新问题进行了研讨。

一、公司组织结构变革的原因

经过分析，公司领导和各部门管理人员以及专家们一致认为，基于下面三个主要原因，必须对公司的组织结构进行变革与创新。

(一)公司的目标有了变化

上海汽车工业供销公司原是上海汽车工业总公司所属生产企业的物资供应和产品销售的专业公司，性质比较单一，仅负责总公司系统内的材料采购和产品销售。但自从成为桑塔纳销售的全国总经销后，公司的经营业务范围已大大地扩大了，仅桑塔纳整的销售业务量就大大增加。除此之外，还要经销国内外各种型号的小轿车。另外，公司要经销数以万计的轿车零部件，还要管理与销售相匹配的储运仓库、全国储运系统和运输体系等。

(二)公司经营环境的变化

上海汽车工业供销公司的组织结构带有明显的计划经济模式下的特点。随着我国社会主义市场经济的完善，在剧烈的市场竞争环境中，要实现销售目标，要开辟桑塔纳和其他型号轿车及零部件的销售市场，就必须改变"计划配给"型的机制，就必须以市场、顾客为导向，以营销为中心，主动地找市场、找用户，并提供及时、优质的服务。这就需要建立起一个新的适应市场需要的组织结构。

(三)原公司的组织管理功能存在着严重的缺陷

公司领导经过对原有的组织结构进行诊断后，认为原有的组织结构存在着下列问题。

(1)沟通不畅。上情难于下达，下情难于上通，沟通的层次多，既费时，又往往遇到堵塞或歪曲。

(2)总经理的工作负担过于繁重。总经理既主管财务部，又兼顾储运以及多个小公司的经营，事无巨细，一切都要管，无暇规划公司的长期战略目标和计划。

（3）决策过程缓慢。对某一问题进行决策，要涉及很多部门的人员，意见难于统一，决策过程缓慢，影响效率。

（4）会办费时。如"购车"事宜要涉及销售、财务、储运、仓库等许多部门，一旦情况有变，各个部门彼此要发通知，会交、会办、会核，层层转达，延误时间。

（5）手续繁杂。工作过程中的程序繁杂，常引起用户的不满。

（6）权责混乱。部门之间职责重叠，如业务一部、业务二部的权责一直无法划清。

（7）权力过分集中。公司集中办理的事情过多，所有附属公司遇到的问题，不管大小，都需到本部有关机构去解决，而公司本部的办事手续繁杂，致使整个公司的工作效率受到严重的影响。

（8）本位主义严重。各部门之间沟通少，过于重视本部门的局部利益。

上述所有的问题都与原公司的组织结构设置有关。现将原公司的组织结构设置以图 8-6 表示。

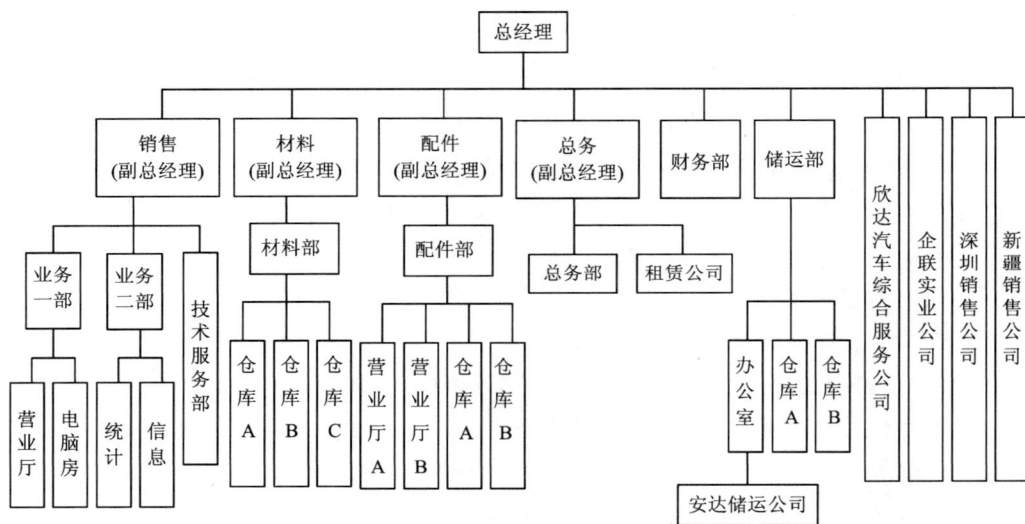

图 8-6　原公司的组织结构设置

二、公司组织结构变革的目的和要求

经过共同研究，公司和部门领导以及专家认为公司组织结构的变革应达到如下几个目标和要求：

（1）减少直线管理层次，明晰各级主管人员的职责，责任与权限相对称，副职对正职负责，下级对上级负责，形成明确的指挥链。

（2）改进协调与合作的功能，从组织最高层到最低层都应完善有效的协调和合作网络。

（3）改进与完善组织的沟通渠道，以使信息沟通及时准确。

三、组织变革的具体措施

在反复研究的基础上，公司和部门领导以及专家明确了公司组织结构变革的重要性、问题的症结以及变革所要达到的目的和要求,向公司职工进行了宣传,并听取职工的意见,绝大多数职工都支持变革。为了使变革更加稳妥,使广大职工都能逐步适应,公司决定分阶段地推行组织结构的变革。

第一阶段:重点对原销售部门业务一部和业务二部的职责进行变革,对原销售部进行重组。重组后的销售部门如图 8-7 所示。

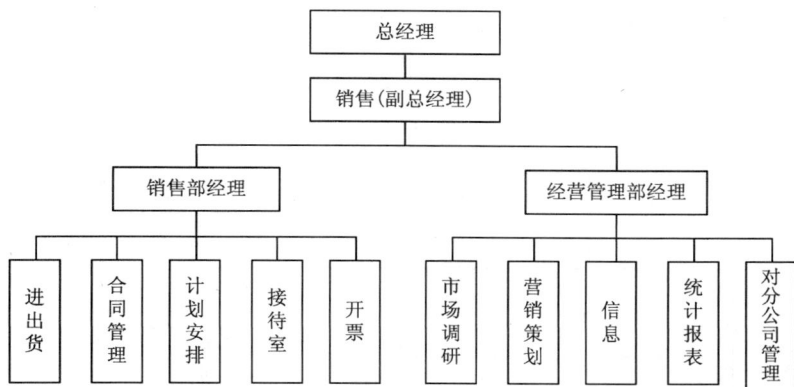

图 8-7　重组后的销售部门

第二阶段:公司的不断发展,使市场营销的其他职能,如营销调研、产品市场引导和顾客服务等更为突出。公司在全国各省已逐渐建立了代理公司(分公司),分公司的销售量也越来越大,对这些分公司的管理也显得越来越重要。因此,有必要对变革后的营销部的组织结构加以调整和完善。再次调整后的结构如图 8-8 所示。

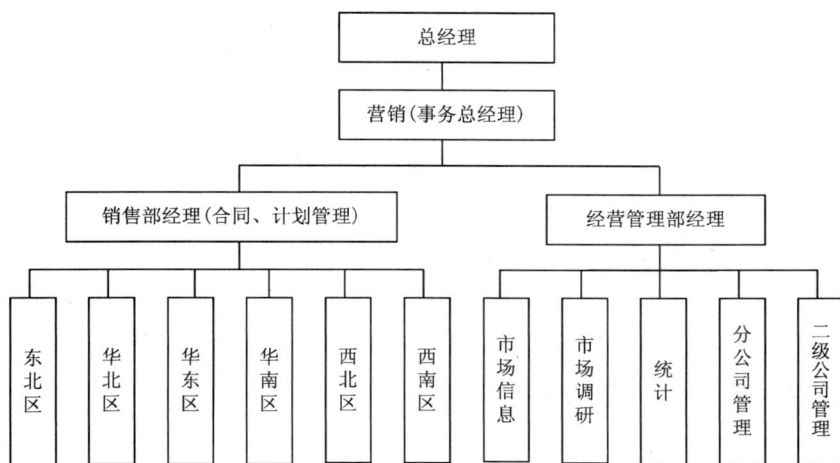

图 8-8　再次调整后的结构

从实践来看,再次调整后的营销部的组织结构看来又有了一定的改进,根据市场细分,把营销与销售结合了起来;较有效地了解了市场,对各个市场能做出快速而有效的反应，各层管理层的职责分明；上层较易协调，调动了各级管理人员的积极性，对公司的营销工作起到了较大的推动作用。

第三阶段：经销部组织结构的改革取得了成效，使公司的管理干部和广大职员看到了变革的必要性以及变革所带来的好处。为此，公司领导便开始推行全公司的组织结构变革。变革后的组织结构如图8-9所示。

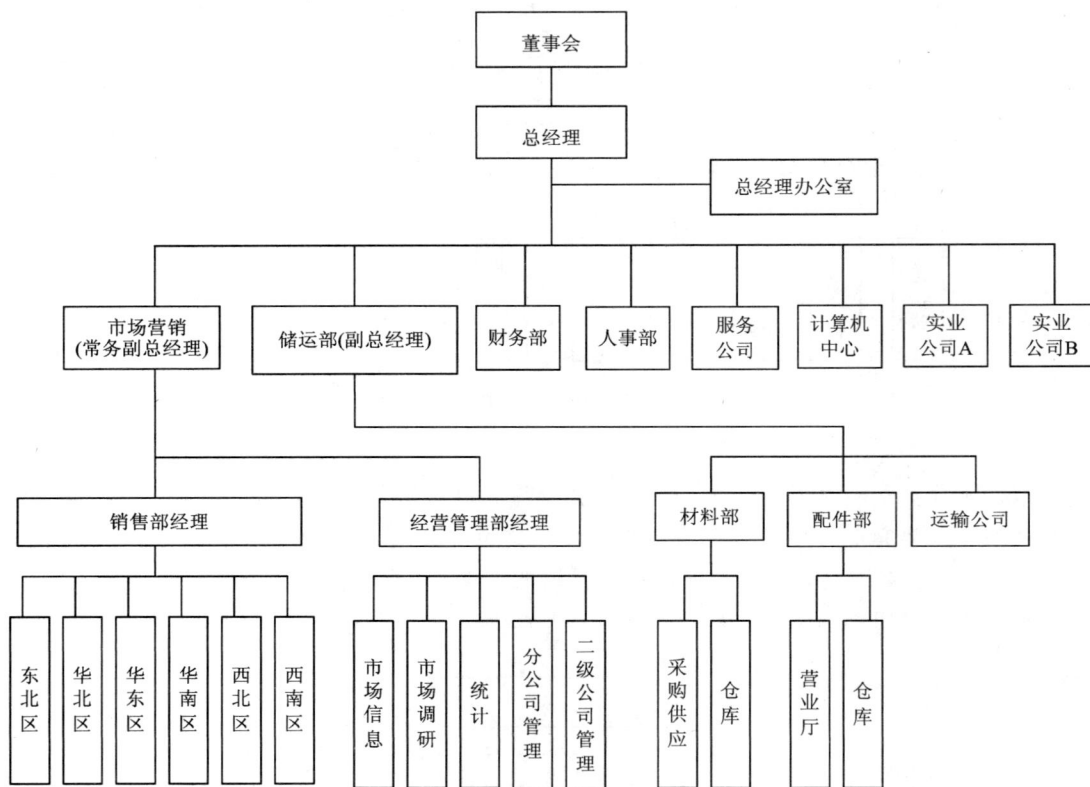

图8-9　公司变革后的组织结构

公司还在考虑建立参谋顾问部、项目管理小组，完善审计部等措施。公司在组织结构中进行了一些变革，对工作起到了较大的推动作用。与此同时，公司的领导也认识到，想要使公司能较好地适应环境的变化，还需要不断地变革组织结构。

（材料来源：搜狐网，https://doc.mbalib.com/view/70744aedf77ac9ced6bca5e8ae7c070b.html，有改动）

▶ **问题：**

1. 该公司进行组织结构变革的具体原因是什么？

2. 该公司进行组织结构变革为什么要从销售部开始？

3. 该公司的组织结构变革采取了哪几个步骤？

项目概述

通过学习本项目，学生可以学到领导心理的相关知识，不仅能够明白领导者在组织系统中的带领组织成员实现组织目标的重要作用，而且可以掌握领导的三种有效性理论，从中了解成为一名好的领导者需要具备哪些特质和品质。

教学目标

1. 了解领导的含义，理解领导者与管理者的联系与区别；

2. 熟知领导影响力的构成要素；

3. 熟知最新的领导理论；

4. 掌握领导有效性理论。

思政案例

党的十九届四中全会指出："中国共产党领导是中国特色社会主义最本质的特征，是中国特色社会主义制度的最大优势。"深刻理解党的领导的显著优势，是科学认识我国国家制度和国家治理体系显著优势的"金钥匙"。党的领导的显著优势不是抽象的，而是具体地、现实地体现在国家社会生活的方方面面。中国共产党领导全国各族人民正在进行的疫情防控人民战争、总体战、阻击战，为我们认识和理解这一显著优势打开了"观察窗口"。面对中华人民共和国成立以来在我国发生的传播速度最快、感染范围最广、防控难度最大的一次重大突发公共卫生事件，以习近平同志为核心的党中央高度重视、迅速部署，全面加强对疫情防控的集中统一领导，带领全国各族人民，用一个多月的时间初步遏制了疫情蔓延势头，用两个月左右的时间将本土每日新增病例控制在个位数以内，用三个月左右的时间取得了武汉保卫战、湖北保卫战的决定性成果。这些来之不易的成绩，从价值理念、制度体系、执政能力、组织路线等全方位展现了党的领导的显著优势。

思政导言

中国共产党领导全国各族人民正在进行的疫情防控战争取得了令世界震惊的效果。我们能取得如此成绩与党的正确领导脱不开关系，当然还有那些深切落实党的领导方针的一线领导人员，没有他们在一线领导各行各业的人员，就无法取得如此大的胜利。对于国家，要是没有优秀的领导者，那国家将会混乱不堪，人民会苦不堪言。对于企业，要是没有优秀的领导者，企业将无法更好地发展，甚至会面临倒闭。想要高效地实现组织的目标，拥有一位优秀的领导者是非常重要的。

任务一　领导心理概述

一、领导的定义

什么是领导？对于这样一个众所周知的名词，研究者有着许多不同的解释。

霍根的领导概念：领导是劝服其他人在一定时期内放弃个人目标，而去追求对群体责任和利益至关重要的组织目标的活动。

孔茨的领导概念：领导是一门促使其下属充满信心、满怀热情完成任务的艺术。

斯托格狄尔的领导概念：领导是对组织内群体或个人施行影响的活动过程。

泰瑞的领导概念：领导是影响人们自动地为达成群体目标而努力的一种行为。

小唐纳利的领导概念：领导是发挥集团内成员的全部力量，通过全体成员的集体意识，完成集团所规定的目标，是为实现该目标而令其成员努力进步的动力。

我们把上述各种表述归纳起来，对领导的概念可做如下的概括：领导是指引和影响个体、群体或组织，在一定条件下实现所期望目标的活动过程。致力于实现这个过程的人，即为领导者。

二、领导与管理的关系

在日常生活中，人们往往将管理与领导混为一谈。其实，领导与管理既相互联系，又相互区别。领导是管理的一项职能，领导和管理无论是在社会活动的实践方面，还是在社会科学的理论方面，都具有较强的相容性和交叉性。两者的区别主要表现在以下方面，见表9-1。

从职能方面来看：领导者的首要职能是描绘愿景和进行战略规划，这需要他既有良好的业务感觉，又有胆魄扮演好探路者的角色。而管理者的首要职能是做好计划和预算，这时他扮演的角色是行动步调的设定者，需要他关注细节，还要具备严密的逻辑推理能力。

从与员工的互动关系来看：领导者在领导的过程中需要能够用愿景去鼓舞他人自愿追随；能够用授权使大家分工；能够用高超的沟通技巧化解团队冲突、为员工提供情绪支持；能够无私地指导员工的成长。管理者在管理的过程中要获得员工对计划的认可；要注重行动计划执行过程中的控制；要定期核实员工执行的结果，及时发现和解决问题。

从对组织产生的影响方面来看：领导可以催生变革，并对变革起着决定性的作用。约翰·科特的相关研究结论是：对于企业变革的成功与否，领导行为起着70%~90%的关键作用，而管理行为只起着10%~30%的作用。管理的有效性对组织目标的达成有着重要影响，同时也决定着组织内部的工作环境。

要达到组织的预期目标，领导和管理具有同等的重要作用，两者不可或缺。但是大多数组织总是过于强调管理而忽视了领导的重要性，因此我们应更加注重发挥组织中领导的作用。

表 9-1　领导与管理的区别

管理	领导
强调效率	强调效能
强调管理过程	强调结果管理
强调现状	强调未来的发展
注重系统	注重人
	培养信任
强调控制	强调价值观念
运用制度	运用个人魅力
运用职位权力	敢于冒险
避免不确定性	感性
理性	规划战略
处理事务	做正确的事
正确地做事	

▶ 课堂提问

管理者的职责是"永远正确地做事"，领导者的职责是"永远做正确的事"。请思考，对于领导者和管理者的素质要求，有何不同？

三、领导的功能

领导的基本功能包括组织和激励两个方面。组织功能属于管理科学的研究范畴，而激励功能是心理学研究的主要对象。领导的激励功能主要表现在以下三个方面。

（一）提高被领导者接受和执行目标的自觉程度

个体积极性的发挥与个体目标和组织目标的一致程度基本上成正比关系。领导者要提高职工的积极性，就要把组织目标的实现与满足职工的需要统一起来，创造一种组织环境，使职工加强对组织目标的感受程度，从而提高职工接受和执行目标的自觉性。

（二）激发被领导者实现组织目标的热情

组织目标的实现，需要职工有为实现组织目标工作的热情。领导者在职工心目中的权威性、暗示性对职工有极大的感染力。在领导者与被领导者的关系中，不仅存在着一般的组织关系，而且存在着一种感情关系。因此，领导者要注意满足职工的各种需要，特别是心理需要。

（三）提高被领导者的工作效率

被领导者工作效率的高低，为实现组织目标做出贡献的大小，才干和能力的发挥程度，一方面和职工本人有关，另一方面和领导水平高低、领导影响力大小有关。因此，领导者应该通过自己的行为，为被领导者创造一个有利于提高工作效率的环境，只有这样才能提高被领导者的工作效率。

四、领导者的影响力

（一）什么是领导者的影响力

领导的影响力就是领导者在领导过程中，有效改变和影响他人心理和行为的能力或力量。任何领导活动都是在领导者与被领导者的相互作用中进行的。一个领导者要实现有效的领导，关键在于他的影响力如何。

影响力，人皆有之，领导者的影响力在人际交往中表现得更为突出和重要。领导者影响力的大小是由许多因素决定的，例如地位、权力、知识、能力、品德和资历等。

（二）领导者影响力的构成

领导者的影响力是由权力性影响力与非权力影响力两部分组成的。

1.权力性影响力

权力性影响力属于强制性影响力，表现为对他人的影响带有强迫性、不可抗拒性，以外部压力的形式发生作用。被影响者表现为被动、服从。正因如此，权力性影响力的影响作用是有限的。权力性影响力的因素主要包括传统因素、职位因素和资历因素。

（1）传统因素

对领导者产生服从感可能是因为钦佩领导者的权威，也可能是因为害怕权威。领导者追求权威与下级对自己的服从感有着积极与消极两种意义。积极意义表现为，如果下属"不听话"、没有服从感，则领导者的工作难以顺利开展。但是，如果领导者一味追求权威，最终有可能发展为要求下级对自己产生个人迷信与个人崇拜，这就走向了反面。在服从感的问题上，我们反对盲目服从，在强调下级对上级的服从符合组织纪律的同时，反对领导者追求个人权威与个人崇拜。

（2）职位因素

领导者的职位会使被领导者产生敬畏感。领导者的职位越高、权力越大，人们对他的敬畏感也越强。领导者的职位越高，其影响范围与强度也越大和越强。职位因素造成的影响力与领导者本人的素质没有直接关系，纯粹是社会组织赋予了领导者力量。

（3）资历因素

领导者的经历与资格也是产生影响力的因素。反映一个人的生活阅历与经验的资历是一种历史产物。人们对一位资历较深的领导者往往会产生敬重。我们不能把资历因素看得过分绝对化。一个资历深但实际上在工作中表现很差的领导者仍会使群众大失所望，仍会失去群众的敬重；反之，一个资力虽浅但在工作中表现出很强的领导能力的领导者仍会受到依赖与敬重。

2. 非权力性影响力

非权力性影响力属于自然性的影响力，这种影响力表面上并没有合法性权力那种明显的约束力，但能发挥权力性影响力所不能发挥的作用。

非权力性影响力没有上级授予的形式。权力性影响力强调的是命令与服从，而非权力性影响力强调的则是顺服与依赖。构成非权力性影响力的要素是品格因素、能力因素、知识因素和感情因素。

（1）品格因素

品格因素是领导者的道德、品行、人格作风等的总称，它反映在领导者的一切言行之中。优秀的品格会给领导者带来巨大的影响力，使人产生敬重感。无论职位多高的领导者，倘若在品格上出了问题，那他的影响力便会荡然无存。群众最反对的就是言行不一、表里不一、品格低劣的领导者。

（2）能力因素

一个有才能的领导者会给组织带来成功的希望，使人们产生敬佩感。敬佩感是一种心理磁石，它会吸引人们自觉地去接受影响。在现实生活中会出现位高才低的无能领导者。在这种情况下，工作中的"人"与"事"不能形成最佳的匹配组合，而是发生了"人"与"岗位"的错位。为此，我们在进行人事安排时，要使领导者的名实相符。如果让一个领导者去担任他完全力不从心的职务，那么，在这样的岗位上一定显示不出他的才能，也不会得到群众的敬佩，最终只会失去群众的信任。

（3）知识因素

一个领导者具有了某种知识上的专长，他便拥有了专业权力，因而会对别人产生影响力。领导者充分发挥专业权力的作用可以大大提高领导效能。一个没有专业权力的领导者，可能会在许多问题上一筹莫展。

（4）感情因素

感情是人对客观事物（包括人）好恶倾向的内在反映。人与人之间建立了良好的感情关系，便能产生亲密感。人际关系疏远，双方就会产生心理排斥力、对抗力，对领导就会产生负面影响力，其结果是使领导效能大大降低。领导者仅依靠职位权力、专业权力、行政命令而没有感情的影响力，仍然不能最大限度地发挥领导者的作用。

我们可以用图9-1概括地显示权力性影响力与非权力性影响力的实质内涵及意义。

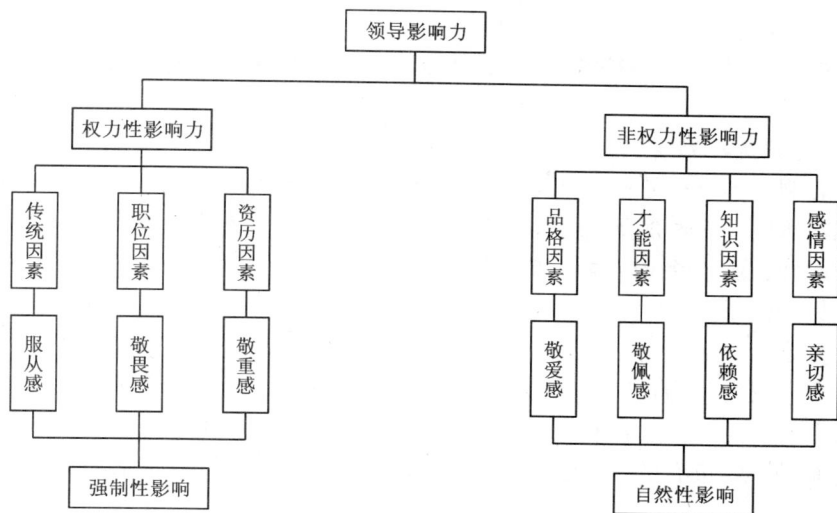

图 9-1 领导影响力的组成

小思考

"子产治郑，民不能欺；西门豹治邺，民不敢欺；子贱治单父，民不忍欺。"怎样理解这句话？

提示：不能欺，是因为才能高、学识广；不敢欺是因为品行刚正、执法严明；不忍欺，是因为品格高尚、官民感情深厚。这三位古人在领导影响力的构成上各有不同，体现了不同的领导风格，但效果是一样的，都使自己的领导行为产生了效力，达到了领导的目的。所以说领导风格没有固定的模式，选择哪种风格要考虑自身的优势和外在的条件，不能生搬硬套。

（三）提高领导者影响力的途径

一般来说，任何领导者都同时具有上述的两种影响力。但对不同的人来说，两种影响力的影响作用却是各不相同的。权力性影响力相同的两位领导者的威信高低主要取决于其非权力性影响力的高低。因此，领导者要提高影响力，一方面要合理用权，职权相称；另一方面要加强自身的修养、全面提高个人素质，并使两种影响力相互促进、彼此呼应。一个能够将两种影响力综合运用的领导者，将会取得最佳的领导效果。

1. 正确使用权力性影响力

权力性影响力是组织权力的基础，领导者必须依靠并正确使用权力，使它在组织中发挥应有的作用。要想正确使用权力性影响力，要做到以下几点。

（1）慎重地运用权力

权力性影响力多以"指示""命令"的方式体现，或多或少地带有执法的性质，这就要求领导者不仅要按章行事，更要秉公办事。如果过多地采用强制性手段，即使权力的行使是正确的，也不会有好的效果。再者，单靠权力性影响力对下属施加影响，只能维持短暂的权力，而这种维持是以失去持久的影响力为代价的。因此，领导者不能滥用权力性影响力。

（2）努力培养无私精神

领导者客观上拥有行使权力性影响力的合法地位，但不能炫耀权力、滥用权力，更不能以权谋私。否则，下属就会采取种种的对抗和抵制行为，从而削弱权力的效果，降低权力的威信。因此，领导者应以身作则，罚不避亲，赏不避仇。只有这样，才能使权力性影响力产生最好的效果。

（3）善于授权

管理学者卡尼奇认为："当一个人体会到请别人帮他一起做一件事情，其效果要比他单独干好得多时，他便在生活中迈出了一大步。"领导者要善于授权、敢于授权，并在授权的过程中将激励与约束有效结合起来，形成"抓大放小"的局面，才能有效地提高权力性影响力的作用。

2.设法提高非权力性影响力

在领导者的影响力中，非权力性影响力起着举足轻重的作用。如果一位领导者的非权力性影响力较大，他的权力性影响力会随之提高；反之，如果他的非权力性影响力较小，就会使他应有的权力性影响力降低。因此，要提高领导者的影响力，关键在于提高领导者的非权力性影响力。

3.要正确地进行权力教育

目前，我们在对儿童与青少年进行权力教育的过程中存在着一些误区。例如，灌输服从命令就是"懂事"、不服从命令就是"任性"的理念；两个合作者之间唯一可能的关系，是一个人指挥、另一个人服从的关系。这种教育理念会使得青少年养成专横型的人格。有些父母从一开始就企图教育孩子要绝对地服从，这种教育必然会产生奴隶思想或导致相反的叛逆心理。权力教育，不应当灌输主人与仆人的意识，而是应该让孩子们形成平等合作的理念。

▶ 课堂提问

在新型冠状肺炎病毒疫情暴发的初期，钟南山院士临危受命，带领自己的团队奔赴武汉支援。在他的指挥和带领下，严格的防控措施得以实施，全国民众齐心协力，仅仅用了几个月就将全国的疫情控制下来了。

> **思考**：钟南山院士是如何发挥自己的影响力的？如果你是领导者，你该如何提高领导者影响力？

任务二　领导有效性理论

一、领导特质理论

领导特质理论也称素质理论、品质理论、性格理论，这种理论着重研究领导者的品质和特性。下面介绍几种领导特质理论。

（一）斯托格狄尔提出的领导者的六项特质

被誉为美国领导学之父的斯托格狄尔是领导特质理论的积极倡导者，他指出，领导者应具备六项基本特质，见表9-2。

表 9-2　领导者的六项特质

身体特质	社会背景特质	智力特质	个性特质	与工作有关的特质	社交特质
年龄 体重 身高 外貌	教育 灵活性 社会地位 同事关系	判断力 果断性 说话流利程度	独立性 自信 支配、依赖 进取性 急性、慢性	成就的需要 创造性 坚持 责任的需要 对人的关心 对成果的关心 安全的需要	领导能力 合作精神 与人共事的技巧 正直诚实 权力的需要

（二）十大条件论

十大条件论是美国普林斯顿大学的鲍莫尔教授提出的，他认为企业的领导人应具有下列十大条件：

（1）合作精神。愿意与他人共事，能取得别人的合作，对人不用压服而用说服和感服。

（2）决策才能。能根据客观实际情况而不以主观印象做决策，具有高瞻远瞩的能力。

（3）组织能力。善于发现下级的能力，善于组织人力、物力和财力。

（4）恰当地授权。能把握方向、抓住大事，而把小事安排给下属去处理。

（5）善于应变。能随机应变，不墨守成规。

（6）勇于负责。对国家、职工、消费者以及整个社会，都有高度的责任心。

（7）勇于创新。对新事物、新环境、新技术、新观念，都有敏锐的感受力和接受力。

（8）敢冒风险。有雄心，敢于承担对企业发展不利的风险，能创造新局面。

（9）尊重他人。能听取别人的意见，吸取合理的意见，不狂妄自大，器重下属。

（10）品德优秀。其品德为社会和业内所敬仰。

（三）现代的领导特质理论

现代的领导特质理论认为领导是个动态的过程，领导者的特质是在实践中逐渐形成的，并且可以通过教育和培训来造就。现代的领导特质理论研究一般从两个方面入手：一是采用心理测量法对领导者的气质、性格、行为习惯进行测试，并通过心理咨询进行矫正。这种研究注意领导者的素质与遗传因素的关系。二是根据现代企业的要求，提出评价领导者素质的标准，并通过专门的方法训练、培养有关的素质。这种研究注意后天的环境因素对领导者素质的作用，比较重视领导者素质的培养。美国心理学家吉赛利在这方面有突出成果。他认为，领导者的特质与领导效率有关，自信心强大的领导者，成功的概率较大。他提出了领导者具有的个人特质，并根据重要性进行了分类，见表9-3。

表9-3　吉赛利的领导特质理论

个人特质	重要性
督查能力 事业心、成就欲 才智 自我实现 自信 决断能力	非常重要
对工作稳定的需要 适应性 对金钱奖励的需要 成熟程度	中等重要
性别	最不重要

对上面的领导特质理论进行比较和综合，我们会发现它们之间存在着很大的一致性。这说明成功的领导者必须具有一些不可或缺的人格品质。我们可以得出这样的结论：具备某些人格特质确实能提高领导者成功的可能性，但没有一种特质是百分之百成功的保证。

案例学习

用人之道是什么？

谢丁是开设在北京中关村的一家计算机公司中分管人事工作的副总经理。公司董事会日前做出了"第二次创业"的战略决策，并据此将公司经营业务的重点从组装"杂牌"计算机转到创立自己"品牌"的方向上来。谢丁必须在这周内做出一项人事决定，挑选一个人担任公司新设业务部门的领导，他有三个候选人，他们都在公司里工作了一段时间。

第一位是李非。这个小伙子年纪不大，但领导手下挺有一套办法，所以谢丁平时就比较注意他。此外，李非的领导风格很像谢丁。谢丁本人是曾在部队从事过通信系统维护工作的退役军人，多年军队生活的训练使他养成了目前这种领导方式。但谢丁自己心里也明白，公司新设立的业务部门更需要能激发创造性的人，李非是西安某大专院校电子计算机专业的专科毕业生，四年前经过面试来到了本公司工作。他的性格与言行让人感到他是一个固执地坚持自己主意、说一不二、敢作敢为的人。

第二个候选人秦雯则是另一种性格的人。她通过自学获得了本科学历。她为人友善，喜欢听取下属的意见，并通过参加工商管理短训班的学习以及自己在实践中的总结、提高，形成了一种独特的领导风格。

对于第三个候选人彭英，谢丁没有给予多少考虑，因为彭英似乎总是让他的下属做出所有的决策，从没有勇气说出自己的主张。

（材料来源：俞文钊. 管理心理学. 东北财经大学出版社，2012，有改动）

> **思考**：假如你是谢丁，你认为哪位更适合担任新设业务部门的领导?

二、领导行为理论

领导行为理论即通过研究领导者在领导过程中的具体行为和不同行为对下属的影响，寻找最佳领导行为的理论。领导行为的基础是领导的特征和技巧，领导风格是领导者的特质、技巧及与下属沟通时的行为的统一体。领导行为理论集中研究领导的工作作风和行为对领导有效性的影响，主要研究成果包括 X 理论、Y 理论、利克特的四种管理方式理论、领导四分图理论、管理方格理论、PM 领导行为类型理论等。这些理论在确定领导行为类型与群体工作绩效之间的一致性关系上取得了有限的成功。主要的缺点是缺乏对影响成功与失败的情境因素的考虑。

（一）X 理论、Y 理论

领导者的行为和作风对被领导者的影响，与领导者对被领导者的看法有密切的关系。X、Y 理论是有关领导者如何看待被领导者的两种理论。美国工业心理学家麦克雷戈在他的《企业中人的问题》一书中，提出了两种对立的管理理论：X 理论和 Y 理论，其观点见表9-4。

表9-4　X 理论、Y 理论的观点

类型	观点
X 理论	一般人天生好逸恶劳，只要有可能就会逃避工作； 人生来就以自我为中心，漠视组织的要求； 一般人缺乏进取心，逃避责任，甘愿听从指挥，安于现状，没有创造性； 人们通常容易受骗，易受人煽动； 人们天生反对改革
Y 理论	一般人天生并不是好逸恶劳的，他们热爱工作，从工作中获得了满足感和成就感； 外来的控制和处罚不是促使人们为组织实现目标的有效方法，下属能够自我确定目标、自我指挥和自我控制； 在适当的条件下，人们愿意主动承担责任； 大多数人具有一定的想象力和创造力； 在现代社会中，人们的智慧和潜能只是部分地得到了发挥

X 理论和 Y 理论是两种根本对立的对人性的看法。持 X 理论的领导者一般采取"严格控制"的专制型领导方式。他们把金钱作为基本的激励手段，将惩罚作为重要的管理原则，也就是人们常说的"胡萝卜加大棒"的管理方式。因而，他们往往只关心完成职工组织任务的情况，而忽视职工的感情和心理需要。Y 理论则截然相反，它对人性的看法与"人之初，性本善"的观点有某些近似之处。因而，更多的人对持 Y 理论的领导者的评价更好些。也就是说，人们一般认为 Y 理论比 X 理论更有效。当然，究竟哪种理论更有效还要看工作的性质、人员的素质以及所处的环境，不能一概而论。

（二）四种管理方式理论

伦西斯·利克特是美国现代行为科学家。以他为首的团队进行了一系列的领导方面的研究，试图研究群体效率如何随领导者的行为变化而变化。这项研究发现了两种不同的领导方式："以工作为中心"的领导和"以员工为中心"的领导。前者的特点是任务分配结构化、严密监督、进行工作激励、依照详尽的规定行事；后者的特点是重视人员行为的反应及问题、利用群体实现目标、给予下属较大的自由选择范围。

利克特总结了环境变化的趋势和管理的特点后，提出了四种管理方式理论，见表9-5。

表 9-5　利克特的管理系统

领导作风的变量	第一系统（极端专制独裁型）	第二系统（仁慈的独裁型）	第三系统（民主协商型）	第四系统（民主参与型）
下属对领导者的信心和信任程度	毫无信心和信任	有点信心和信任	有较大的信心和信任	有充分的信心和信任
下属感到的与领导者一起讨论重要问题时的自由程度	根本没有自由	只有非常少的一点自由	有较大的自由	有充分的自由
在解决工作问题方面，领导者征求和采用下属所提意见和建议的程度	很少采用下属的意见和建议	有时采用下属的意见和建议	一般能听取下属的意见和建议，并能积极地采用这些意见和建议	经常听取下属的意见和建议，并且总是能积极地运用这些意见和建议

第一系统：极端专制独裁型。权力集中在最高一级，下属没有任何发言权，上下级之间互不信任。

第二系统：仁慈的独裁型。这种领导者对待下属采用的是父母对待子女的方式，权力控制在最高一层，但授予中下层部分权力。在执行过程中奖惩并用，上下级之间的意见沟通是表面的、肤浅的。下属对领导者的态度是非常谨慎和害怕。

第三系统：民主协商型。重要问题的决策权在最高一层，授予中下层部分权力，有时在一些次要问题上，下属也有决定权。上下级之间相互沟通联系频繁，关系比较融洽。

第四系统：民主参与型。让下属参与管理，上下级处于平等的地位，有问题双方民主协商、讨论。最后决策由最高领导者做出。另外，按分工授权的原则，在规定范围内，下属有自行决策权。领导者一般在向下属提出符合企业要求的具体目标后，不过多地干预下级如何实现目标的方法，而是给予大力支持。通常，上下级之间有良好的意见沟通和感情联系。

在这四种系统中，第四系统的效果最好，第一系统的效果最差。因此，利克特比较认同第四系统。他的这一领导理论有一定的积极意义，为我们推行民主管理提供了心理学上的依据。

小思考

赵兰的困惑

王菲是某百货公司的总会计师，在该公司工作十年，待人和蔼，在该公司的声望较高。她要求下属对自己的工作要有很好的理解。王菲年初时被提拔为某商业局副局长。赵兰毕业于某大学的会计系，有五年在外企任总会计师的经验，被该百货公司聘来接任王菲的职位。但是，赵兰就职后遇到了很多问题。例如，在向下属要数据时，她很不理解下属为什么要问她要这些数据的原因。她认为需要什么样的数据不需要告诉下属，这是她的权力。还有一件事，一名下属提供的数据有误，使她在经理会上很丢面子，所以她当众批评了这名下属。总之，赵兰感觉下属不是很配合自己的工作，导致在与其他部门的协调方面出现了很多问题。

分析：领导风格的不同导致了上面的结果。王菲是参与式的领导风格领导者，赵兰是集权式领导风格的领导者。下属熟悉的是参与式领导风格的领导者，因此会产生上述问题。

（三）领导四分图理论

1945 年，美国俄亥俄州立大学的学者经过不断的提炼概括，把领导者的行为特征归纳为"关心工作"和"关心人"两个维度。他们认为，这两种行为在不同领导者身上表现的程度并不一致，因此可归纳为四种组合：高"抓工作"与高"关心人"、高"抓工作"但低"关心人"、低"抓工作"但高"关心人"、低"抓工作"与低"关心人"，并提出了著名的"领导四分图理论"，如图 9-2 所示。

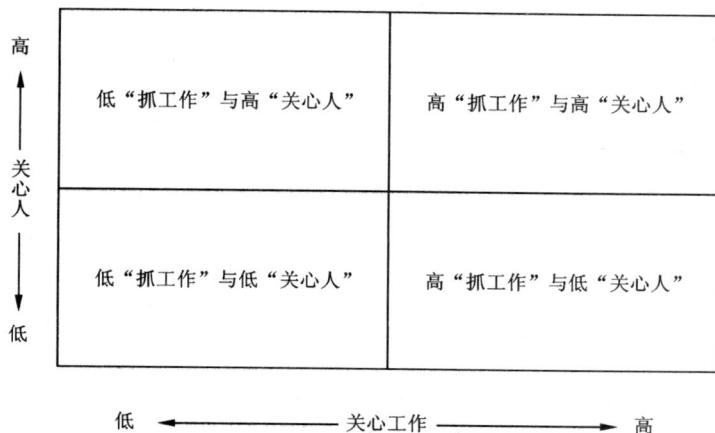

图 9-2　领导四分图理论

同一个领导者，往往是兼具两个维度的组合体。他可能在这一维度（抓工作）有较高的得分，在另一维度（关心人）却可能得分很低。用这一方法可以看出以下四个结果：

第一，低关心人而高工作的领导者，最关心的是工作任务。

第二，高关心人而不抓工作的领导者，大多数更加重视领导者与下级之间的合作，重视营造相互信任和相互尊重的气氛。

第三，低工作而又低关心人的领导者，对组织、对人都不心，这种领导方式的效果最差。

第四，高工作又高关心人的领导者，对工作任务和下属的需求都比较关心。

那么，这四种领导行为哪种最好呢？不能一概而论。因为在某一情况下，也许高工作、低关心人的领导者最佳；在另一种情况下，可能高工作、高关心人的领导者最佳。因此，要根据具体情况而定。

（四）管理方格理论

1964 年，美国得克萨斯大学的布莱克和莫顿提出了管理方格理论。管理方格理论采用图示和量表的方式来衡量企业领导人的管理是否高效。其理论依据是：最有效的领导者应该是一位既关心工作又关心人的管理者。一个管理者可能对生产高度关心而对人不关心，或者相反，但也可能是居中。如果把这两种维度用坐标图表示出来，就可以画出一种方格图。它不仅可以清晰地显示出领导者每天行为的类型组合，而且还可以揭示出他每天"关心"的愿望组合。

布莱克和莫顿绘制了一种管理方格图（如图 9-3 所示），图中的横坐标为"对生产的关

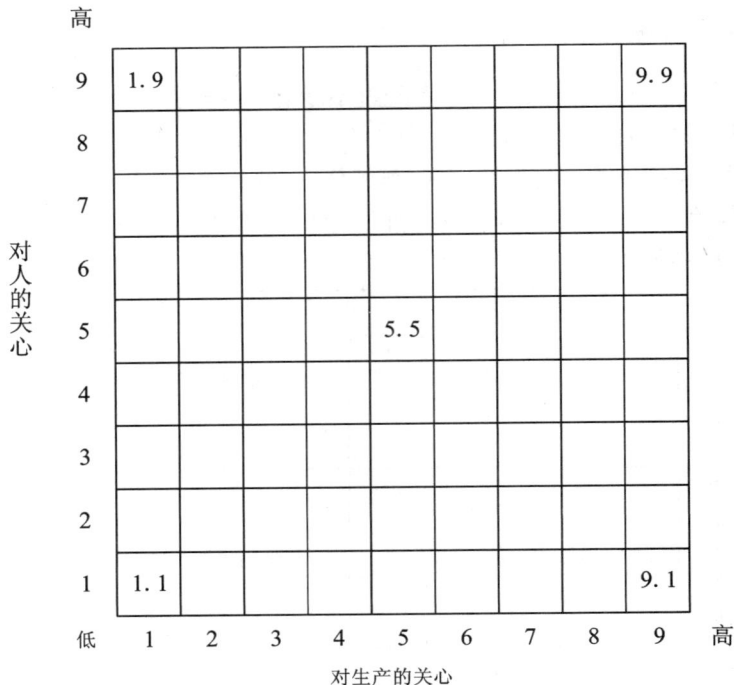

图 9-3　管理方格图

心"维度，纵坐标为"对人的关心"维度，然后将两个坐标轴都划成 9 个刻度。这样，便组成了可以表示 81 种领导方式的图像，其适用性更强，准确度也更高。

布莱克和莫顿在提出这个方格图时，列举了五种典型的领导者类型：

第一种：1.1 型领导者。这类领导者对职工和工作都不关心。

第二种：9.1 型领导者。这是一个任务型的领导者，只抓工作，不关心职工。

第三种：1.9 型领导者。这是一个俱乐部式的领导者，只关心人，注意搞好人际关系，使组织内充满轻松友好的气氛，但是对生产任务则不关心。

第四种：9.9 型领导者。这是一种战斗集体的领导方式。领导者既关心人，又关心生产任务的完成，因而与职工之间的关系十分协调，职工士气旺盛。

第五种：5.5 型领导者。这是一个一般化的领导者，对职工的关心一般化，任务完成得还算过得去。

上述五种类型的领导者哪类最好呢？大多数学者认为 9.9 型的领导者最好，以下依次是 9.1 型、5.5 型、1.9 型、1.1 型。布莱克和莫顿认为，应该根据环境的变化来选择最佳的领导方式，最能获得工作效果的类型才是最好的。

（五）PM 领导行为类型理论

日本大阪大学心理学教授三隅二不二在前人有关领导行为理论的基础上，通过大量的调查与测量，于 1958 年提出了 PM 领导理论。PM 领导理论将领导方式分为两类：一类是以绩效为导向（performance directed）的领导方式，简称为 P 型领导；另一类是以维持群体关系为导向（maintenance directed）的领导方式，简称为 M 型领导。

P 型领导的行为特征是，将组织中每一个成员的注意力引向目标，使问题明确化，拟定工作工序，通过专业的评价来评定工作成果。

M 型领导的行为特征是，维持和睦的人际关系，调解成员之间的纠纷，为群体成员提供发言的机会，促进成员的自觉性与自主性，增进成员之间的相互了解与交流。

三隅二不二把领导行为分为四种类型：PM 型、P 型、M 型、pm 型，如图 9-4 所示。

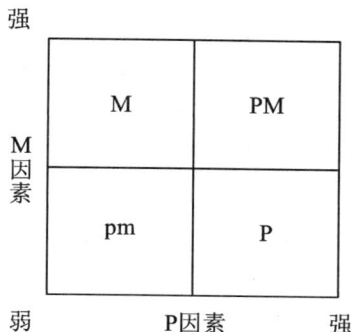

图 9-4　PM 领导理论中的领导行为类型图

1. PM 型领导行为。这种类型的领导可带来最高的生产效率，下属对领导者的信赖度也最高，领导对下属的亲和力也最高，

2. P 型领导行为。这种类型的领导可带来中等的生产效率，下属对领导者的信赖度位列第二位，领导对下属的亲和力位列第三位。

3. M 型领导行为。这种类型的领导可带来中等的生产效率，下属对领导的信赖度位列第三位，领导对下属的亲和力位列第二位。

4. pm 型领导行为。这种类型的领导可带来最低的生产效率，下属对领导的信赖度最低，领导对下属的亲和力同样也最低。

这四种领导行为的管理效果见表 9-6。

表 9-6   四种领导行为的 PM 类型的管理效果

领导行为的 PM 类型	生产效率	对组织的信赖度	亲和力
PM	最高	最高	最高
P	中间	第二位	第三位
M	中间	第三位	第二位
pm	最低	最低	最低

课堂提问

你熟悉的领导有着什么样的领导方式？

三、领导权变理论

领导权变理论亦称"领导情境理论"。该理论认为，不存在一种绝对的最佳的领导方式。领导是领导者、被领导者及环境因素相互作用的动态过程。领导的效果与领导者所处的具体情境和环境有关。要根据具体情况来确定领导方式。菲德勒模式是最具有代表性的权变理论，此外还有豪斯的通路—目标理论、卡曼的领导生命周期理论。

（一）菲德勒模式

菲德勒提出了有效领导的权变模式。该模式认为有效领导的行为抉择是由三个特征决定的，即领导与成员的关系、任务结构和职位权力。

1. 领导者与下属的关系

从领导者的角度看，这个方面的影响是最重要的。因为这决定了下属对领导者的信任、喜爱、忠诚、愿意追随的程度及领导者对下属的吸引力。

2. 任务结构

任务结构是由美国心理学家费德勒提出的，指下属对所从事的工作或任务的明确程度，是枯燥乏味地例行公事，还是需要一定创造性的任务。当下属对任务的性质清晰、明确时，领导的控制力加强；而含糊不清的任务会带来不确定性，从而降低领导的控制力。

3.职位权力

职位权力是指与领导者职位相关联的正式职权，以及领导者从上级和整个组织各个方面所取得的支持程度。职位权力是领导者对下属的实有权力，包括奖惩权力。例如，一位部门主管有权聘用或开除本部门的员工，则他在这个部门的权力就比经理的权力还要大，因为经理一般并不直接聘用或开除一个部门的普通员工。当领导者拥有一定的、明确的职位权力时，更容易使群体成员遵从他的领导。

根据上述三个环境因素的变化和不同的搭配，领导方式可具体分八种，见表9-7。

表9-7 八种领导方式

情况	领导者与被下属的关系	任务是否明确	职务权力	领导者的领导方式
1	良好	明确	大	任务导向型
2	良好	明确	大	任务导向型
3	良好	不明确	大	任务导向型
4	良好	不明确	小	人群关系型
5	不良	明确	大	人群关系型
6	不良	明确	小	无资料
7	不良	不明确	大	无资料
8	不良	不明确	小	任务导向型

这说明环境因素可以决定领导方式。例如，在领导者与下属关系良好、任务较明确、职权较大的环境下，应采用以关心任务为中心的专制的领导方式。又如，在领导者与下属关系不好、任务不明确、职权比较小的情况下，也应采用任务导向型的领导方式。再如，在领导者与下属关系好、任务不明确、职权比较小的环境下，则应采用人群关系型的领导方式。

案例学习

谁的方式更有效？

高明是一位空调销售公司的总经理。他刚接到有关公司销售状况的最新报告：销售额比去年同期下降了25%、利润下降了10%，而且顾客的投诉率上升了。更为糟糕的是，公司内部员工纷纷跳槽，甚至还有几名销售分店的经理提出辞职。他立即召集各主管部门的负责人开会讨论这些问题。会上，高明说："我认为，公司的销售额下滑都是因为你们领导不力。公司现在简直成了俱乐部，每次我从卖场走过时，都会看到员工们在各处站着，聊天的、打电话的，无处不有，而对顾客却视而不见，他们关心的是多拿钱少干活。要知道，我们经营公司的目的是赚钱，赚不到钱，想多拿钱，门儿都没有。你们必须记住，现在我们迫切需要的是对员工的严密监督和控制。我认为现在有必要安装监听装置，监听他们在电话里谈些什么，并将对话记录下来，交给我处理。当员工没有履行职责时，你们要警告他们，如果不听，马上请他们走人……"

部门主管们对高明的指示都表示赞同，只有销售部经理张燕提出反对意见。她认为问题的关键不是控制不够，而在于公司没有提供让员工真正发挥潜力的机会。她认为每个人都有展示自己的才干、为公司努力工作并做出贡献的愿望，所以解决问题应该从和员工沟通入手，真正地了解他们的需求，使工作安排富有挑战性，促使员工们以从事这一工作为荣，同时，在业务上给予指导，花大力气对员工进行专门培训。

然而，高明并没有采纳张燕的意见，而是责令所有的部门主管在下星期的例会上汇报要采取的具体措施。

思考：根据所学的理论，你认为高明和张燕的领导方式哪种更有效？为什么？

（二）途径—目标理论

途径—目标理论又称为目标导向理论，它是由美国管理学家罗伯特·豪斯提出来的。他认为，领导者的行为只有在帮助下属实现他们的目标时才会被下属接受。因此，如果下属认为领导者正在为实现某种目标而与自己一道工作，而且那种目标能为自己提供利益，那么这种领导者就是成功的。途径—目标理论的基本概念可以用图 9-5 表示。

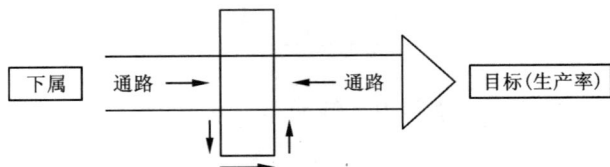

图 9-5　途径—目标理论的基本概念

途径—目标理论认为，最有效的领导方式必须考虑情景因素，如下属的特点和任务的性质等。因为高工作、高关心人的组合并不一定就是最有效的领导方式。例如，当下属觉得自己有能力完成任务、很需要荣誉和人际交往时，就应选择支持性的领导方式。而当工作任务模糊不清、下属无所适从时，他们希望接受指令性的领导方式，对工作做出明确的规定和安排。当工作内容已经明确，或者是做一些比较熟悉的例行性的工作时，领导者仍然不断地发出指令，就会使下属感到厌烦，引起下属的不满。因此，这时最好采取支持性的领导方式。

有四种领导方式可供同一领导者在不同环境下选择：

指令型方式：领导者发布指令，决策时没有下属参与。

支持型方式：领导者对下属很友善、关心，从各方面给予支持。

参与型方式：领导者在做决策时征求并采纳下属的合理化建议。

成就导向型：领导者向下属提出挑战性的目标，并相信他们能够完成目标。

（三）领导生命周期理论

领导生命周期理论也称为领导寿命循环理论，是由美国心理学家卡曼首先提出的，后来由赫西和布兰查德共同发展的。该理论的主要观点是领导者的风格应适应其下属的成熟程度。在被领导者日趋成熟时，领导者的行为要做出相应的调整，这样才能称为有效的领导，如图9-6所示。

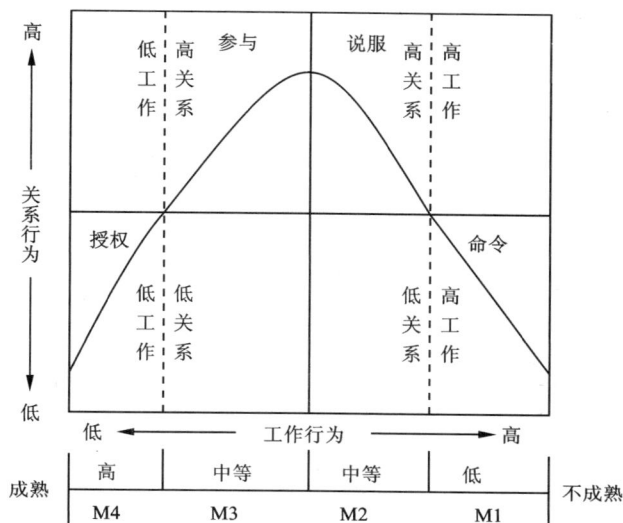

图9-6　领导生命周期理论示意图

领导生命周期理论认为，随着下级人员从不成熟到走向成熟，领导行为应按下列程序逐步推移：高工作、低关系—高工作、高关系—低工作、高关系—低工作、低关系。

M1：命令式（高工作、低关系）。当下级人员的成熟度较低时，应该采取命令式的高工作、低关系的领导形态。领导工作要强调有计划、有布置、有监督、有检查。否则，下级人员将感到领导不力、不知所措、无所适从。这对于新职工，知识水平较低、业务能力较差的职工尤为重要。

M2：说服式（高工作、高关系）。当下级人员初步成熟时，采取任务、关系并重的说服式领导形态较为适宜。这时，布置工作不仅要说明干什么，还要说明为什么这样干，以理服人。

M3：参与式（低工作、高关系）当下级人员更趋成熟时，领导者对于任务要减少、放松，对于关系要加强，采取参与式。领导者要与下级人员沟通信息、交流感情，改善关系，增强信任感。

M4：授权式（低工作、低关系）。当下级人员成熟度很高时，领导者应采取低工作、低关系的授权式领导，提出任务后，放手让下级去干，充分发挥下级的主观能动性，在下级需要时，可以帮助和支持。否则，过多的关心和支持反而会引起下级的反感，认为上级不放手、不信任，从而挫伤其积极性，影响工作成效。

对比一下你所了解的辅导员、学生会干部或班干部，你更欣赏谁的领导风格？为什么？他们身上分别有哪些不足之处？应该如何改进？

任务三　最新的领导理论

一、魅力型领导理论

魅力型领导理论是管理心理学中的术语，它是20世纪80年代西方涌现的几种领导理论之一，是一种领导者利用其自身的魅力鼓励追随者并做出重大组织变革的领导理论。魅力型领导理论认为魅力型领导具有非凡的自身特征导致的魅力，能对下属产生深远的情感上的影响，使得下属表现出对领导的追随，对工作和组织更高的满意度。魅力不能单独地存在于领导者身上或其个人品格中，只能存在于领导者的人格和动机特征，与其追随者的需要、信仰、价值观，以及环境的相互作用之中，是领导者特征、下属特征与环境条件共同作用的产物。

领导者的主要个人特征：自信并信任下属，对下属有高度的期望，对环境具有敏感性，具有远见，能够建立愿景，同时怀有坚定的信念并能够清晰地表达出来，不循规蹈矩。

魅力型领导者还有四种共同的能力：有远大目标和理想；明确地对下级讲清这种目标和理想，并使之认同；对理想的贯彻始终和执着追求；知道自己的力量并善于利用。

在什么条件下，具有领袖魅力的领导者能实现较高的领导效能呢？

下属任务特征：任务中包含很多观念成分，或情境中带有极大的压力与不确定性。

领导者在组织中的层级地位：领袖魅力与高层管理者而不是低层管理者的成功和失败更直接相关。

影响范围：具有领袖魅力的领导者对下属的影响多于对他人的影响。

下属的特征：缺乏自尊并且质疑自己价值观的下属更容易受到有领袖魅力的领导者的影响。

二、交易型领导理论

交易型领导是一种传统的领导方式。交易型领导的特征是强调交换，在领导者与部下之间存在着一种契约式的交易。在交换过程中，领导给部下提供报酬、实物奖励、晋升机会、荣誉等，以满足部下的需要与愿望；而部下则以服从领导的命令指挥，完成其所交给的任务作为回报。社会经济的不断发展，要求员工发挥潜能，进行更多创造性的工作，交易型领导逐渐向变革型领导转变。

交易型领导理论的主要特征如下：

领导通过明确角色和任务要求，指导和激励下属向既定的目标迈进。领导向员工阐述绩效的标准，意味着领导希望从员工那里得到响应和回报。

交易型的领导以组织管理的权威性和合法性为基础，完全依赖组织的奖惩措施来影响员工的绩效。

交易型领导强调工作标准、任务的分派以及任务导向目标，重视任务的完成和员工的遵从。

三、变革型领导理论

"变革型领导"这个概念最早是由道东提出来的，而将它作为一种重要的领导理论是从政治社会学家伯恩斯开始的。伯恩斯认为领导者描述为能够激发追随者的积极性，从而更好地实现领导者和追随者目标的个体。他进而认为变革型领导可以通过让员工意识到所承担任务的重要意义和责任，激发下属的高层次需要或扩展下属的需要和愿望，使下属为团队、组织和更大的政治利益超越个人利益。

变革型领导的方式可以被概括为四个方面：理想化影响力、鼓舞性激励、智力激发、个性化关怀。变革型的领导者通常具有强烈的价值观和理想，他们能成功地激励员工超越个人利益，为了团队的伟大目标而相互合作、共同奋斗。

（一）理想化影响力

理想化影响力是指能使他人产生信任、崇拜和跟随的行为。它可以使领导成为下属的典范，得到下属的认同、尊重和信任。这些领导的道德水平一般较高，且有很强的个人魅力，深受下属的爱戴和信任。大家认同和支持他所倡导的愿景，并对成就一番事业寄予厚望。

（二）鼓舞性激励

领导者向下属表达对他们的高期望，激励他们加入团队。在实践中，领导者往往运用团队精神和情感诉求来凝聚下属，以实现团队目标。

（三）智力激发

智力激发指领导鼓励下属创新、挑战自我，包括向下属灌输新观念，启发下属发表新见解和鼓励下属用新手段、新方法解决工作中遇到的问题。领导者通过智力激发可以使下属在意识、信念以及价值观上产生激发作用并使之发生变化。

（四）个性化关怀

个性化关怀是指领导关心每一个下属，重视个人的需要、能力和愿望，耐心细致地倾听，以及根据每一个下属的不同情况和需要进行区别性的培养和指导。这时领导就像教练和顾问，帮助员工在应付挑战的过程中不断成长。

🌊 小思考

丘吉尔输了，民主赢了

丘吉尔作为拯救英国的英雄，在第二次世界大战胜利来临之际被英国选民选下了台。英国大选后，理查德·皮姆爵士去看望丘吉尔，把大选结果告诉他。当时，丘吉尔正在浴缸里洗澡。当理查德·皮姆爵士把大选失败的消息告诉他时，丘吉尔说："他们有权力把我赶下台，那就是民主，那就是我们一直奋斗争取的。现在烦劳您把毛巾递给我。"

分析提示：丘吉尔作为拯救英国的英雄，被英国选民选下了台。这种"卸磨杀驴""过河拆桥"的行为恰恰说明英国民众的成熟。丘吉尔作为危机型领导者，在危机时是恰当的人选，但领导重建英国就可能无法胜任了。

四、领导归因理论

领导归因理论是由米契尔于 1979 年首先提出的一种领导理论。这种理论指出，领导者对待下级的方式会受到其对下级行为归因结果的影响。

领导归因理论认为领导者对下属行为原因的解释，尤其是对下属工作绩效的归因影响着不同管理措施的采用。在进行归因分析时，领导者通常会先观察下属的绩效；然后试图找出下属的绩效达到、超过或低于预期的原因，尤其是遇到下属出现低绩效的情况时，领导者就会更加认真地分析，根据对员工的行为表现以及环境线索的观察进行归因；最后根据归因的结果，决定采取何种管理对策。

🌊 小游戏

领导能力测试

你是一个有领导能力的人吗？你是一个领导者，还是一个跟随者？请你做出选择。

1. 别人拜托你帮忙，你很少拒绝吗？（是或否）
2. 为了避免与人发生争执，即使你是对的，你也不愿发表意见吗？（是或否）
3. 你遵守一般的法规吗？（是或否）
4. 你经常向别人说抱歉吗？（是或否）
5. 如果有人笑你身上的衣服，你会再穿它一遍吗？（是或否）
6. 你永远走在时髦的前列吗？（是或否）
7. 你曾经穿那种好看却不舒服的衣服吗？（是或否）
8. 开车或坐车时，你曾经咒骂别的驾驶者吗？（是或否）
9. 你对反应较慢的人没有耐心吗？（是或否）
10. 你经常对人发誓吗？（是或否）
11. 你经常让对方觉得不如你或比你差劲吗？（是或否）

12. 你曾经大力批评电视上的言论吗？（是或否）

13. 如果请的工人没有做好，你会提出来吗？（是或否）

14. 你习惯坦白自己的想法，而不考虑后果吗？（是或否）

15. 你是个不轻易忍受别人的人吗？（是或否）

16. 与人争论时，你总爱争赢吗？（是或否）

17. 你总是让别人替你做重要的事吗？（是或否）

18. 你喜欢将钱投资在财富增值上，而胜过于个人成长吗？（是或否）

19. 你故意在穿着上吸引他人的注意吗？（是或否）

20. 你不喜欢标新立异吗？（是或否）

测试说明：回答"是"得 1 分，回答"否"得 0 分。

14～20 分：你是个标准的跟随者，不适合领导别人。你喜欢被动地听人指挥。在紧急的情况下，你多半不会主动出头带领众人，但你很愿意跟大家配合。

7～13 分：你是个介于领导者和跟随者之间的人。你可以随时带头，或指挥别人该怎么做。不过，因为你的个性不够积极、冲劲不足，所以常常扮演跟随者的角色。

6 分以下：你是个天生的领导者。你的个性很强，不愿接受别人的指挥。你喜欢使唤别人，如果别人不愿听从，你就会变得很叛逆，不肯轻易服从别人。

项目练习题

一、单选题

(1) 在领导生命周期理论中，可以看出被领导者的（   ）对领导者的影响。

A. 知识范围　　　　　　B. 成熟度　　　　　　C. 技能水平　　　　　　D. 经历

(2) 授权就是将权力与责任授予下属，使下属在一定的（   ）具有相当的行为自由权。

A. 范围内　　　　　　　B. 时间段　　　　　　C. 监督下　　　　　　D. 指导下

(3) 领导者本身的（   ）决定了他要采取不同的方式来树立威信，其效果也是大相径庭的。

A. 文化水平　　　　　　B. 个性特点　　　　　C. 素质差异　　　　　D. 资历背景

(4) 影响力是一个人在与他人的交往中（   ）他人的心理与行为的能力。

A. 影响和改变　　　　　B. 督促和引导　　　　C. 说服或制约　　　　D. 指挥协调

(5) 决策是领导者管理能力的重要方面，也是（   ）的主要内容。

A. 领导职能　　　　　　B. 工作任务　　　　　C. 领导责任　　　　　D. 监督引导

二、多选题

(1) 下列哪些属于领导者的六项特质？（   ）

A. 身体特质　　　　　　B. 智力特质　　　　　C. 心理特质　　　　　D. 个性特质

(2) 属于领导权力性影响力的是（   ）。

A. 职位因素　　　　　　B. 才能因素　　　　　C. 知识因素　　　　　D. 传统因素

(3) 菲德勒的权变理论认为有效领导的抉择是由（   ）特质决定的。

A. 领导者与下属的关系　　　　　　　　B. 任务结构

C. 情感特质　　　　　　　　　　　　　D. 职位权力

(4) 豪斯提出的领导风格是（   ）。

A. 指令型   B. 支持型   C. 参与型   D. 成就导向型

(5)(　)条件下具有领袖魅力的领导者能实现较高的领导效能。

A. 下属的任务特征   B. 领导者在组织中的层级地位

C. 影响范围   D. 下属的特征

三、问答题

(1)结合所学的知识,谈谈提高领导者影响力的途径有哪些?

(2)X 理论是什么? Y 理论是什么? 二者有什么区别?

四、实训题

以你所在的班级为例,根据你的观察,班长(或辅导员)在日常的管理工作中属于何种领导风格?是否有效?如果无效,你认为采取什么样的风格更为有效?就此问题与任课老师一起讨论,并写出一份书面建议。

参考文献

［1］李亚轩. 管理心理学［M］. 北京：经济管理出版社，2018.

［2］范逢春. 管理心理学［M］. 北京：中国人民大学出版社，2014.

［3］杨杰. 管理心理学［M］. 北京：北京邮电大学出版社，2016.

［4］王梅. 管理心理学［M］. 武汉：华中科技大学出版社，2014.

［5］肖祥银. 管理心理学［M］. 天津：天津科学技术出版社，2018.

［6］钱力德. 团队管理心理学［M］. 北京：中华工商联合出版社，2020.

［7］王垒. 组织管理心理学［M］. 北京：北京大学出版社，2020.

［8］刘竞博. 基于胜任力模型的艾特公司员工招聘体系优化研究［D］. 兰州：兰州理工大学，2020.

［9］邓靖松. 管理心理学［M］. 中国人民大学出版社，2018.

［10］刘永芳. 管理心理学［M］. 清华大学出版社，2021.

［11］苏东水. 管理心理学［M］. 复旦大学出版社，2013.

［12］狄寒梅. 管理心理学［M］. 武汉：武汉大学出版社，2020.

［13］吕书梅. 管理沟能技能［M］. 大连：东北财经大学出版社，2018.

［14］李静. 管理学基础［M］. 北京：中国人民大学出版社，2014.

［15］袁秋菊. 管理心理学［M］. 北京：清华大学出版社，2014.

［16］陈岳林. 管理心理学［M］. 北京：清华大学出版社，2006.

［17］万胜利. 管理学原理与实务［M］. 北京：中国人民大学出版社，2014.

［18］朱永新. 管理心理学［M］. 北京：高等教育出版社，2014.

［19］段锦云. 管理心理学［M］. 杭州：浙江大学出版社，2010.

［20］林崇德. 心理学大辞典［M］. 上海：上海教育出版社，2003.

［21］陆雄文. 管理学大辞典［M］. 上海：上海辞书出版社，2013.

［22］张术松，汪雷. 管理心理学概论［M］. 合肥：合肥工业大学出版社，2008.

［23］纪德尚. 管理心理学［M］. 北京：高等教育出版社，2012.

［24］王怀明. 组织行为学：理论与应用［M］. 北京：清华大学出版社，2014.

［25］孙喜林，荣晓华. 管理心理学［M］. 大连：东北财经大学出版社，2019.

［26］孙喜林，赵燕辉. 管理心理学——理论、应用与案例［M］. 北京：人民邮电出版社，2018.

［27］俞文钊，苏永华. 管理心理学［M］. 大连：东北财经大学出版社，2018.

图书在版编目（CIP）数据

管理心理学：理论、案例与操作／刁爱华，钟华，熊璐主编. —长沙：中南大学出版社，2022.1

ISBN 978-7-5487-4746-8

Ⅰ. ①管… Ⅱ. ①刁… ②钟… ③熊… Ⅲ. ①管理心理学－高等职业教育－教材 Ⅳ. ①C93-051

中国版本图书馆 CIP 数据核字（2021）第 249442 号

管理心理学
——理论、案例与操作
GUANLI XINLIXUE
——LILUN、ANLI YU CAOZUO

主编 刁爱华 钟 华 熊 璐

□责任编辑	郑 伟	
□封面设计	李芳丽	
□责任印制	唐 曦	
□出版发行	中南大学出版社	
	社址：长沙市麓山南路	邮编：410083
	发行科电话：0731-88876770	传真：0731-88710482
□印　　装	湖南蓝盾彩色印务有限公司	

□开　　本	787 mm×1092 mm 1/16　□印张 13.75　□字数 317 千字
□版　　次	2022 年 1 月第 1 版　□印次 2022 年 1 月第 1 次印刷
□书　　号	ISBN 978-7-5487-4746-8
□定　　价	42.00 元